中国轻工业“十四五”规划教材
高等职业教育畜牧兽医类专业教材

畜牧兽医法律法规与职业道德

（第二版）

许建国　邓双义　蒋晓新　主编
牛彦兵　主审

中国轻工业出版社

图书在版编目（CIP）数据

畜牧兽医法律法规与职业道德 / 许建国，邓双义，蒋晓新主编 .
—2 版. —北京：中国轻工业出版社，2024. 9
ISBN 978-7-5184-3604-0

Ⅰ. ①畜…　Ⅱ. ①许… ②邓… ③蒋…　Ⅲ. ①畜牧业—农业法—中国—高等职业教育—教材②兽医学—医药卫生管理—法规—中国—高等职业教育—教材　Ⅳ. ①D922. 4

中国版本图书馆 CIP 数据核字（2021）第 159130 号

责任编辑：贾　磊
策划编辑：贾　磊　　责任终审：李建华　　封面设计：锋尚设计
版式设计：王超男　　责任校对：宋绿叶　　责任监印：张　可

出版发行：中国轻工业出版社（北京鲁谷东街 5 号，邮编：100040）
印　　刷：三河市万龙印装有限公司
经　　销：各地新华书店
版　　次：2024 年 9 月第 2 版第 5 次印刷
开　　本：710×1000　1/16　印张：18. 25
字　　数：400 千字
书　　号：ISBN 978-7-5184-3604-0　　定价：43. 00 元
邮购电话：010-85119873
发行电话：010-85119832　010-85119912
网　　址：http：//www. chlip. com. cn
Email：club@ chlip. com. cn

241556J2C205ZBW

本书编写人员

主　编

许建国（新疆农业职业技术大学）
邓双义（新疆农业职业技术大学）
蒋晓新（新疆农业职业技术大学）

副主编

沈向华（内蒙古农业大学职业技术学院）
季珉珉（上海宠秀宠物美容培训学校）
王永红（乌鲁木齐爱欣动物诊所）

参　编

陈玉洁（内蒙古农业大学职业技术学院）
范玉娟（乌鲁木齐市动物疾病控制与诊断中心）
郭亚军（乌鲁木齐市米东区畜牧兽医站）
王传锋（江苏农牧科技职业学院）
张　玲（内江职业技术学院）

主　审

牛彦兵（新疆农业职业技术大学）

第二版前言

为了进一步加强动物防疫工作，有效预防和控制动物疫病，维护生物安全和公共卫生安全，第二版《畜牧兽医法律法规与职业道德》以《农村农业部现行有效规章和规范性文件目录》（农业农村部公告第 176 号）中有关畜牧兽医的法律法规为依据而编写，并根据修订后的《中华人民共和国动物防疫法》（2021 年 5 月 1 日起施行），对教材进行了全部修订。由于政府机构的改革及相关职能的转变，也将第一版教材中原相关机构名称与现行机构名称进行了修正，并对历年全国执业兽医资格考试真题的相关机构名称也进行了修正：原农业部修正为农业农村部；原兽医主管部门、兽医行政管理部门、畜牧兽医行政管理部门、动物卫生监督机构修正为农业农村主管部门；原部分动物卫生监督机构修正为农业综合行政执法机构。畜牧兽医相关专业的学生通过学习，掌握和自己专业息息相关的法律法规，进而促进本专业的可持续发展。

本教材分为动物防疫相关法律法规、畜牧相关法律法规、兽药相关法律法规、饲料和饲料添加剂相关法律法规、行政处罚相关法律法规、兽医职业道德六个项目。每一个项目以执业兽医资格考试大纲为中心，通过案例分析让学生将所学的法律法律联系实际，在工作中能够学以致用。第二版教材还增加了历年全国执业兽医资格考试真题，帮助学生掌握相关知识点，从而提高在校生全国执业兽医资格考试的通过率。使用本教材时建议采取项目式教学和翻转课堂教学相结合的方式，真正达到教、学、做一体化的效果。

本教材可供高职高专畜牧兽医、动物医学、中兽医、宠物医疗技术、动物防疫与检疫、动物药学、特种动物养殖技术、宠物养护与驯导、畜禽智能化养殖、现代马产业技术专业及相关专业的师生使用，也可作为畜牧兽医相关从业人员的继续教育等培训、自学参考用书。

本教材编写分工如下：项目一由许建国、沈向华共同编写；项目二由邓双义、陈玉洁共同编写；项目三由季珉珉、郭亚军共同编写；项目四由蒋晓新、范玉娟共同编写；项目五由王永红、王传锋共同编写；项目六由张玲编写。全书由许建国统稿。

本教材为“许建国动物疫病防治技能大师工作室”组织编写的专业教材，由新疆农业职业技术大学牛彦兵审定，在此深表谢意。

由于编者水平所限，书中难免存在疏漏和错误，恳请同行及专家批评指正。

编者

第一版前言

《畜牧兽医法律法规与职业道德》以农业部《农业部规章和规范性文件目录》中关于畜牧兽医相关的法律法规为依据，是一本内容全新的法律法规教材。畜牧兽医相关专业的学生通过学习，掌握和自己专业息息相关的法律法规，进而促进本专业的可持续发展。

本教材分为动物防疫相关法律法规、畜牧相关法律法规、兽药相关法律法规、饲料和饲料添加剂相关法律法规、行政处罚相关法律法规、兽医职业道德6个项目32个任务。每一个任务均以项目为导向，通过案例分析、行业搜索、分析比较、翻转课堂、活学活用等模式，让学生将所学的法律法规联系实际，在工作中能够学以致用。建议教学中采取项目式教学和翻转课堂教学相结合的方式，真正达到教、学、做一体化的目的。

本教材可供高职高专畜牧兽医专业、动物防疫检疫专业、动物医学专业(宠物医学专业)、现代马产业技术专业、宠物保健与护理等相关专业的师生使用，也可作为畜牧兽医相关从业人员的继续教育等培训、自学参考书籍。

本教材编写分工如下：项目一由许建国、季珉珉共同编写；项目二由牛彦兵、梁薇共同编写；项目三由吉尔格力、李毅共同编写；项目四由蒋晓新、纳嵘、许芸共同编写；项目五和项目六由赵永旭编写。全书由牛彦兵和许建国统稿，由新疆农业职业技术学院的邓双义、郭庆和及江苏农牧科技职业学院的王传锋共同审定，在此深表谢意。

由于编者的水平所限，书中难免存在疏漏和错误，恳请同行及专家批评指正。

编者

2016年3月

目　录

项目一　动物防疫相关法律法规

本项目主要介绍动物防疫的相关内容，动物防疫包括动物疫病的预防、控制、净化、消灭和动物及动物产品的检疫。动物防疫是综合运用多种手段，发动全社会力量，依照动物疫病发生、发展和消亡的科学规律，对动物从引种、饲养、经营、销售、运输、屠宰到动物产品加工、经营、贮藏、运输、销售等各个环节严格实施预防、控制、净化、消灭和检疫的措施，保障动物健康及其产品安全的一项系统性工作。

任务一　《中华人民共和国动物防疫法》概述

任务描述

本任务主要介绍动物防疫法的修订背景、立法目的、适用范围、调整对象、动物疫病分类、动物防疫工作方针、动物防疫管理体制、动物防疫工作职责和义务、动物防疫科学技术研究及表彰奖励等内容。

一、修订背景

《中华人民共和国动物防疫法》于 1997 年 7 月 3 日第八届全国人民代表大会常务委员会第二十六次会议通过，2007 年 8 月 30 日第十届全国人民代表大会常务委员会第二十九次会议第一次修订。根据 2013 年 6 月 29 日第十二届全国人民代表大会常务委员会第三次会议《关于修改〈中华人民共和国文物保护法〉等十二部法律的决定》第一次修正；根据 2015 年 4 月 24 日第十二届全国人民代表大会常务委员会第十四次会议《关于修改〈中华人民共和国电力法〉等六部法律的决定》第二次修正。2021 年 1 月 22 日第十三届全国人民代表大会常务委员会第二十五次会议第二次修订，由 10 章 85 条修订为 12 章 113 条，向构建科学合理健全的动物防疫法律制度迈进了一大步。2021 年 1 月 22 日由中华人民共和国主席令第六十九号公布，自2021年5月1日起施行。

二、立法目的和适用范围

目的在于加强动物防疫活动的管理，预防、控制、净化、消灭动物疫病，促进养殖业发展，防控人畜共患传染病，保障公共卫生安全和人体健康。适用于在中国领域内的动物防疫及其监督管理活动，其中进出境动物及动物产品的检疫应按照《中华人民共和国进出境动植物检疫法》进行检疫。

三、调整对象

（一）动物

动物指家畜家禽和人工饲养、合法捕获的其他动物。

家畜包括猪、牛、羊、马、驴、骡、骆驼、鹿、兔、犬等；家禽包括鸡、鸭、鹅、鸽等；人工饲养、捕获的其他动物包括各种实验动物、特种经济动物、观赏动物、演艺动物、伴侣动物、水生动物以及人工驯养繁殖的野生动物。

（二）动物产品

动物产品指供人食用、饲料用、药用、农用或工业用的动物源性产品。

包括动物的肉、生皮、原毛、绒、脏器、脂、血液、精液、卵、胚胎、骨、蹄、头、角、筋以及可能传播动物疫病的乳、蛋等。

（三）动物疫病

动物疫病指动物传染病，包括寄生虫病。

动物传染病指感染病原体使动物产生具有一定潜伏期和临床症状并具有传播性的动物疫病。寄生虫病指由动物性寄生物（统称寄生虫）引起的动物疾病。

（四）动物防疫

动物防疫指动物疫病的预防、控制、诊疗、净化、消灭和动物、动物产品的检疫，以及病死动物、病害动物产品的无害化处理。

四、动物疫病的分类

根据动物疫病对养殖业生产和人体健康的危害程度，可将其分为三类。一、二、三类动物疫病具体病种名录由国务院农业农村主管部门制定并公布，应根据动物疫病的发生、流行情况和危害程度，及时增加、减少或者调整一、二、三类动物疫病具体病种名录并予以公布。人畜共患传染病名录由国务院农业农村主管部门会同国务院卫生健康、野生动物保护等主管部门制定并公布。

（一）一类疫病

一类疫病指对人、动物构成特别严重危害，可能造成重大经济损失和社会影响，需要采取紧急、严厉的强制预防、控制等措施的疫病。

包括口蹄疫、猪水泡病、猪瘟、非洲猪瘟、高致病性猪蓝耳病、非洲马瘟、牛瘟、牛传染性胸膜肺炎、牛海绵状脑病、痒病、蓝舌病、小反刍兽疫、绵羊痘和山羊痘、高致病性禽流感、新城疫、鲤春病毒血症、白斑综合征。

（二）二类疫病

二类疫病指对人、动物构成严重危害，可能造成较大经济损失和社会影响，需要采取严格预防、控制等措施的疫病。

（1）多种动物共患病　包括狂犬病、布鲁氏菌病、炭疽、伪狂犬病、魏氏梭菌病、副结核病、弓形虫病、棘球蚴病、钩端螺旋体病。

（2）牛病　包括牛结核病、牛传染性鼻气管炎、牛恶性卡他热、牛白血病、牛出血性败血病、牛梨形虫病（牛焦虫病）、牛锥虫病、日本血吸虫病。

（3）绵羊和山羊病　包括山羊关节炎脑炎、梅迪-维斯纳病。

（4）猪病　包括猪繁殖与呼吸综合征（经典猪蓝耳病）、猪乙型脑炎、猪细小病毒病、猪丹毒、猪肺疫、猪链球菌病、猪传染性萎缩性鼻炎、猪支原体肺炎、旋毛虫病、猪囊尾蚴病、猪圆环病毒病、副猪嗜血杆菌病。

（5）马病　包括马传染性贫血、马流行性淋巴管炎、马鼻疽、马巴贝斯虫病、伊氏锥虫病。

（6）禽病　包括鸡传染性喉气管炎、鸡传染性支气管炎、传染性法氏囊病、马立克氏病、产蛋下降综合征、禽白血病、禽痘、鸭瘟、鸭病毒性肝炎、鸭浆膜炎、小鹅瘟、禽霍乱、鸡白痢、禽伤寒、鸡败血支原体感染、鸡球虫病、低致病性禽流感、禽网状内皮组织增殖症、H7N9禽流感病毒。

（7）兔病　包括兔病毒性出血病、兔黏液瘤病、野兔热、兔球虫病。

（8）蜜蜂病　包括美洲幼虫腐臭病、欧洲幼虫腐臭病。

（9）鱼类病　包括草鱼出血病、传染性脾肾坏死病、锦鲤疱疹病毒病、刺激隐核虫病、淡水鱼细菌性败血症、病毒性神经坏死病、流行性造血器官坏死病、斑点叉尾鮰病毒病、传染性造血器官坏死病、病毒性出血性败血症、流行性溃疡综合征。

（10）甲壳类病　包括桃拉综合征、黄头病、罗氏沼虾白尾病、对虾杆状病毒病、传染性皮下和造血器官坏死病、传染性肌肉坏死病。

（三）三类疫病

三类疫病指常见多发，对人、动物构成危害，可能造成一定程度的经济损失和社会影响，需要及时预防、控制的疫病。

（1）多种动物共患病　包括大肠杆菌病、李氏杆菌病、类鼻疽、放线菌病、肝片吸虫病、丝虫病、附红细胞体病、Q 热。

（2）牛病　包括牛流行热、牛病毒性腹泻/黏膜病、牛生殖器弯曲杆菌病、毛滴虫病、牛皮蝇蛆病。

（3）绵羊和山羊病　包括肺腺瘤病、传染性脓疱、羊肠毒血症、干酪性淋巴结炎、绵羊疥癣，绵羊地方性流产。

（4）马病　包括马流行性感冒、马腺疫、马鼻腔肺炎、溃疡性淋巴管炎、马媾疫。

（5）猪病　包括猪传染性胃肠炎、猪流行性感冒、猪副伤寒、猪密螺旋体痢疾、猪感染甲型 H1N1 流感。

（6）禽病　包括鸡病毒性关节炎、禽传染性脑脊髓炎、传染性鼻炎、禽结核病。

（7）蚕、蜂病　包括蚕型多角体病、蚕白僵病、蜂螨病、瓦螨病、亮热厉螨病、蜜蜂孢子虫病、白垩病。

（8）犬猫等动物病　包括水貂阿留申病、水貂病毒性肠炎、犬瘟热、犬细小病毒病、犬传染性肝炎、猫泛白细胞减少症、利什曼病。

（9）鱼类病　包括鮰类肠败血症、迟缓爱德华氏菌病、小瓜虫病、黏孢子虫病、三代虫病、指环虫病、链球菌病。

（10）甲壳类病　包括河蟹颤抖病、斑节对虾杆状病毒病。

（11）贝类病　包括鲍脓疱病、鲍立克次体病、鲍病毒性死亡病、包纳米虫病、折光马尔太虫病、奥尔森派琴虫病。

（12）两栖与爬行类病　包括鳖腮腺炎病、蛙脑膜炎败血金黄杆菌病。

（四）人畜共患传染病名录

人畜共患传染病包括牛海绵状脑病、高致病性禽流感、狂犬病、炭疽、布鲁氏菌病、弓形虫病、棘球蚴病、钩端螺旋体病、沙门菌病、牛结核病、日本血吸虫病、猪乙型脑炎、猪Ⅱ型链球菌病、旋毛虫病、猪囊尾蚴病、马鼻疽、野兔热、大肠杆菌病（O157：H7）、李氏杆菌病、类鼻疽、放线菌病、肝片吸虫病、丝虫病、Q 热、禽结核病、利什曼病。

五、动物防疫工作的方针

国家对动物防疫实行预防为主，预防与控制、净化、消灭相结合的方针。

六、动物防疫管理体制

国务院农业农村主管部门主管全国的动物防疫工作。县级以上地方人民政府农业农村主管部门主管本行政区域内的动物防疫工作。县级以上人民政府其他部门在各自的职责范围内做好动物防疫工作。军队动物卫生监督职能部门负责现役动物及饲养自用动物的防疫工作。

七、动物防疫工作的职责和义务

（一）政府部门

县级以上人民政府对动物防疫工作实行统一领导，采取有效措施稳定基层机构队伍，加强动物防疫队伍建设，建立健全动物防疫体系，制定并组织实施动物疫病防治规划。乡级人民政府、城市街道办事处组织群众做好本管辖区内的动物疫病预防与控制工作，村民委员会、居民委员会予以协助。

县级以上人民政府卫生健康主管部门和本级人民政府农业农村、野生动物保护等主管部门应当建立人畜共患传染病防治的协作机制。国务院农业农村主管部门和海关总署等部门应当建立防止境外动物疫病输入的协作机制。

（二）动物卫生监督机构

县级以上地方人民政府的动物卫生监督机构依照《中华人民共和国动物防疫法》规定，负责动物、动物产品的检疫工作。

（三）动物疫病预防控制机构

县级以上人民政府按照国务院的规定，根据统筹规划、合理布局、综合设置的原则建立动物疫病预防控制机构，承担动物疫病的监测、检测、诊断、流行病学调查、疫情报告以及其他预防、控制等技术工作；承担动物疫病净化、消灭的技术工作。

（四）有关单位和个人在动物疫病预防中的义务

从事动物饲养、屠宰、经营、隔离、运输以及动物产品生产、经营、加工、贮藏等活动的单位和个人，依照《中华人民共和国动物防疫法》和国务院农业农村主管部门的规定，做好免疫、消毒、检测、隔离、净化、消灭、无害化处理等动物防疫工作，并承担相关责任。

八、动物防疫科研与国际交流合作

国家支持和鼓励开展动物疫病相关的科学研究以及国际合作与交流，推广先进适用的科学研究成果，提高动物疫病防治的科学技术水平。国家鼓励社会力量参与动物防治工作。各级人民政府采取措施，支持单位和个人参与动物疫病防治的宣传教育、疫情报告、志愿服务和捐赠等活动。各级人民政府及有关部门、新闻媒体，应当加强对动物防疫法律法规和动物防疫知识的宣传。

九、对在动物防疫工作、动物防疫科学研究中做出成绩和贡献的单位和个人给予奖励

对在动物防疫工作、相关科学研究、动物疫情扑灭中做出贡献的单位和个人，各级人民政府及有关部门按照国家有关规定给予表彰、奖励。有关单位应当依法为动物防疫人员缴纳工伤保险费。对因参与动物防疫工作致病、致残、死亡的人员，按照国家有关规定给予补助或者抚恤。

历年执业兽医资格考试真题

1. （2009年真题）《人畜共患传染病名录》中不包括（　　）

A. 炭疽　　B. 牛结核病　　*C. 猪水泡病*　　D. 猪乙型脑炎

E. 猪Ⅱ型链球菌病

2. （2009年真题）我国禁止进境的与动物防疫相关之物是（　　）

A. 种猪　　B. 山羊胚胎　　C. 祖代种鸡　　D. 奶牛精液

E. 正流行牛海绵状脑病国家的奶牛

3. （2009年真题）《中华人民共和国动物防疫法》所指动物防疫不包括（　　）

A. 动物的检疫　　B. 动物疫病的控制

C. 动物疫病的研究　　D. 动物疫病的预防

E. 动物产品的检疫

4. （2009、2019年真题）属于《一、二、三类动物疫病病种名录》中规定的一类动物疫病是（　　）

A. 野兔热　　B. 弓形虫病　　*C. 小反刍兽疫*　　D. 猪链球菌病

E. 马传染性贫血

5. （2010年真题）猪病中属于农业农村部发布的《一、二、三类动物疫病病种名录》规定的一类动物疫病的是（　　）

A. 猪瘟　　B. 猪丹毒　　C 伪狂犬病　　D. 猪链球菌病

E. 猪圆环病毒病

6. （2010年真题）《中华人民共和国动物防疫法》调整的动物疫病不包括（　　）

A. 禽霍乱　　*B. 白肌病*　　C. 鸡白痢　　D. 禽结核病

E. 鸡新城疫

7. （2011、2014年真题）《中华人民共和国动物防疫法》规定，制定并组织实施动物疫病防治规划的主体是（　　）

A. 乡级人民政府　　*B. 县级以上人民政府*

C. 动物卫生监督机构　　D. 动物疫病预防控制机构

E. 县级以上人民政府农业农村主管部门

8. （2011、2014年真题）属于一类动物疫病的是（　　）

A. 炭疽　　B. 牛白血病　　C. 牛结核病　　*D. 牛海绵状脑病*

E. 牛出血性败血病

9. （2011年真题）属于人畜共患病的是（　　）

A. 伪狂犬病　　B. 副结核病　　*C. 放线菌病*　　D. 魏氏梭菌病

E. 猪支原体肺炎

10. （2012年真题）属于《一、二、三类动物疫病病种名录》规定的一类动物疫病是（　　）

A. 车轮虫病　　*B. 白斑综合征*　　C. 刺激隐核虫　　D. 鮰爱德华菌病

E. 淡水鱼类细菌性败血症

11. （2012年真题）不属于《中华人民共和国动物防疫法》规定管理的动物疫病是（　　）

A. 马立克氏病　　B. 禽白血病

C. 肉鸡腹水综合征　　D. 产蛋下降综合征

E. 低致病性禽流感

12. （2013年真题）我国尚未发现的动物疫病是（　　）

A. 马传染性贫血　　B. 马鼻疽

C. 马腺疫　　*D. 非洲马瘟*

E. 马媾疫

13. （2015年真题）《中华人民共和国动物防疫法》所称的动物产品不包括（　　）

A. 脂　　B. 胚胎　　C. 血液　　*D. 皮革*

E. 脏器

14. （2015年真题）属于人畜共患病的是（　　）

A. 猪瘟　　B. 牛瘟　　*C. 布鲁氏菌病*　　D. 肺腺瘤病

E. 白斑综合征

15.（2015 年真题）属于二类动物疫病的是（　　）

A. 猪副伤寒　*B. 猪链球菌病*　C. 大肠杆菌病　D. 李氏杆菌病

E. 猪传染性胃肠炎

16.（2016 年真题）依据《一、二、三类动物疫病病种名录》，下列不属于三类动物疫病的是（　　）

A. 丝虫病　B. 牛流行热　C. 绵羊疥癣　*D. 猪囊尾蚴病*

E. 禽结核病

17.（2016 年真题）《人畜共患传染病名录》中不包括（　　）

A. 炭疽　B. 狂犬病　C. 猪乙型脑炎　D. 猪弓形虫病

E. 高致病性猪蓝耳病

18.（2017 年真题）下列不属于《中华人民共和国动物防疫法》所称动物疫病的是（　　）

A. 禽霍乱　*B. 白肌病*　C. 禽结核病　D. 新城疫

E. 鸡白痢

19.（2017 年真题）属于一类动物疫病的是（　　）

A. 魏氏梭菌病　B. 山羊关节炎脑炎

C. 梅迪–维斯纳病　D. 肺腺瘤病

E. 痒病

20.（2017 年真题）属于人畜共患传染病的是（　　）

A. 布鲁氏菌病　B. 新城疫

C. 禽霍乱　D. 绵羊疥癣

E. 小鹅瘟

21.（2018 年真题）我国主管动物防疫工作的主体是（　　）

A. 县级以上人民政府

B. 县级以上人民政府卫生健康主管部门

C. 县级以上人民政府农业农村主管部门

D. 动物卫生监督机构

E. 动物疫病预防控制机构

22.（2018 年真题）根据《中华人民共和国动物防疫法》，动物疫病预防控制机构的服务不包括（　　）

A. 动物疫病的诊断　B. 动物疫病的监测

C. 动物防疫监督管理执法　D. 动物疫病的检测

E. 动物疫病流行病学调查

23.（2018 年真题）《中华人民共和国动物防疫法》规定，国家对动物疫病实行（　　）

A. 扑灭为主的方针　B. 治疗为主的方针
C. 净化为主的方针　*D. 预防为主的方针*
E. 区域化管理的方针

24. （2018 年真题）属于二类动物疫病的是（　　）
A. 马流行性感冒　B. 马腺疫
C. 马媾疫　*D. 马传染性贫血*
E. 马鼻腔肺炎

25. （2019 年真题）《中华人民共和国动物防疫法》将动物疫病分为（　　）
A. 一类　B. 二类　*C. 三类*　D. 四类
E. 五类

26. （2019 年真题）属于二类动物疫病的是（　　）
A. 新城疫　B. 丝虫病　C. 非洲猪瘟　*D. 炭疽*
E. 球虫病

27. （2020 年真题）属于一类动物疫病的是（　　）
A. 大肠杆菌病　B. 附红细胞体病
C. 猪水泡病　D. 狂犬病
E. 伪狂犬病

28. （2020 年真题）属于二类动物疫病的是（　　）
A. 禽结核病　B. 禽传染性脑脊髓炎
C. 高致病性禽流感　*D. 禽白血病*
E. 鸡病毒性关节炎

29. （2020 年真题）根据《中华人民共和国防疫法》动物疫病预防控制机构承担的职能不包括（　　）
A. 动物疫病监测　B. 动物疫病诊断
C. 动物疫病检测　*D. 动物和动物产品检疫*
E. 动物疫病流行病学调查

任务二　动物疫病预防相关的法律法规

任务描述

本任务主要介绍了动物疫病风险评估，动物强制免疫，动物疫病监测，动物疫情预警，无规定动物疫病区建立与评估，种用、乳用动物健康的标准，动物防疫条件审查及动物防疫合格证申办，相关物品动物防疫要求及处理，病原微生物实验室活动管理及病原微生物菌（毒）种或者样本运输包装规范、保藏，禁止患人畜共患传染病人员从事动物防疫相关活动，动物疫病区域化管理及其净化、消灭，禁止经营的动物、动物产品以及单位和个人饲养犬只的管理等内容。

一、《中华人民共和国动物防疫法》关于动物疫病预防的有关规定

（一）动物疫病状况风险评估和动物疫病预防、控制技术规范

1. 风险评估制度

国家建立动物疫病风险评估制度。“风险评估”指对人们在进行动物及动物产品生产和其他相关经营活动过程中，动物或动物产品感染致病微生物及其扩散增加的可能性进行评价和估计（分析、估计、界定），即对未来形势可能发展方向和程度的判断。由国务院农业农村主管部门对动物疫病状况进行风险评估，根据评估结果制定相应的动物疫病预防、控制措施。

2. 制定动物疫病预防、控制技术规范

国务院农业农村主管部门根据国内外动物疫情以及保护养殖业生产和人体健康的需要，及时会同国务院卫生健康等有关部门对动物疫病进行风险评估，并制定、公布动物疫病预防、控制、净化、消灭措施和技术规范。省、自治区、直辖市人民政府农业农村主管部门会同本级人民政府卫生健康等有关部门开展本行政区域内的动物疫病风险评估，并落实动物疫病预防、控制、净化、消灭措施。预防、控制技术规范主要包括动物疫病的描述、诊断、监测、疫情报告、疫情处理、预防与控制等内容。

目前，我国已制定和公布的规范可分为两类：一类是单项技术规范，包括诊断技术、免疫技术、检疫技术、消毒技术、疫情判定等规范；另一类是综合性技术规范。

（二）动物疫病强制免疫计划的制订

国家对严重危害养殖业生产和人体健康的动物疫病实施强制免疫。国务院农业农村主管部门确定强制免疫的动物疫病病种和区域。

省、自治区、直辖市人民政府农业农村主管部门制订本行政区域的强制免疫计划；根据本行政区域内动物疫病流行情况增加实施强制免疫的动物疫病病种和区域，报本级人民政府批准后执行，并报国务院农业农村主管部门备案。

（三）动物疫病强制免疫计划的实施

1. 强制免疫的组织实施

县级以上地方人民政府农业农村主管部门负责组织实施动物疫病强制免疫

计划，并对饲养动物的单位和个人履行强制免疫义务的情况进行监督检查。乡级人民政府、街道办事处组织本辖区饲养动物的单位和个人做好强制免疫工作，协助做好监督检查；村民委员会、居民委员会协助做好相关工作。县级以上地方人民政府农业农村主管部门应当定期对本行政区域的强制免疫计划实施情况和效果进行评估，并向社会公布评估结果。

2. 饲养动物的单位和个人应当履行的义务

饲养动物的单位和个人应当依法履行动物疫病强制免疫义务，按照强制免疫计划和技术规范，对动物实施免疫接种。

3. 建立免疫档案和实施畜禽标识可追溯管理制度

经强制免疫的动物，应当按照国家有关规定建立免疫档案，加施畜禽标识，保证可追溯。

4. 预防接种疫苗的质量标准

用于预防接种的疫苗必须符合国家质量标准。

5. 强制免疫接种动物未达到免疫质量要求的处理

实施强制免疫接种的动物未达到免疫质量要求，实施补充免疫接种后仍不符合免疫质量要求的，有关单位和个人应当按照国家有关规定处理。

（四）动物疫病的监测

1. 县级以上地方人民政府的职责

县级以上人民政府建立健全动物疫情监测网络，加强动物疫情监测。

2. 国家和省级农业农村主管部门制定动物疫病监测计划

国务院农业农村主管部门会同有关部门制定国家动物疫病监测计划。省、自治区、直辖市人民政府农业农村主管部门根据国家动物疫病监测计划，制定本行政区域的动物疫病监测计划。

3. 动物疫病预防控制机构的职责

动物疫病预防控制机构应当按照国务院农业农村主管部门的规定和动物疫病监测计划，对动物疫病的发生、流行等情况进行监测。

4. 行政相对人的义务

从事动物饲养、屠宰、经营、隔离、运输以及动物产品生产、经营、加工、贮藏、无害化处理等活动的单位和个人不得拒绝或者阻碍。

（五）动物疫情的预警

国务院农业农村主管部门和省、自治区、直辖市人民政府农业农村主管部门根据对动物疫病发生、流行趋势的预测，及时发出动物疫情预警。地方各级人民政府接到动物疫情预警后，应当及时采取预防、控制措施。动物疫情划分为特别重大（Ⅰ级）、重大（Ⅱ级）、较大（Ⅲ级）和一般（Ⅳ）四级，依次用红色、橙色、黄色和蓝色表示特别严重、严重、较重和一般四个相应的疫情预警级别。

陆路边境省、自治区人民政府根据动物疫病防控需要，合理设置动物疫病监测站点，健全监测工作机制，防范境外动物疫病传入。科技、海关等部门按照本法和有关法律法规的规定做好动物疫病监测预警工作，并定期与农业农村主管部门互通情况，紧急情况及时通报。县级以上人民政府应当完善野生动物疫源疫病监测体系和工作机制，根据需要合理布局监测站点；野生动物保护、农业农村主管部门按照职责分工做好野生动物疫源疫病监测等工作，并定期互通情况，紧急情况及时通报。

（六）无规定动物疫病区的建立

国家支持地方建立无规定动物疫病区，鼓励动物饲养场建设无规定动物疫病生物安全隔离区。对符合国务院农业农村主管部门规定标准的无规定动物疫病区和无规定动物疫病生物安全隔离区，国务院农业农村主管部门验收合格予以公布，并对其维持情况进行监督检查。省、自治区、直辖市人民政府制定并组织实施本行政区域的无规定动物疫病区建设方案。国务院农业农村主管部门指导跨省、自治区、直辖市无规定动物疫病区建设。国务院农业农村主管部门根据行政区划、养殖屠宰产业布局、风险评估情况等对动物疫病实施分区防控，可以采取禁止或者限制特定动物、动物产品跨区域调运等措施。

（七）种用、乳用动物健康的标准

种用、乳用动物应当符合国务院农业农村主管部门规定的健康标准。饲养种用、乳用动物的单位和个人，应当按照国务院农业农村主管部门的要求，定期开展动物疫病检测；检测不合格的，应当按照国家有关规定处理。

（八）动物防疫合格证的申办程序

1. 具备的条件

动物饲养场和隔离场所、动物屠宰加工场所以及动物和动物产品无害化处理场所，应当符合下列的动物防疫条件：场所的位置与居民生活区、生活饮用水源地、学校、医院等公共场所的距离符合国务院农业农村主管部门规定的标准；生产经营区域封闭隔离，工程设计和有关流程符合动物防疫要求；有与其规模相适应的污水、污物处理设施，病死动物、病害动物产品无害化处理设施设备或者冷藏冷冻设施设备，以及清洗消毒设施设备；有与其规模相适应的执业兽医或者动物防疫技术人员；有完善的隔离消毒、购销台账、日常巡查等动物防疫制度；具备国务院农业农村主管部门规定的其他动物防疫条件。

动物和动物产品无害化处理场所除具备以上条件外，应当具有病原检测设备、检测能力和符合动物防疫要求的专用运输车辆。

经营动物、动物产品的集贸市场应当具备国务院农业农村主管部门规定的动物防疫条件，并接受农业农村主管部门的监督检查，具体办法由国务院农业农村主管部门制定。县级以上地方人民政府根据本地情况，决定在城市特定区域禁止家畜家禽活体交易。

2. 申请

开办动物饲养场和隔离场所，动物屠宰加工场所以及动物和动物产品无害化处理场所，应当向县级以上地方人民政府农业农村主管部门提出申请，并附具相关材料。

3. 审核

受理申请的农业农村主管部门应当依照《中华人民共和国动物防疫法》和《中华人民共和国行政许可法》的规定进行审查。经审查合格的，颁发《动物防疫条件合格证》；不合格的，应当通知申请人并说明理由。《动物防疫条件合格证》应当载明申请人的名称（姓名）、场（厂）址、动物（动物产品）种类等事项。

（九）相关物品动物防疫要求和处理的规定

动物、动物产品的运载工具、垫料、包装物、容器等应当符合国务院农业农村主管部门规定的动物防疫要求。染疫动物及其排泄物、染疫动物产品，运载工具中的动物排泄物以及垫料、包装物、容器等被污染的物品，应当按照国家有关规定处理，不得随意处置。

（十）病原微生物实验室活动的管理

采集、保存、运输动物病料或者病原微生物以及从事病原微生物研究、教学、检测、诊断等活动，应当遵守国家有关病原微生物实验室管理的规定。

（十一）动物疫病区域化的管理及其净化、消灭规划的制定与实施

国务院农业农村主管部门制定并组织实施动物疫病净化、消灭规划。县级以上地方人民政府根据动物疫病净化、消灭规划，制定并组织实施本行政区域的动物疫病净化、消灭计划。动物疫病预防控制机构按照动物疫病净化、消灭规划、计划，开展动物疫病净化技术指导、培训，对动物疫病净化效果进行监测、评估。国家推进动物疫病净化，鼓励和支持饲养动物的单位和个人开展动物疫病净化。饲养动物的单位和个人达到国务院农业农村主管部门规定的净化标准的，由省级以上人民政府农业农村主管部门予以公布。

（十二）禁止经营有关动物、动物产品的管理

禁止屠宰、经营、运输下列动物和生产、经营、加工、贮藏、运输下列动物产品（因实施集中无害化处理需要暂存、运输动物和动物产品并按照规定采取防疫措施的除外）：封锁疫区内与所发生动物疫病有关的；疫区内易感染的；依法应当检疫而未经检疫或者检疫不合格的；染疫或者疑似染疫的；病死或者死因不明的；其他不符合国务院农业农村主管部门有关动物防疫规定的。

（十三）单位和个人饲养犬只的防疫管理

单位和个人饲养犬只，应当按照规定定期免疫接种狂犬病疫苗，凭动物诊疗机构出具的免疫证明向所在地养犬登记机关申请登记。携带犬只出户的，应当按照规定佩戴犬牌并采取系犬绳等措施，防止犬只伤人、疫病传播。街道办事处、乡级人民政府组织协调居民委员会、村民委员会，做好本辖区流浪犬、猫的控制和处置，防止疫病传播。县级人民政府和乡级人民政府、街道办事处应当结合本地实际，做好农村地区饲养犬只的防疫管理工作。饲养犬只防疫管理的具体办法，由各省、自治区、直辖市制定。

二、《动物防疫条件审查办法》

（一）《动物防疫条件审查办法》概述

1. 立法目的和适用范围

目的在于规范动物防疫条件审查，有效预防、控制动物疫病，维护公共卫生安全。动物饲养场、养殖小区（水产养殖除外）、动物隔离场所、动物屠宰加工场所以及动物和动物产品无害化处理场所，应当办理《动物防疫条件合格证》。其中饲养场、养殖小区、屠宰加工场所和动物隔离场内设置的自用无害化处理场所，不再另行办理《动物防疫条件合格证》。经营动物和动物产品的集贸市场应当符合《动物防疫条件审查办法》规定的动物防疫条件。

2. 动物防疫条件的审查

动物防疫条件的审查应遵循公开、公正、公平、便民的原则。

3. 动物防疫条件审查的行政管理

农业农村部主管全国动物防疫条件审查和监督管理工作。县级以上地方人民政府农业农村主管部门主管本行政区域内的动物防疫条件审查和监督管理工作。县级以上地方人民政府设立的农业农村主管部门负责本行政区域内的动物防疫条件监督执法工作。

（二）动物防疫条件的有关规定

1. 动物饲养场、养殖小区的动物防疫条件

（1）选址条件 距离生活饮用水源地、动物屠宰加工场所、动物和动物产品集贸市场500m以上；距离种畜禽场1000m以上；距离动物诊疗场所200m以上；动物饲养场（养殖小区）之间距离不少于500m；距离动物隔离场所、无害化处理场所3000m以上；距离城镇居民区、文化教育科研等人口集中区域及公路、铁路等主要交通干线500m以上。

（2）布局条件 场区周围建有围墙；场区出入口处设置与门同宽，长4m、深0.3m以上的消毒池；生产区与生活办公区分开，并有隔离设施；生产区入口处设置更衣消毒室，各养殖栋舍出入口设置消毒池或者消毒垫；生产区内清洁道、污染道分设；生产区内各养殖栋舍之间距离在5m以上或者有隔离设施。禽类饲养场、养殖小区内的孵化间与养殖区之间应当设置隔离设施，并配备种蛋熏蒸消毒设施，孵化间的流程应当单向，不得交叉或者回流。

（3）设施设备 场区入口处配置消毒设备；生产区有良好的采光、通风设施设备；圈舍地面和墙壁选用适宜材料，以便清洗消毒；配备疫苗冷冻（冷藏）设备、消毒和诊疗等防疫设备的兽医室，或者有兽医机构为其提供相应服务；有与生产规模相适应的无害化处理、污水污物处理设施设备；有相对独立的引入动物隔离舍和患病动物隔离舍。

（4）兽医人员 动物饲养场、养殖小区应当有与其养殖规模相适应的执业兽医或者乡村兽医。患有相关人畜共患传染病的人员不得从事动物饲养工作。

（5）管理制度 动物饲养场、养殖小区应当按规定建立免疫、用药、检疫申报、疫情报告、消毒、无害化处理、畜禽标识等制度及养殖档案。

（6）种畜禽场的防疫条件 种畜禽场除符合动物饲养场、养殖小区的布局、设施设备、兽医人员和管理制度的规定外，还应当符合下列条件：距离生活饮用水源地、动物饲养场、养殖小区和城镇居民区、文化教育科研等人口集中区域及公路、铁路等主要交通干线1000m以上；距离动物隔离场所、无害化处理场所、动物屠宰加工场所、动物和动物产品集贸市场、动物诊疗场所3000m以上；有必要的防鼠、防鸟、防虫设施或者措施；有国家规定的动物疫病的净化制度；根据需要，种畜场还应当设置单独的动物精液、卵、胚胎采集等区域。

2. 动物屠宰加工场所的动物防疫条件

（1）选址条件 距离生活饮用水源地、动物饲养场、养殖小区、动物集贸市场500m以上；距离种畜禽场3000m以上；距离动物诊疗场所200m以上；距离动物隔离场所、无害化处理场所3000m以上。

（2）布局条件　场区周围建有围墙；运输动物车辆出入口设置与门同宽，长4m、深0.3m以上的消毒池；生产区与生活办公区分开，并有隔离设施；入场动物卸载区域有固定的车辆消毒场地，并配有车辆清洗、消毒设备。动物入场口和动物产品出场口应当分别设置；屠宰加工间入口设置人员更衣消毒室；有与屠宰规模相适应的独立检疫室、办公室和休息室；有待宰圈、患病动物隔离观察圈、急宰间；加工原毛、生皮、绒、骨、角的，还应当设置封闭式熏蒸消毒间。

（3）设施设备　动物装卸台配备照度不小于300lx的照明设备；生产区有良好的采光设备，地面、操作台、墙壁、天棚应当耐腐蚀、不吸潮、易清洗；屠宰间配备检疫操作台和照度不小于500lx的照明设备；有与生产规模相适应的无害化处理、污水污物处理设施设备。

（4）管理制度　动物屠宰加工场所应当建立动物入场和动物产品出场登记、检疫申报、疫情报告、消毒、无害化处理等制度。

3. 动物隔离场所动物防疫条件

（1）选址条件　距离动物饲养场、养殖小区、种畜禽场、动物屠宰加工场所、无害化处理场所、动物诊疗场所、动物和动物产品集贸市场以及其他动物隔离场3000m以上；距离城镇居民区、文化教育科研等人口集中区域及公路、铁路等主要交通干线、生活饮用水源地500m以上。

（2）布局条件　场区周围有围墙；场区出入口处设置与门同宽，长4m、深0.3m以上的消毒池；饲养区与生活办公区分开，并有隔离设施；有配备消毒、诊疗和检测等防疫设备的兽医室；饲养区内清洁道、污染道分设；饲养区入口设置人员更衣消毒室。

（3）设施设备　场区出入口处配置消毒设备；有无害化处理、污水污物处理设施设备。

（4）兽医人员　动物隔离场所应当配备与其规模相适应的执业兽医。患有相关人畜共患传染病的人员不得从事动物饲养工作。

（5）管理制度　动物隔离场所应当建立动物和动物产品进出登记、免疫、用药、消毒、疫情报告、无害化处理等制度。

4. 动物和动物产品无害化处理场所的动物防疫条件

（1）选址条件　距离动物养殖场、养殖小区、种畜禽场、动物屠宰加工场所、动物隔离场所、动物诊疗场所、动物和动物产品集贸市场、生活饮用水源地3000m以上；距离城镇居民区、文化教育科研等人口集中区域及公路、铁路等主要交通干线500m以上。

（2）布局条件　场区周围建有围墙；场区出入口处设置与门同宽，长4m、深0.3m以上的消毒池，并设有单独的人员消毒通道；无害化处理区与生活办公区分开，并有隔离设施；无害化处理区内设置染疫动物扑杀间、无害化处理间、冷库等；动物扑杀间、无害化处理间入口处设置人员更衣室，出口处设置消毒室。

（3）设施设备　配置机动消毒设备；动物扑杀间、无害化处理间等配备相应规模的无害化处理、污水污物处理设施设备；有运输动物和动物产品的专用密闭车辆。

（4）管理制度　动物和动物产品无害化处理场所应当建立病害动物和动物产品入场登记、消毒、无害化处理后的物品流向登记、人员防护等制度。

5. 集贸市场的动物防疫条件

（1）专门经营动物的集贸市场的动物防疫条件　距离文化教育科研等人口集中区域、生活饮用水源地、动物饲养场和养殖小区、动物屠宰加工场所500m以上，距离种畜禽场、动物隔离场所、无害化处理场所3000m以上，距离动物诊疗场所200m以上；市场周围有围墙，场区出入口处设置与门同宽，长4m、深0.3m以上的消毒池；场内设管理区、交易区、废弃物处理区，各区相对独立；交易区内不同种类动物交易场所相对独立；有清洗、消毒和污水污物处理设施设备；有定期休市和消毒制度；有专门的兽医工作室。

（2）兼营动物和动物产品的集贸市场的动物防疫条件　距离动物饲养场和养殖小区500m以上，距离种畜禽场、动物隔离场所、无害化处理场所3000m以上，距离动物诊疗场所200m以上；动物和动物产品交易区与市场其他区域相对隔离；动物交易区与动物产品交易区相对隔离；不同种类动物交易区相对隔离；交易区地面、墙面（裙）和台面防水、易清洗；有消毒制度。

（3）活禽交易市场的动物防疫条件　活禽交易市场除符合“兼营动物和动物产品的集贸市场的动物防疫条件”的规定条件外，市场内的水禽与其他家禽还应当分开，宰杀间与活禽存放间应当隔离，宰杀间与出售场地应当分开，并有定期休市制度。

（三）审查发证的有关规定

1. 申请

开办动物饲养场、养殖小区、动物屠宰加工场所、动物隔离场所、动物和动物产品无害化处理场所，按规定进行选址、工程设计和施工，场所建设竣工后，应当向所在地县级地方人民政府农业农村主管部门提出申请，并提交以下材料：《动物防疫条件审查申请表》；场所地理位置图、各功能区布局平面图；设施设备清单；管理制度文本；人员情况。

2. 审查

申请材料不齐全或者不符合规定条件的，县级地方人民政府农业农村主管部门应当自收到申请材料之日起 5 个工作日内，一次告知申请人需补正的内容。

（1）动物饲养场、养殖小区和动物屠宰加工场所的审查　开办动物饲养场、养殖小区和动物屠宰加工场所的，县级地方人民政府农业农村主管部门应当自收到申请之日起 20 个工作日内完成材料和现场审查，审查合格的，颁发《动物防疫条件合格证》；审查不合格的，应当书面通知申请人，并说明理由。

（2）动物隔离场所、动物和动物产品无害化处理场所的审查　开办动物隔离场所、动物和动物产品无害化处理场所的，县级地方人民政府农业农村主管部门应当自收到申请之日起 5 个工作日内完成材料初审，并将初审意见和有关材料报省、自治区、直辖市人民政府农业农村主管部门。省、自治区、直辖市人民政府农业农村主管部门自收到初审意见和有关材料之日起 15 个工作日内完成材料和现场审查，审查合格的，颁发《动物防疫条件合格证》；审查不合格的，应当书面通知申请人，并说明理由。

（四）监督管理的有关规定

1. 监督管理机构的职责

动物卫生监督机构依照有关法律法规的规定，对动物饲养场、养殖小区、动物隔离场所、动物屠宰加工场所、动物和动物产品无害化处理场所、动物和动物产品集贸市场的动物防疫条件实施监督检查，有关单位和个人应当予以配合，不得拒绝和阻碍。

2. 行政相对人的职责

（1）相关单位在取得合格证后，变更场址或者经营范围的，应当重新申请办理合格证，同时交回原合格证，由原发证机关予以注销。变更布局、设施设备和制度，可能引起动物防疫条件发生变化的，应当提前 30 日向原发证机关报告。发证机关应当在 20 日内完成审查，并将审查结果通知申请人。变更单位名称或者其负责人的，应当在变更后 15 日内持有效证明申请变更合格证。停业的应当于停业后 30 日内将合格证交回原发证机关注销。

（2）相关单位在取得合格证后，应当在每年 1 月底前将上一年的动物防疫条件情况和防疫制度执行情况向发证机关报告。禁止转让、伪造或者变造合格证。合格证丢失或者损毁的，应当在 15 日内向发证机关申请补发。

（五）法律责任的有关规定

（1）动物饲养场、养殖小区、动物隔离场所、动物屠宰加工场所以及动物和动物产品无害化处理场所在取得合格证后，变更场所地址或者经营范围，未按规定重新申请合格证的；使用转让、伪造或者变造合格证的，由农业综合行政执法机构责令改正，处一千元以上一万元以下罚款；情节严重的，处一万元以上十万元以下罚款。

（2）动物饲养场、养殖小区、动物隔离场所、动物屠宰加工场所以及动物和动物产品无害化处理场所未经审查擅自变更布局、设施设备和制度的，由农业综合行政执法机构给予警告。对不符合动物防疫条件的，由农业综合行政执法机构责令改正；拒不改正或者整改后仍不合格的，由发证机关收回并注销《动物防疫条件合格证》。

（3）经营动物和动物产品的集贸市场不符合动物防疫条件的，由农业综合行政执法机构责令改正；拒不改正的，由农业综合行政执法机构处五千元以上两万元以下的罚款，并通报同级市场监督主管部门依法处理。

（4）转让、伪造或者变造《动物防疫条件合格证》的，由农业综合行政执法机构收缴《动物防疫条件合格证》，处两千元以上一万元以下的罚款。

（5）违反《动物防疫条件审查办法》的规定，构成犯罪或者违反治安管理规定的，依法移送公安机关处理。

三、《病原微生物实验室生物安全管理条例》

（一）《病原微生物实验室生物安全管理条例》概述

1. 制定目的和适用范围

目的在于加强病原微生物实验室（简称实验室）生物安全管理，保护实验室工作人员和公众的健康。适用于中华人民共和国境内的实验室及其从事实验活动的生物安全管理。军队实验室由中国人民解放军卫生主管部门参照《病原微生物实验室生物安全管理条例》负责监督管理。

2. 相关术语

①病原微生物：指能够使人或者动物致病的微生物。

②实验活动：指实验室从事与病原微生物菌（毒）种、样本有关的研究、教学、检测、诊断等活动。

3. 病原微生物实验室生物安全的行政管理

国务院卫生主管部门主管与人体健康有关的实验室及其实验活动的生物安全监督工作。国务院农业农村主管部门主管与动物有关的实验室及其实验活动的生物安全监督工作。国务院其他有关部门在各自职责范围内负责实验室及其实验活动的生物安全管理工作。

县级以上地方人民政府及其有关部门在各自职责范围内负责实验室及其实验活动的生物安全管理工作。

实验室的设立单位及其主管部门负责实验室日常活动的管理，承担建立健全安全管理制度，检查、维护实验设施、设备，控制实验室感染的职责。

4. 病原微生物实验室生物安全的管理原则

国家对病原微生物实行分类管理，对实验室实行分级管理。国家实行统一的实验室生物安全标准。实验室应当符合国家标准和要求。

（二）病原微生物分类和管理的有关规定

1. 病原微生物的分类

国家根据病原微生物的传染性、感染后对个体或者群体的危害程度，将病原微生物分为四类。其中第一类、第二类病原微生物统称为高致病性病原微生物。

（1）一类病原微生物　指能够引起人类或者动物非常严重疾病的微生物，以及我国尚未发现或者已经宣布消灭的微生物。

包括口蹄疫病毒、高致病性禽流感病毒、猪水泡病病毒、非洲猪瘟病毒、非洲马瘟病毒、牛瘟病毒、小反刍兽疫病毒、牛传染性胸膜肺炎丝状支原体、牛海绵状脑病病原、痒病病原。

（2）二类病原微生物　指能够引起人类或者动物严重疾病，比较容易直接或者间接在人与人、动物与人、动物与动物间传播的微生物。

包括猪瘟病毒、鸡新城疫病毒、狂犬病病毒、绵羊痘/山羊痘病毒、蓝舌病病毒、兔病毒性出血症病毒、炭疽芽孢杆菌、布氏杆菌。

（3）三类病原微生物　指能够引起人类或者动物疾病，但一般情况下对人、动物或者环境不构成严重危害，传播风险有限，实验室感染后很少引起严重疾病，并且具备有效治疗和预防措施的微生物。

①多种动物共患病病原微生物：包括低致病性流感病毒、伪狂犬病病毒、破伤风梭菌、气肿疽梭菌、结核分枝杆菌、副结核分枝杆菌、致病性大肠杆菌、沙门菌、巴氏杆菌、致病性链球菌、李氏杆菌、产气荚膜梭菌、嗜水气单胞菌、肉毒梭状芽孢杆菌、腐败梭菌和其他致病性梭菌、鹦鹉热衣原体、放线菌、钩端螺旋体。

②牛病病原微生物：包括牛恶性卡他热病毒、牛白血病病毒、牛流行热病毒、牛传染性鼻气管炎病毒、牛病毒腹泻/黏膜病病毒、牛生殖器弯曲杆菌、日本血吸虫。

③绵羊和山羊病病原微生物：包括山羊关节炎/脑脊髓炎病毒、梅迪-维斯纳病病毒、传染性脓疱皮炎病毒。

④猪病病原微生物：包括日本脑炎病毒、猪繁殖与呼吸综合征病毒、猪细小病毒、猪圆环病毒、猪流行性腹泻病毒、猪传染性胃肠炎病毒、猪丹毒杆菌、猪支气管败血波氏杆菌、猪胸膜肺炎放线杆菌、副猪嗜血杆菌、猪肺炎支

原体、猪密螺旋体。

⑤马病病原微生物：包括马传染性贫血病毒、马动脉炎病毒、马病毒性流产病毒、马鼻炎病毒、鼻疽假单胞菌、类鼻疽假单胞菌、假皮疽组织胞浆菌、溃疡性淋巴管炎假结核棒状杆菌。

⑥禽病病原微生物：包括鸭瘟病毒、鸭病毒性肝炎病毒、小鹅瘟病毒、鸡传染性法氏囊病病毒、鸡马立克氏病病毒、禽白血病/肉瘤病毒、禽网状内皮组织增殖病病毒、鸡传染性贫血病毒、鸡传染性喉气管炎病毒、鸡传染性支气管炎病毒、鸡减蛋综合征病毒、禽痘病毒、鸡病毒性关节炎病毒、禽传染性脑脊髓炎病毒、副鸡嗜血杆菌、鸡毒支原体、鸡球虫。

⑦兔病病原微生物：包括兔黏液瘤病病毒、野兔热土拉杆菌、兔支气管败血波氏杆菌、兔球虫。

⑧水生动物病病原微生物：包括流行性造血器官坏死病毒、传染性造血器官坏死病毒、马苏大麻哈鱼病毒、病毒性出血性败血症病毒、锦鲤疱疹病毒、斑点叉尾鮰病毒、病毒性脑病和视网膜病毒、传染性胰脏坏死病毒、真鲷虹彩病毒、白鲟虹彩病毒、中肠腺坏死杆状病毒、传染性皮下和造血器官坏死病毒、核多角体杆状病毒、虾产卵死亡综合征病毒、鳖鳃腺炎病毒、Taura综合征病毒、对虾白斑综合征病毒、黄头病病毒、草鱼出血病毒、鲤春病毒血征病毒、鲍球形病毒、鲑鱼传染性贫血病毒。

⑨蜜蜂病病原微生物：包括美洲幼虫腐臭病幼虫杆菌、欧洲幼虫腐臭病蜂房蜜蜂球菌、白垩病蜂球囊菌、蜜蜂微孢子虫、跗腺螨、雅氏大蜂螨。

⑩其他动物病病原微生物：包括犬瘟热病毒、犬细小病毒、犬腺病毒、犬冠状病毒、犬副流感病毒、猫泛白细胞减少综合征病毒、水貂阿留申病病毒、水貂病毒性肠炎病毒。

（4）四类病原微生物　指通常情况下不会引起人类或者动物疾病的、危险性小、低致病力、实验室感染机会少的兽用生物制品、疫苗生产用的各种弱毒病原微生物以及不属于第一、二、三类的各种低毒力的病原微生物。

2. 病原微生物名录的制定

人与人之间传染的病原微生物名录由国务院卫生主管部门商国务院有关部门后制定、调整并予以公布；动物间传染的病原微生物名录由国务院农业农村主管部门商国务院有关部门后制定、调整并予以公布。

3. 采集病原微生物样本应具备的条件

采集病原微生物样本应当具备下列条件：具有与采集病原微生物样本所需要的生物安全防护水平相适应的设备；具有掌握相关专业知识和操作技能的工作人员；具有有效的防止病原微生物扩散和感染的措施；具有保证病原微生物样本质量的技术方法和手段。

采集高致病性病原微生物样本的工作人员在采集过程中应当防止病原微生物扩散和感染，并对样本的来源、采集过程和方法等作详细记录。

4. 运输高致病性病原微生物菌（毒）种或者样本的途径

运输高致病性病原微生物菌（毒）种或者样本，应当通过陆路运输；没有陆路通道，必须经水路运输的，可以通过水路运输；紧急情况下或者需要将高致病性病原微生物菌（毒）种或者样本运往国外的，可以通过民用航空运输。

5. 运输高致病性病原微生物菌（毒）种或者样本的条件

运输高致病性病原微生物菌（毒）种或者样本，应当具备下列条件：运输目的、高致病性病原微生物的用途和接收单位符合国务院卫生主管部门或者农业农村主管部门的规定；高致病性病原微生物菌（毒）种或者样本的容器应当密封，容器或者包装材料还应当符合防水、防破损、防外泄、耐高（低）温、耐高压的要求；容器或者包装材料上应当印有国务院卫生主管部门或者农业农村主管部门规定的生物危险标识、警告用语和提示用语。

6. 运输高致病性病原微生物菌（毒）种或者样本的审批

运输高致病性病原微生物菌（毒）种或者样本，应当经省级以上人民政府卫生主管部门或者农业农村主管部门批准。在省、自治区、直辖市行政区域内运输的，由省、自治区、直辖市人民政府卫生主管部门或者农业农村主管部门批准；需要跨省、自治区、直辖市运输或者运往国外的，由出发地的省、自治区、直辖市人民政府卫生主管部门或者农业农村主管部门进行初审后，分别报国务院卫生主管部门或者农业农村主管部门批准。有关主管部门应当对申请人提交的关于运输高致病性病原微生物菌（毒）种或者样本的申请材料进行审查，对符合条件的，应当即时批准。

出入境检验检疫机构在检验检疫过程中需要运输病原微生物样本的，由国务院出入境检验检疫部门批准，并同时向国务院卫生主管部门或者农业农村主管部门通报。

通过民用航空运输高致病性病原微生物菌（毒）种或者样本的，除取得相关部门批准外，还应当经国务院民用航空主管部门批准。

7. 运输高致病性病原微生物菌（毒）种或者样本的要求

运输高致病性病原微生物菌（毒）种或者样本，应当由不少于 2 人的专人护送，并采取相应的防护措施。

有关单位或者个人不得通过公共电（汽）车和城市铁路运输病原微生物菌（毒）种或者样本。需要通过铁路、公路、民用航空等公共交通工具运输高致病性病原微生物菌（毒）种或者样本的，承运单位应当凭相关部门的批准文件予以运输。

承运单位应当与护送人共同采取措施，确保所运输的高致病性病原微生物菌（毒）种或者样本的安全，严防发生被盗、被抢、丢失、泄漏事件。

8. 保藏机构的设立

国务院卫生主管部门或者农业农村主管部门指定的菌（毒）种保藏中心或者专业实验室（简称保藏机构），承担集中储存病原微生物菌（毒）种和样本的任务。保藏机构应当依照国务院卫生主管部门或者农业农村主管部门的规定，储存实验室送交的病原微生物菌（毒）种和样本，并向实验室提供病原微生物菌（毒）种和样本。

保藏机构应当制定严格的安全保管制度，做好病原微生物菌（毒）种和样本进出和储存的记录，建立档案制度，并指定专人负责。对高致病性病原微生物菌（毒）种和样本应当设专库或者专柜单独储存。保藏机构储存、提供病原微生物菌（毒）种和样本，不得收取任何费用，其经费由同级财政在单位预算中予以保障。保藏机构的管理办法由国务院卫生主管部门会同国务院农业农村主管部门制定。

保藏机构应当凭实验室按规定取得的从事高致病性病原微生物相关实验活动的批准文件，向实验室提供高致病性病原微生物菌（毒）种和样本，并予以登记。

实验室在相关实验活动结束后，应当依照国务院卫生主管部门或者农业农村主管部门的规定，及时将病原微生物菌（毒）种和样本就地销毁或者送交保藏机构保管。保藏机构接受实验室送交的病原微生物菌（毒）种和样本，应当予以登记，并开具接收证明。

9. 高致病性病原微生物菌（毒）种或者样本发生被盗、被抢、丢失、泄漏时的处理

高致病性病原微生物菌（毒）种或者样本在运输、储存中被盗、被抢、丢失、泄漏的，承运单位、护送人、保藏机构应当采取必要的控制措施，并在2h内分别向承运单位的主管部门、护送人所在单位和保藏机构的主管部门报告，同时向所在地的县级人民政府卫生主管部门或者农业农村主管部门报告，发生被盗、被抢、丢失的，还应当向公安机关报告；接到报告的卫生主管部门或者农业农村主管部门应当在2h内向本级人民政府报告，并同时向上级人民政府卫生主管部门或者农业农村主管部门和国务院卫生主管部门或者农业农村主管部门报告。

县级人民政府应当在接到报告后2h内向设区的市级人民政府或者上一级人民政府报告；设区的市级人民政府应当在接到报告后2h内向省、自治区、直辖市人民政府报告；省、自治区、直辖市人民政府应当在接到报告后1h内，向国务院卫生主管部门或者农业农村主管部门报告。

任何单位和个人发现高致病性病原微生物菌（毒）种或者样本的容器或者

包装材料，应当及时向附近的卫生主管部门或者农业农村主管部门报告；接到报告的卫生主管部门或者农业农村主管部门应当及时组织调查核实，并依法采取必要的控制措施。

（三）实验室设立与管理的有关规定

1. 实验室的分级

国家根据实验室对病原微生物的生物安全防护水平，并依照实验室生物安全国家标准的规定，将实验室分为一级、二级、三级、四级。

2. 三级、四级实验室的设立

（1）设立三级、四级实验室需具备的条件　新建、改建、扩建三级、四级实验室或者生产、进口移动式三级、四级实验室应当遵守下列规定：符合国家生物安全实验室体系规划并依法履行有关审批手续；经国务院科技主管部门审查同意；符合国家生物安全实验室建筑技术规范；依照《中华人民共和国环境影响评价法》的规定进行环境影响评价并经环境保护主管部门审查批准；生物安全防护级别与其拟从事的实验活动相适应。

国家生物安全实验室体系规划，由国务院投资主管部门会同国务院有关部门制定。制定国家生物安全实验室体系规划应当遵循总量控制、合理布局、资源共享的原则，并应当召开听证会或者论证会，听取公共卫生、环境保护、投资管理和实验室管理等方面专家的意见。

（2）设立三级、四级实验室的认可　三级、四级实验室应当通过实验室国家认可。国务院认证认可监督管理部门确定的认可机构应当依照实验室生物安全国家标准以及有关规定，对三级、四级实验室进行认可；实验室通过认可的，颁发相应级别的生物安全实验室证书。证书有效期为5年。

（3）生物危险标识和生物安全实验室级别标志的标示　三级、四级实验室应当在明显位置标示国务院卫生主管部门和农业农村主管部门规定的生物危险标识和生物安全实验室级别标志。

（4）三级、四级实验室的环保要求　已经建成并通过实验室国家认可的三级、四级实验室应当向所在地的县级人民政府环境保护主管部门备案。环境保护主管部门依照法律、行政法规的规定对实验室排放的废水、废气和其他废物处置情况进行监督检查。

3. 三级、四级实验室从事高致病性病原微生物实验活动的要求

（1）三级、四级实验室从事高致病性病原微生物实验活动需具备的条件　一级、二级实验室不得从事高致病性病原微生物实验活动。三级、四级实验室从事高致病性病原微生物实验活动，应当具备下列条件：实验目的和拟从事的实验活动符合国务院卫生主管部门或者农业农村主管部门的规定；具有与拟从

事的实验活动相适应的工作人员；工程质量经建筑主管部门依法检测验收合格。需要在动物体上从事高致病性病原微生物相关实验活动的，应当在符合动物实验室生物安全国家标准的三级以上实验室进行。在同一个实验室的同一个独立安全区域内，只能同时从事一种高致病性病原微生物的相关实验活动。

（2）三级、四级实验室从事高致病性病原微生物实验活动的审查　国务院卫生主管部门或者农业农村主管部门依照各自职责对三级、四级实验室是否符合上述条件进行审查；对符合条件的，发给从事高致病性病原微生物实验活动的资格证书。

（3）三级、四级实验室从事高致病性病原微生物或者疑似高致病性病原微生物实验活动的报批　三级、四级实验室，需要从事某种高致病性病原微生物或者疑似高致病性病原微生物实验活动的，应当依照国务院卫生主管部门或者农业农村主管部门的规定报省级以上人民政府卫生主管部门或者农业农村主管部门批准。实验活动结果以及工作情况应当向原批准部门报告。

实验室申报或者接受与高致病性病原微生物有关的科研项目，应当符合科研需要和生物安全要求，具有相应的生物安全防护水平。与动物间传染的高致病性病原微生物有关的科研项目，应当经国务院农业农村主管部门同意；与人体健康有关的高致病性病原微生物科研项目，实验室应当将立项结果告知省级以上人民政府卫生主管部门。

（4）从事高致病性病原微生物相关实验活动实验室感染应急处置预案的制定　从事高致病性病原微生物相关实验活动的实验室应当制定实验室感染应急处置预案，并向该实验室所在地的省、自治区、直辖市人民政府卫生主管部门或者农业农村主管部门备案。

（5）建立健全安全保卫制度　从事高致病性病原微生物相关实验活动的实验室的设立单位，应当建立健全安全保卫制度，采取安全保卫措施，严防高致病性病原微生物被盗、被抢、丢失、泄漏，保障实验室及其病原微生物的安全。实验室发生高致病性病原微生物被盗、被抢、丢失、泄漏的，实验室的设立单位应当依照有关的规定进行报告。

从事高致病性病原微生物相关实验活动的实验室应当向当地公安机关备案，并接受公安机关有关实验室安全保卫工作的监督指导。

（6）人员的管理、防护和健康监测　从事高致病性病原微生物相关实验活动的应当有 2 名以上的工作人员共同进行。进入从事高致病性病原微生物相关实验活动的实验室的工作人员或者其他有关人员，应当经实验室负责人批准。实验室应当为其提供符合防护要求的防护用品并采取其他职业防护措施。从事高致病性病原微生物相关实验活动的实验室，还应当对实验室工作人员进行健康监测，每年组织对其进行体检，并建立健康档案；必要时，应当对实验室工作人员进行预防接种。

4. 发现高致病性病原微生物或者疑似高致病性病原微生物的处理

出入境检验检疫机构、医疗卫生机构、动物防疫机构在实验室开展检测、诊断工作时，发现高致病性病原微生物或者疑似高致病性病原微生物、需要进一步从事这类高致病性病原微生物相关实验活动的，应当依照有关规定经批准同意，并在具备相应条件的实验室中进行。专门从事检测、诊断的实验室应当严格依照国务院卫生主管部门或者农业农村主管部门的规定，建立健全规章制度，保证实验室生物安全。

5. 从事高致病性病原微生物相关实验活动的审批

省级以上人民政府卫生主管部门或者农业农村主管部门应当自收到需要从事高致病性病原微生物相关实验活动的申请之日起 15 日内做出是否批准的决定。

对出入境检验检疫机构为了检验检疫工作的紧急需要，申请在实验室对高致病性病原微生物或者疑似高致病性病原微生物开展进一步实验活动的，省级以上人民政府卫生主管部门或者农业农村主管部门应当自收到申请之时起 2h 内做出是否批准的决定；2h 内未做出决定的，实验室可以从事相应的实验活动。

省级以上人民政府卫生主管部门或者农业农村主管部门应当为申请人通过电报、电传、传真、电子数据交换和电子邮件等方式提出申请提供方便。

6. 一级、二级实验室的备案

新建、改建或者扩建一级、二级实验室，应当向设区的市级人民政府卫生主管部门或者农业农村主管部门备案。设区的市级人民政府卫生主管部门或者农业农村主管部门应当每年将备案情况汇总后报省、自治区、直辖市人民政府卫生主管部门或者农业农村主管部门。

7. 我国尚未发现或已经宣布消灭的病原微生物实验活动的审批

对我国尚未发现或者已经宣布消灭的病原微生物，任何单位和个人未经批准不得从事相关实验活动。为了预防、控制传染病，需要从事此类病原微生物相关实验活动的，应当经国务院卫生主管部门或者农业农村主管部门批准，并在批准部门指定的专业实验室中进行。

8. 新技术、新方法从事高致病性病原微生物相关实验活动的论证

实验室使用新技术、新方法从事高致病性病原微生物相关实验活动的，应当符合防止高致病性病原微生物扩散、保证生物安全和操作者人身安全的要求，并经国家病原微生物实验室生物安全专家委员会论证；经论证可行的，方可使用。

9. 实验室的有关要求

（1）实验室的生物安全管理　实验室的设立单位负责实验室的生物安全管理。实验室的设立单位应当依照有关规定制定科学、严格的管理制度，并定期对有关生物安全规定的落实情况进行检查，定期对实验室设施、设备、材料等进行检查、维护和更新，以确保其符合国家标准。实验室的设立单位及其主管部门应当加强对实验室日常活动的管理。实验室负责人为实验室生物安全的第一责任人。

（2）遵守相关的标准、规范和规程　实验室从事实验活动应当严格遵守有关国家标准和实验室技术规范、操作规程。实验室负责人应当指定专人监督检查实验室技术规范和操作规程的落实情况。

（3）国务院相关部门对实验室的数量、设立和分布情况进行定期汇总并互相通报　国务院卫生主管部门和农业农村主管部门应当定期汇总并互相通报实验室数量和实验室设立、分布情况，以及三级、四级实验室从事高致病性病原微生物实验活动的情况。

（4）实验室工作人员的培训与考核　实验室或者实验室的设立单位应当每年定期对工作人员进行培训，保证其掌握实验室技术规范、操作规程、生物安全防护知识和实际操作技能，并进行考核。工作人员经考核合格的，方可上岗。

从事高致病性病原微生物相关实验活动的实验室，应当每半年将培训、考核其工作人员的情况和实验室运行情况向省、自治区、直辖市人民政府卫生主管部门或者农业农村主管部门报告。

（5）实验室实验档案的建立　实验室应当建立实验档案，记录实验室使用情况和安全监督情况。实验室从事高致病性病原微生物相关实验活动的实验档案保存期，不得少于20年。

（6）实验室环境保护的措施　实验室应当依照环境保护的有关法律、行政法规和国务院有关部门的规定，对废水、废气以及其他废物进行处置，并制定相应的环境保护措施，防止环境污染。

10. 国家和各地区病原微生物实验室生物安全专家委员会的组建

国务院卫生主管部门和农业农村主管部门会同国务院有关部门组织病原学、免疫学、检验医学、流行病学、预防兽医学、环境保护和实验室管理等方面的专家，组成国家病原微生物实验室生物安全专家委员会。该委员会承担从事高致病性病原微生物相关实验活动的实验室的设立与运行的生物安全评估和技术咨询、论证工作。

省、自治区、直辖市人民政府卫生主管部门和农业农村主管部门会同同级人民政府有关部门组织病原学、免疫学、检验医学、流行病学、预防兽医学、环境保护和实验室管理等方面的专家，组成本地区病原微生物实验室生物安全专家委员会。该委员会承担本地区实验室设立和运行的技术咨询工作。

（四）实验室感染控制的有关规定

1. 实验室具备专业的工作人员

实验室的设立单位应当指定专门的机构或者人员承担实验室感染控制工作，定期检查实验室的生物安全防护、病原微生物菌（毒）种和样本保存与使用、安全操作、实验室排放的废水和废气以及其他废物处置等规章制度的实施情况。负责实验室感染控制工作的机构或者人员应当具有与该实验室中的病原微生物有关的传染病防治知识，并定期调查、了解实验室工作人员的健康状况。

2. 实验室发生工作人员感染事故的处理

实验室工作人员出现与本实验室从事的高致病性病原微生物相关实验活动有关的感染临床症状或者体征时，实验室负责人应当向负责实验室感染控制工作的机构或者人员报告，同时派专人陪同及时就诊；实验室工作人员应当将近期所接触的病原微生物的种类和危险程度如实告知诊治医疗机构。接诊的医疗机构应当及时救治；不具备相应救治条件的，应当依照规定将感染的实验室工作人员转诊至具备相应传染病救治条件的医疗机构；具备相应传染病救治条件的医疗机构应当接诊治疗，不得拒绝救治。

3. 实验室发生高致病性病原微生物泄漏的处理

实验室发生高致病性病原微生物泄漏时，实验室工作人员应当立即采取控制措施，防止高致病性病原微生物扩散，并同时向负责实验室感染控制工作的机构或者人员报告。

4. 实验室感染应急处置预案的启动

负责实验室感染控制工作的机构或者人员接到实验室发生工作人员感染事故或者病原微生物泄漏的报告后，应当立即启动实验室感染应急处置预案，并组织人员对该实验室生物安全状况等情况进行调查；确认发生实验室感染或者高致病性病原微生物泄漏的，应当依照规定进行报告，并同时采取控制措施，对有关人员进行医学观察或者隔离治疗，封闭实验室，防止扩散。

5. 相关部门在实验室发生工作人员感染事故或者病原微生物泄漏事件采取的措施

卫生主管部门或者农业农村主管部门接到关于实验室发生工作人员感染事故或者病原微生物泄漏事件的报告，或者发现实验室从事病原微生物相关实验活动造成实验室感染事故的，应当立即组织疾病预防控制机构、动物防疫监督机构和医疗机构以及其他有关机构依法采取下列预防、控制措施：封闭被病原微生物污染的实验室或者可能造成病原微生物扩散的场所；开展流行病学调查；对病人进行隔离治疗，对相关人员进行医学检查；对密切接触者进行医学观察；进行现场消毒；对染疫或者疑似染疫的动物采取隔离、扑杀等措施；其他需要采取的预防、控制措施。

6. 相关诊疗机构实验室造成有关感染的处理

医疗机构或者兽医医疗机构及其执行职务的医务人员发现由于实验室感染而引起的与高致病性病原微生物相关的传染病患者、疑似传染病患者或者患有疫病、疑似患有疫病的动物，诊治的医疗机构或者兽医医疗机构应当在2h内报告所在地的县级人民政府卫生主管部门或者农业农村主管部门；接到报告的卫生主管部门或者农业农村主管部门应当在2h内通报实验室所在地的县级人民政府卫生主管部门或者农业农村主管部门。接到通报的卫生主管部门或者农业农村主管部门应当依照规定采取预防、控制措施。

7. 病原微生物扩散、暴发时的处理

发生病原微生物扩散，有可能造成传染病暴发、流行时，县级以上人民政府卫生主管部门或者农业农村主管部门应当依照有关法律、行政法规的规定以及实验室感染应急处置预案进行处理。

（五）监督管理的有关规定

1. 相关行政部门的职责

县级以上地方人民政府卫生主管部门、农业农村主管部门依照各自分工，履行下列职责：对病原微生物菌（毒）种、样本的采集、运输、储存进行监督检查；对从事高致病性病原微生物相关实验活动的实验室是否符合有关规定的条件进行监督检查；对实验室或者实验室的设立单位培训、考核其工作人员以及上岗人员的情况进行监督检查；对实验室是否按照有关国家标准、技术规范和操作规程从事病原微生物相关实验活动进行监督检查。

国务院认证认可监督管理部门依照《中华人民共和国认证认可条例》的规定对实验室认可活动进行监督检查。县级以上地方人民政府卫生主管部门、农业农村主管部门，应当主要通过检查反映实验室执行国家有关法律、行政法规以及国家标准和要求的记录、档案、报告，切实履行监督管理职责。

2. 相关行政部门的职权

县级以上人民政府卫生主管部门、农业农村主管部门、环境保护主管部门在履行监督检查职责时，有权进入被检查单位和病原微生物泄漏或者扩散现场进行调查取证、采集样品、查阅复制有关资料。需要进入从事高致病性病原微生物相关实验活动的实验室调查取证、采集样品的，应当指定或者委托专业机构实施。被检查单位应当予以配合，不得拒绝、阻挠。

3. 相关行政部门的执法要求

卫生主管部门、农业农村主管部门、环境保护主管部门应当依据法定的职权和程序履行职责，做到公正、公平、公开、文明、高效。

卫生主管部门、农业农村主管部门、环境保护主管部门的执法人员执行职务时，应当有2名以上执法人员参加，出示执法证件，并依照规定填写执法文书。现场检查笔录、采样记录等文书，经核对无误后，应当由执法人员和被检查人、被采样人签名。被检查人、被采样人拒绝签名的，执法人员应当在自己签名后注明情况。

4. 社会公众的监督管理

卫生主管部门、农业农村主管部门、环境保护主管部门及其执法人员执行职务，应当自觉接受社会和公民的监督。公民、法人和其他组织有权向上级人民政府及其卫生主管部门、农业农村主管部门、环境保护主管部门举报地方人民政府及其有关主管部门不依照规定履行职责的情况。接到举报的有关人民政府或者其卫生主管部门、农业农村主管部门、环境保护主管部门，应当及时调查处理。

5. 上级行政部门的监督管理

上级人民政府卫生主管部门、农业农村主管部门、环境保护主管部门发现属于下级人民政府卫生主管部门、农业农村主管部门、环境保护主管部门职责范围内需要处理的事项的，应当及时告知该部门处理；下级人民政府卫生主管部门、农业农村主管部门、环境保护主管部门不及时处理或者不积极履行本部门职责的，上级人民政府卫生主管部门、农业农村主管部门、环境保护主管部门应当责令其限期改正；逾期不改正的，上级人民政府卫生主管部门、农业农村主管部门、环境保护主管部门有权直接予以处理。

（六）法律责任的有关规定

1. 三级、四级实验室未经批准从事某种高致病性病原微生物或者疑似高致病性病原微生物实验活动的违法行为

三级、四级实验室未经批准从事某种高致病性病原微生物或者疑似高致病性病原微生物实验活动的，由县级以上地方人民政府卫生主管部门、农业农村主管部门依照各自职责，责令停止有关活动，监督其将用于实验活动的病原微生物销毁或者送交保藏机构，并给予警告；造成传染病传播、流行或者其他严重后果的，由实验室的设立单位对主要负责人、直接负责的主管人员和其他直接责任人员，依法给予撤职、开除的处分；构成犯罪的，依法追究刑事责任。

2. 有关部门准予不符合条件的实验室从事高致病性病原微生物相关实验活动的违法行为

卫生主管部门或者农业农村主管部门违反规定的，准予不符合条件的实验室从事高致病性病原微生物相关实验活动的，由做出批准决定的卫生主管部门或者农业农村主管部门撤销原批准决定，责令有关实验室立即停止有关活动，并监督其将用于实验活动的病原微生物销毁或者送交保藏机构，对直接负责的主管人员和其他直接责任人员依法给予行政处分；构成犯罪的，依法追究刑事责任。因违法做出批准决定给当事人的合法权益造成损害的，做出批准决定的卫生主管部门或者农业农村主管部门应当依法承担赔偿责任。

3. 有关部门对出入境检验检疫机构为了工作需要，申请在实验室开展高致病性病原微生物或者疑似高致病性病原微生物的检测活动，不在法定期限内做出是否批准决定的违法行为

卫生主管部门或者农业农村主管部门对出入境检验检疫机构为了检验检疫工作的紧急需要，申请在实验室对高致病性病原微生物或者疑似高致病性病原微生物开展进一步检测活动，不在法定期限内做出是否批准决定的，由其上级行政机关或者监察机关责令改正，给予警告；造成传染病传播、流行或者其他严重后果的，对直接负责的主管人员和其他直接责任人员依法给予撤职、开除的行政处分；构成犯罪的，依法追究刑事责任。

4. 在不符合相应生物安全要求的实验室从事病原微生物相关实验活动的违法行为

违反规定的，在不符合相应生物安全要求的实验室从事病原微生物相关实验活动的，由县级以上地方人民政府卫生主管部门、农业农村主管部门依照各自职责，责令停止有关活动，监督其将用于实验活动的病原微生物销毁或者送交保藏机构，并给予警告；造成传染病传播、流行或者其他严重后果的，由实验室的设立单位对主要负责人、直接负责的主管人员和其他直接责任人员，依法给予撤职、开除的处分；构成犯罪的，依法追究刑事责任。

5. 未依照规定在明显位置标示生物危险标识和生物安全实验室级别标志等违法行为

实验室有下列行为之一的，由县级以上地方人民政府卫生主管部门、农业农村主管部门依照各自职责，责令限期改正，给予警告；逾期不改正的，由实验室的设立单位对主要负责人、直接负责的主管人员和其他直接责任人员，依法给予撤职、开除的处分；有许可证件的，并由原发证部门吊销有关许可证件：未依照规定在明显位置标示国务院卫生主管部门和农业农村主管部门规定的生物危险标识和生物安全实验室级别标志的；未向原批准部门报告实验活动结果以及工作情况的；未依照规定采集病原微生物样本，或者对所采集样本的

来源、采集过程和方法等未做详细记录的；新建、改建或者扩建一级、二级实验室未向设区的市级人民政府卫生主管部门或者农业农村主管部门备案的；未依照规定定期对工作人员进行培训，或者工作人员考核不合格允许其上岗，或者批准未采取防护措施的人员进入实验室的；实验室工作人员未遵守实验室生物安全技术规范和操作规程的；未依照规定建立或者保存实验档案的；未依照规定制定实验室感染应急处置预案并备案的。

6. 从事高致病性病原微生物相关实验活动的实验室的设立单位未建立健全安全保卫制度或者未采取安全保卫措施的违法行为

经依法批准从事高致病性病原微生物相关实验活动的实验室的设立单位未建立健全安全保卫制度，或者未采取安全保卫措施的，由县级以上地方人民政府卫生主管部门、农业农村主管部门依照各自职责，责令限期改正；逾期不改正，导致高致病性病原微生物菌（毒）种、样本被盗、被抢或者造成其他严重后果的，责令停止该项实验活动，该实验室 2 年内不得申请从事高致病性病原微生物实验活动；造成传染病传播、流行的，该实验室设立单位的主管部门还应当对该实验室的设立单位的直接负责的主管人员和其他直接责任人员，依法给予降级、撤职、开除的处分；构成犯罪的，依法追究刑事责任。

7. 未经批准运输高致病性病原微生物菌（毒）种或者样本以及导致严重后果的违法行为

未经批准运输高致病性病原微生物菌（毒）种或者样本，或者承运单位在经批准运输高致病性病原微生物菌（毒）种或者样本的未履行保护义务，导致高致病性病原微生物菌（毒）种或者样本被盗、被抢、丢失、泄漏的，由县级以上地方人民政府卫生主管部门、农业农村主管部门依照各自职责，责令采取措施，消除隐患，给予警告；造成传染病传播、流行或者其他严重后果的，由托运单位和承运单位的主管部门对主要负责人、直接负责的主管人员和其他直接责任人员，依法给予撤职、开除的处分；构成犯罪的，依法追究刑事责任。

8. 实验室在相关实验活动结束后，未依照规定及时将病原微生物菌（毒）种和样本就地销毁或者送交保藏机构保管等违法行为

有下列行为之一的，由实验室所在地的设区的市级以上地方人民政府卫生主管部门、农业农村主管部门依照各自职责，责令有关单位立即停止违法活动，监督其将病原微生物销毁或者送交保藏机构；造成传染病传播、流行或者其他严重后果的，由其所在单位或者其上级主管部门对主要负责人、直接负责的主管人员和其他直接责任人员，依法给予撤职、开除的处分；有许可证件的，并由原发证部门吊销有关许可证件；构成犯罪的，依法追究刑事责任：实验室在相关实验活动结束后，未依照规定及时将病原微生物菌（毒）种和样本

就地销毁或者送交保藏机构保管的；实验室使用新技术、新方法从事高致病性病原微生物相关实验活动未经国家病原微生物实验室生物安全专家委员会论证的；未经批准擅自从事在我国尚未发现或者已经宣布消灭的病原微生物相关实验活动的；在未经指定的专业实验室从事在我国尚未发现或者已经宣布消灭的病原微生物相关实验活动的；在同一个实验室的同一个独立安全区域内同时从事两种或者两种以上高致病性病原微生物的相关实验活动的。

9. 认可机构对不符合实验室生物安全国家标准以及设立条件的实验室予以认可或对符合标准以及条件的实验室不予认可的违法行为

认可机构对不符合实验室生物安全国家标准以及设立条件的实验室予以认可，或者对符合实验室生物安全国家标准以及设立条件的实验室不予认可的，由国务院认证认可监督管理部门责令限期改正，给予警告；造成传染病传播、流行或者其他严重后果的，由国务院认证认可监督管理部门撤销其认可资格，有上级主管部门的，由其上级主管部门对主要负责人、直接负责的主管人员和其他直接责任人员依法给予撤职、开除的处分；构成犯罪的，依法追究刑事责任。

10. 实验室工作人员出现与从事的病原微生物相关实验活动有关的感染以及实验室发生高致病性病原微生物泄漏的违法行为

实验室工作人员出现与该实验室从事的病原微生物相关实验活动有关的感染临床症状或者体征，以及实验室发生高致病性病原微生物泄漏时，实验室负责人、实验室工作人员、负责实验室感染控制的专门机构或者人员未依照规定报告，或者未依照规定采取控制措施的，由县级以上地方人民政府卫生主管部门、农业农村主管部门依照各自职责，责令限期改正，给予警告；造成传染病传播、流行或者其他严重后果的，由其设立单位对实验室主要负责人、直接负责的主管人员和其他直接责任人员，依法给予撤职、开除的处分；有许可证件的，并由原发证部门吊销有关许可证件；构成犯罪的，依法追究刑事责任。

11. 拒绝接受相关部门依法开展有关高致病性病原微生物扩散的调查取证、采集样品等活动或者依照规定采取有关预防、控制措施的违法行为

拒绝接受卫生主管部门、农业农村主管部门依法开展有关高致病性病原微生物扩散的调查取证、采集样品等活动或者依照规定采取有关预防、控制措施的，由县级以上人民政府卫生主管部门、农业农村主管部门依照各自职责，责令改正，给予警告；造成传染病传播、流行以及其他严重后果的，由实验室的设立单位对实验室主要负责人、直接负责的主管人员和其他直接责任人员，依法给予降级、撤职、开除的处分；有许可证件的，并由原发证部门吊销有关许可证件；构成犯罪的，依法追究刑事责任。

12. 病原微生物被盗、被抢、丢失、泄漏，承运单位、护送人、保藏机构和实验室的设立单位未依照规定报告的违法行为

发生病原微生物被盗、被抢、丢失、泄漏，承运单位、护送人、保藏机构和实验室的设立单位未依照规定报告的，由所在地的县级人民政府卫生主管部门或者农业农村主管部门给予警告；造成传染病传播、流行或者其他严重后果的，由实验室的设立单位或者承运单位、保藏机构的上级主管部门对主要负责人、直接负责的主管人员和其他直接责任人员，依法给予撤职、开除的处分；构成犯罪的，依法追究刑事责任。

13. 保藏机构未依照规定储存实验室送交的菌（毒）种和样本，或者未依照规定提供菌（毒）种和样本的违法行为

保藏机构未依照规定储存实验室送交的菌（毒）种和样本，或者未依照规定提供菌（毒）种和样本的，由其指定部门责令限期改正，收回违法提供的菌（毒）种和样本，并给予警告；造成传染病传播、流行或者其他严重后果的，由其所在单位或者其上级主管部门对主要负责人、直接负责的主管人员和其他直接责任人员，依法给予撤职、开除的处分；构成犯罪的，依法追究刑事责任。

14. 县级以上人民政府有关主管部门，未依照规定履行实验室及其实验活动监督检查职责的违法行为

县级以上人民政府有关主管部门，未依照规定履行实验室及其实验活动监督检查职责的，由有关人民政府在各自职责范围内责令改正，通报批评；造成传染病传播、流行或者其他严重后果的，对直接负责的主管人员，依法给予行政处分；构成犯罪的，依法追究刑事责任。

四、《高致病性动物病原微生物实验室生物安全管理审批办法》

（一）《高致病性动物病原微生物实验室生物安全管理审批办法》概述

1. 制定目的和适用范围

目的在于规范高致病性动物病原微生物实验室生物安全管理的审批工作。适用于高致病性动物病原微生物的实验室资格、实验活动和运输的审批。病原微生物指能够使人或者动物致病的微生物。

2. 相关术语

（1）实验活动　指实验室从事与病原微生物菌（毒）种、样本有关的研究、教学、检测、诊断等活动。

（2）高致病性动物病原微生物　指来源于动物的、《动物病原微生物分类名录》中规定的第一类、第二类病原微生物。

3. 高致病性病原微生物实验室生物安全的行政管理

农业农村部主管全国高致病性动物病原微生物实验室生物安全管理工作。县级以上地方人民政府农业农村主管部门负责本行政区域内高致病性动物病原微生物实验室生物安全管理工作。

（二）实验室资格审批的有关规定

1. 高致病性动物病原微生物实验室资格证书

实验室从事高致病性动物病原微生物实验活动，应当取得农业农村部颁发的《高致病性动物病原微生物实验室资格证书》。《高致病性动物病原微生物实验室资格证书》有效期为5年。有效期届满，实验室需要继续从事高致病性动物病原微生物实验活动的，应当在届满6个月前，按照审批办法的规定重新申请《高致病性动物病原微生物实验室资格证书》。

2. 具备的条件

依法从事动物疫病的研究、检测、诊断，以及菌（毒）种保藏等活动；符合农业农村部颁发的《兽医实验室生物安全管理规范》；取得国家生物安全三级或者四级实验室认可证书；从事实验活动的工作人员具备兽医相关专业大专以上学历或中级以上技术职称，受过生物安全知识培训。

3. 申请

符合条件的实验室，申请人应当向所在地省、自治区、直辖市人民政府农业农村主管部门提出申请，并提交下列材料：《高致病性动物病原微生物实验室资格申请表》一式两份；《实验室管理手册》；国家实验室认可证书复印件；实验室设立单位的法人资格证书复印件；实验室工作人员学历证书或者技术职称证书复印件；实验室工作人员生物安全知识培训情况证明材料。

4. 评审

省、自治区、直辖市人民政府农业农村主管部门应当自收到申请之日起10日内，将初审意见和有关材料报送农业农村部。农业农村部收到初审意见和有关材料后，组织专家进行评审，必要时可到现场核实和评估。农业农村部自收到专家评审意见之日起10日内做出是否颁发《高致病性动物病原微生物实验室资格证书》的决定；不予批准的，及时告知申请人并说明理由。

（三）实验活动审批的有关规定

1. 从事高致病性动物病原微生物实验活动的权限

一级、二级实验室不得从事高致病性动物病原微生物实验活动。三级、四级实验室需要从事某种高致病性动物病原微生物或者疑似高致病性动物病原微生物实验活动的，应当经农业农村部或者省、自治区、直辖市人民政府农业农村主管部门批准。农业农村部对特定高致病性动物病原微生物或疑似高致病性动物病原微生物实验活动的实验单位有明确规定的，只能在规定的实验室进行。

2. 从事高致病性动物病原微生物实验活动具备的条件

三级、四级实验室从事某种高致病性动物病原微生物或者疑似高致病性动物病原微生物实验活动的，应取得农业农村部颁发的《高致病性动物病原微生物实验室资格证书》，并在有效期内，实验活动限于与动物病原微生物菌（毒）种、样本有关的研究、检测、诊断和菌（毒）种保藏等。

3. 从事高致病性动物病原微生物实验活动的申请

符合从事高致病性动物病原微生物实验活动具备条件的实验室，申请人应当向所在地省、自治区、直辖市人民政府农业农村主管部门提出申请，并提交《高致病性动物病原微生物实验活动申请表》一式两份、《高致病性动物病原微生物实验室资格证书》复印件、从事与高致病性动物病原微生物有关的科研项目的、科研项目立项证明材料。

4. 从事高致病性动物病原微生物实验活动的评审

从事我国尚未发现或者已经宣布消灭的动物病原微生物有关实验活动的，或者从事国家规定的特定高致病性动物病原微生物病原分离和鉴定、活病毒培养、感染材料核酸提取、动物接种试验等有关实验活动的，省、自治区、直辖市人民政府农业农村主管部门应当自收到申请之日起 7 日内，将初审意见和有关材料报送农业农村部。农业农村部自收到初审意见和有关材料之日起 8 日内做出是否批准的决定；不予批准的，及时通知申请人并说明理由。

从事其他高致病性动物病原微生物或者疑似高致病性动物病原微生物实验活动的，省、自治区、直辖市人民政府农业农村主管部门应当自收到申请之日起 15 日内做出是否批准的决定，并自批准之日起 10 日内报农业农村部备案；不予批准的，应当及时通知申请人并说明理由。

5. 从事科研项目的申报

实验室申报或者接受与高致病性动物病原微生物有关的科研项目前，应当向农业农村部申请审查，并提交《高致病性动物病原微生物科研项目生物安全审查表》一式两份、《科研项目建议书》、科研项目研究中采取的生物安全措施。农业农村部自收到申请之日起 20 日内做出是否同意的决定。科研项目立项后，需要从事与高致病性动物病原微生物有关的实验活动的，应当按照从事高致病性动物病原微生物实验活动申报的有关规定，经农业农村部或者省、自治区、直辖市人民政府农业农村主管部门批准。

6. 出入境检验检疫机构、动物防疫机构从事实验活动的申报

出入境检验检疫机构、动物防疫机构在实验室开展检测、诊断工作时，发

现高致病性动物病原微生物或疑似高致病性动物病原微生物，需要进一步从事这类高致病性动物病原微生物病原分离和鉴定、活病毒培养、感染材料核酸提取、动物接种试验等相关实验活动的，应当按照从事高致病性动物病原微生物实验活动申报的有关规定，经农业农村部或者省、自治区、直辖市人民政府农业农村主管部门批准。

7. 出入境检验检疫机构紧急情况的申报

出入境检验检疫机构为了检验检疫工作的紧急需要，申请在实验室对高致病性动物病原微生物或疑似高致病性动物病原微生物开展病原分离和鉴定、活病毒培养、感染材料核酸提取、动物接种试验等进一步实验活动的，按照从事高致病性动物病原微生物实验活动审批的规定提出申请，同时具备下列条件：实验目的仅限于检疫；实验活动符合法定检疫规程；取得农业农村部颁发的《高致病性动物病原微生物实验室资格证书》，并在有效期内。

农业农村部或者省、自治区、直辖市人民政府农业农村主管部门自收到申请之时起 2 小时内做出是否批准的决定；不批准的，通知申请人并说明理由。2 小时内未做出决定的，出入境检验检疫机构实验室可以从事相应的实验活动。

8. 实验室在从事高致病性动物病原微生物实验活动要求

实验室在实验活动期间，应当按照《病原微生物实验室生物安全管理条例》的规定，做好实验室感染控制、生物安全防护、病原微生物菌（毒）种保存和使用、安全操作、实验室排放的废水和废气以及其他废物处置等工作。实验室在实验活动结束后，应当及时将病原微生物菌（毒）种、样本就地销毁或者送交农业农村部指定的保藏机构保藏，并将实验活动结果以及工作情况向原批准部门报告。

（四）运输审批的有关规定

1. 批准制度

运输高致病性动物病原微生物菌（毒）种或者样本的，应当经农业农村部或者省、自治区、直辖市人民政府农业农村主管部门批准。

2. 运输高致病性动物病原微生物菌（毒）种或者样本所具备的条件

运输的高致病性动物病原微生物菌（毒）种或者样本仅限用于依法进行的动物疫病的研究、检测、诊断、菌（毒）种保藏和兽用生物制品的生产等活动；接收单位是研究、检测、诊断机构的，应当取得农业农村部颁发的《高致病性动物病原微生物实验室资格证书》，并取得农业农村部或者省、自治区、直辖市人民政府农业农村主管部门颁发的从事高致病性动物病原微生物或者疑似高致病性动物病原微生物实验活动批准文件；接收单位是兽用生物制品研制和生产单位的，应当取得农业农村部颁发的生物制品批准文件；接收单位是菌

（毒）种保藏机构的，应当取得农业农村部颁发的指定菌（毒）种保藏的文件；盛装高致病性动物病原微生物菌（毒）种或者样本的容器或者包装材料应当符合农业农村部制定的《高致病性动物病原微生物菌（毒）种或者样本运输包装规范》。

3. 申请

符合申请条件的，向出发地省、自治区、直辖市人民政府农业农村主管部门提出申请，并提交下列材料：《运输高致病性动物病原微生物菌（毒）种（样本）申请表》一式两份；申请条件规定的有关批准文件复印件；接收单位同意接收的证明材料，但送交菌（毒）种保藏的除外。

4. 审批

在省、自治区、直辖市人民政府行政区域内运输的，省、自治区、直辖市人民政府农业农村主管部门应当对申请人提交的申请材料进行审查，符合条件的，即时批准，并发给《高致病性动物病原微生物菌（毒）种、样本准运证书》；不予批准的，应当即时告知申请人。

需要跨省、自治区、直辖市运输或者运往国外的，由出发地省、自治区、直辖市人民政府农业农村主管部门进行初审，并将初审意见和有关材料报送农业农村部。农业农村部应当对初审意见和有关材料进行审查，符合条件的，即时批准，发给《高致病性动物病原微生物菌（毒）种、样本准运证书》；不予批准的，应当即时告知申请人。出入境检验检疫机构在检疫过程中运输动物病原微生物样本的，由国务院出入境检验检疫部门批准，同时向农业农村部通报。

5. 运输

申请人凭《高致病性动物病原微生物菌（毒）种、样本准运证书》运输高致病性动物病原微生物菌（毒）种或者样本；需要通过铁路、公路、民用航空等公共交通工具运输的，凭《高致病性动物病原微生物菌（毒）种、样本准运证书》办理承运手续；通过民航运输的，还需经过国务院民用航空主管部门批准。

五、《高致病性动物病原微生物菌（毒）种或者样本运输包装规范》

（一）《高致病性动物病原微生物菌（毒）种或者样本运输包装规范》概述

目的在于加强动物病原微生物实验室生物安全管理，规范高致病性动物病原微生物菌（毒）种或者样本运输包装。根据《病原微生物实验室生物安全管理条例》和《高致病性病原微生物实验室生物安全管理审批办法》制定。

（二）运输包装规范的有关规定

运输高致病性动物病原微生物菌（毒）种或者样本的，其包装应当符合以下要求。

1. 内包装

（1）必须是不透水、防泄漏的主容器，保证完全密封。

（2）必须是结实、不透水和防泄漏的辅助包装。

（3）必须在主容器和辅助包装之间填充吸附材料。吸附材料必须充足，能够吸收所有的内装物。多个主容器装入一个辅助包装时，必须将它们分别包装。

（4）主容器的表面必须贴上标签，表明菌（毒）种或样本类别、编号、名称、数量等信息。

（5）相关文件，例如菌（毒）种或样本数量表格、危险性声明、信件、菌（毒）种或样本鉴定资料、发送者和接收者的信息等应当放入一个防水的袋中，并贴在辅助包装的外面。

2. 外包装

（1）外包装的强度应当充分满足对于其容器、重量及预期使用方式的要求。

（2）外包装应当印上生物危险标识并标注“高致病性动物病原微生物，非专业人员严禁拆开！”的警告语。

注：生物危险标识见图1-1。

图1-1 生物危险标识

3. 包装要求

（1）冻干样本　主容器必须是火焰封口的玻璃安瓿或者是用金属封口的胶塞玻璃瓶。

（2）液体或者固体样本

①在环境温度或者较高温度下运输的样本：只能用玻璃、金属或者塑料容器作为主容器，向容器中罐装液体时须保留足够的剩余空间，同时采用可靠的防漏封口，如热封、带缘的塞子或者金属卷边封口。如果使用旋盖，必须用胶带加固。

②在制冷或者冷冻条件下运输的样本：冰、干冰或者其他冷冻剂必须放在辅助包装周围，或者按照规定放在由一个或者多个完整包装件组成的合成包装件中。内部要有支撑物，当冰或者干冰消耗掉以后，仍可以把辅助包装固定在原位置上。如果使用冰，包装必须不透水；如果使用干冰，外包装必须能排出二氧化碳气体；如果使用冷冻剂，主容器和辅助包装必须保持良好的性能，在冷冻剂消耗完以后，应仍能承受运输中的温度和压力。

4. 民用航空运输特殊要求

通过民用航空运输的，应当符合《中国民用航空危险品运输管理规定》（CCAR276）和国际民航组织发布的《危险物品航空安全运输技术细则》（Doc 9284—AN/905）中的有关包装要求。

六、《动物病原微生物菌（毒）种保藏管理办法》

（一）《动物病原微生物菌（毒）种保藏管理办法》概述

1. 立法目的和适用范围

目的在于加强动物病原微生物菌（毒）种和样本保藏管理。适用于中国境内菌（毒）种和样本的保藏活动及其监督管理。

2. 相关术语

菌（毒）种：指具有保藏价值的动物细菌、真菌、放线菌、衣原体、支原体、立克次氏体、螺旋体、病毒等微生物。

样本：指人工采集的、经鉴定具有保藏价值的含有动物病原微生物的体液、组织、排泄物、分泌物、污染物等物质。

保藏机构：指承担菌（毒）种和样本保藏任务，并向合法从事动物病原微生物相关活动的实验室或者兽用生物制品企业提供菌（毒）种或者样本的单位。

3. 动物病原微生物菌（毒）种保藏的行政管理

农业农村部主管全国菌（毒）种和样本保藏管理工作。县级以上地方人民政府农业农村主管部门负责本行政区域内的菌（毒）种和样本保藏监督管理工作。国家对实验活动用菌（毒）种和样本实行集中保藏，保藏机构以外的任何单位和个人不得保藏菌（毒）种或者样本。

（二）保藏机构的有关规定

1. 保藏机构的分级

保藏机构分为国家级保藏中心和省级保藏中心。保藏机构由农业农村部指定。保藏机构保藏的菌（毒）种和样本的种类由农业农村部核定。保藏机构保藏菌（毒）种或者样本所需费用由同级财政在单位预算中予以保障。

2. 保藏机构具备的条件

符合国家关于保藏机构设立的整体布局和实际需要；有满足菌（毒）种和样本保藏需要的设施设备；保藏高致病性动物病原微生物菌（毒）种或者样本的，应当具有相应级别的高等级生物安全实验室，并依法取得《高致病性动物病原微生物实验室资格证书》；有满足保藏工作要求的工作人员；有完善的菌（毒）种和样本保管制度、安全保卫制度；有满足保藏活动需要的经费。

3. 保藏机构的职责

负责菌（毒）种和样本的收集、筛选、分析、鉴定和保藏；开展菌（毒）种和样本的分类与保藏新方法、新技术研究；建立菌（毒）种和样本数据库；向合法从事动物病原微生物实验活动的实验室或者兽用生物制品生产企业提供菌（毒）种或者样本。

（三）菌（毒）种和样本收集的有关规定

从事动物疫情监测、疫病诊断、检验检疫和疫病研究等活动的单位和个人，应当及时将研究、教学、检测、诊断等实验活动中获得的具有保藏价值的菌（毒）种和样本，送交保藏机构鉴定和保藏，并提交菌（毒）种和样本的背景资料。保藏机构可向国内有关单位和个人索取需要保藏的菌（毒）种和样本。保藏机构应当向提供菌（毒）种和样本的单位和个人出具接收证明。保藏机构应当在每年年底前将保藏的菌（毒）种和样本的种类、数量报农业农村部。

（四）菌（毒）种和样本保藏、供应的有关规定

1. 保藏要求

（1）专库专柜、分类管理　保藏机构应当设专库保藏一、二类菌（毒）种和样本，设专柜保藏三、四类菌（毒）种和样本。保藏机构保藏的菌（毒）

种和样本应当分类存放，实行双人双锁管理。

（2）完善技术资料档案　保藏机构应当建立完善的技术资料档案，详细记录所保藏的菌（毒）种和样本的名称、编号、数量、来源、病原微生物类别、主要特性、保存方法等情况。技术资料档案应当永久保存。

（3）定时鉴定并复壮　保藏机构应当对保藏的菌（毒）种按时鉴定、复壮，妥善保藏，避免失活。保藏机构对保藏的菌（毒）种开展鉴定、复壮的，应当按照规定在相应级别的生物安全实验室进行。

（4）制定相应的应急预案　保藏机构应当制定实验室安全事故处理应急预案。发生保藏的菌（毒）种或者样本被盗、被抢、丢失、泄漏和实验室人员感染的，应当按照《病原微生物实验室生物安全管理条例》的规定及时报告、启动预案，并采取相应的处理措施。

2. 供应管理

（1）申请　实验室和兽用生物制品生产企业需要使用菌（毒）种或者样本的，应当向保藏机构提出申请。

（2）供应条件　提供高致病性动物病原微生物菌（毒）种或者样本的，查验从事高致病性动物病原微生物相关实验活动的批准文件；提供兽用生物制品生产和检验用菌（毒）种或者样本的，查验兽药生产批准文号文件；提供三、四类菌（毒）种或者样本的，查验实验室所在单位出具的证明。保藏机构应当留存以上规定条件的证明文件的原件或者复印件。

（3）登记制度　保藏机构提供菌（毒）种或者样本时，应当进行登记，详细记录所提供的菌（毒）种或者样本的名称、数量、时间以及发放人、领取人、使用单位名称等。保藏机构提供的菌（毒）种或者样本应当附有标签，标明菌（毒）种名称、编号、移植和冻干日期等。

（4）保密制定　保藏机构应当对具有知识产权的菌（毒）种承担相应的保密责任。保藏机构提供具有知识产权的菌（毒）种或者样本的，应当经原提供者或者持有人的书面同意。

（五）菌（毒）种和样本销毁的有关规定

1. 销毁情形

有下列情形的，应组织专家论证，提出销毁菌（毒）种或者样本的建议：国家规定应当销毁的；有证据表明已丧失生物活性或者被污染，已不适于继续使用的；无继续保藏价值的。

2. 销毁审批

保藏机构销毁一、二类菌（毒）种和样本的，应当经农业农村部批准；销毁三、四类菌（毒）种和样本的，应当经保藏机构负责人批准，并报农业农村部备案。保藏机构销毁菌（毒）种和样本的，应当在实施销毁30日前书面告知原提供者。

3. 销毁要求

保藏机构销毁菌（毒）种和样本的，应当制定销毁方案，注明销毁的原因、品种、数量，以及销毁方式方法、时间、地点、实施人和监督人等。保藏机构销毁菌（毒）种和样本时，应当使用可靠的销毁设施和销毁方法，必要时应当组织开展灭活效果验证和风险评估。保藏机构销毁菌（毒）种和样本的，应当做好销毁记录，经销毁实施人、监督人签字后存档，并将销毁情况报农业农村部。实验室在相关实验活动结束后，应当按照规定及时将菌（毒）种和样本就地销毁或者送交保藏机构保管。

（六）菌（毒）种和样本对外交流的有关规定

（1）国家对菌（毒）种和样本对外交流实行认定审批制度。

（2）审批要求　从国外引进和向国外提供菌（毒）种或者样本的，应当报农业农村部批准。从国外引进菌（毒）种或者样本的单位，应当在引进菌（毒）种或者样本后6个月内，将备份及其背景资料，送交保藏机构。引进单位应当在相关活动结束后，及时将菌（毒）种和样本就地销毁。出口《生物两用品及相关设备和技术出口管制清单》所列的菌（毒）种或者样本的，还应当按照《生物两用品及相关设备和技术出口管制条例》的规定取得生物两用品及相关设备和技术出口许可证件。

（七）法律责任的有关规定

1. 保藏机构的违法行为

保藏机构违反《动物病原微生物菌（毒）种保藏管理办法》的规定，由农业农村部责令改正；情节严重的，取消保藏机构资格。

2. 行为相对人的违法行为

（1）违反管理办法规定的，保藏或者提供菌（毒）种或者样本的，由县级以上地方人民政府农业农村主管部门责令其将菌（毒）种或者样本销毁或者送交保藏机构；拒不销毁或者送交的，对单位处一万元以上三万元以下罚款，对个人处五百元以上一千元以下罚款。

（2）违反管理办法规定的，未及时向保藏机构提供菌（毒）种或者样本的，由县级以上地方人民政府农业农村主管部门责令改正；拒不改正的，对单位处一万元以上三万元以下罚款，对个人处五百元以上一千元以下罚款。

（3）违反管理办法规定的，未经农业农村部批准，从国外引进或者向国外提供菌（毒）种或者样本的，由县级以上地方人民政府农业农村主管部门责令其将菌（毒）种或者样本销毁或者送交保藏机构，并对单位处一万元以上三万元以下罚款，对个人处五百元以上一千元以下罚款。

七、《无规定动物疫病区评估管理办法》

（一）《无规定动物疫病区评估管理办法》概述

1. 立法目的和适用范围

为实施动物疫病区域化管理，规范无规定动物疫病区评估活动，有效控制和消灭动物疫病，提高动物卫生及动物产品安全水平，促进动物及动物产品贸易而制定。适用于中华人民共和国境内无规定动物疫病区的评估管理。境外无规定动物疫病区和无规定动物疫病生物安全隔离区的无疫等效性评估，参照无规定动物疫病区评估管理办法执行。

2. 无规定动物疫病区的定义及分类

无规定动物疫病区：指具有天然屏障或者采用人工措施，在一定期限内没有发生规定的一种或者几种动物疫病，并经评估验收合格的区域。

无规定动物疫病区的范围，可以是以下区域：省、自治区、直辖市的部分或全部地理区域；毗邻省份连片的地理区域。无规定动物疫病区分为免疫无规定动物疫病区和非免疫无规定动物疫病区。

3. 无规定动物疫病生物安全隔离区的定义

无规定动物疫病生物安全隔离区（又称为无规定动物疫病小区）：指处于同一生物安全管理体系下，在一定期限内没有发生一种或几种规定动物疫病的若干动物饲养场和其他辅助生产场所构成的特定小型区域。无规定动物疫病小区的评估原则、程序及要求由农业农村部另行制定发布。

4. 无规定动物疫病区的评估

无规定动物疫病区评估是按照《无规定动物疫病区管理技术规范》，对某一特定区域动物疫病状况及防控能力进行的综合评价。

5. 无规定动物疫病区评估管理工作的行政管理

农业农村部负责无规定动物疫病区评估管理工作，制定发布《无规定动物疫病区管理技术规范》和《无规定动物疫病区评审细则》。农业农村部设立的全国动物卫生风险评估专家委员会，承担无规定动物疫病区评估工作。

6. 评估原则

无规定动物疫病区建设、评估应当符合有关国际组织确定的区域控制及风险评估的原则要求。

（二）申请的有关规定

1. 申请要求

无规定动物疫病区建成并符合《无规定动物疫病区管理技术规范》要求的，由省级人民政府农业农村主管部门向农业农村部申请评估。跨省的无规定动物疫病区，由区域涉及的省级人民政府农业农村主管部门共同申请。

2. 申请材料

申请无规定动物疫病区评估应当提交申请书和自我评估报告。

申请书主要包括：无规定动物疫病区概况；兽医体系建设情况；动物疫情报告体系情况；动物疫病流行情况；控制、消灭策略和措施情况；免疫措施情况；规定动物疫病的监测情况；实验室建设情况；屏障及边界控制措施情况；应急体系建设及应急反应情况；其他需要说明的事项。

自我评估报告主要包括：评估计划和评估专家组成情况；评估程序及主要内容，评估的组织和实施情况；评估结论。

3. 受理

农业农村部自收到申请之日起 10 个工作日内做出是否受理的决定，并书面通知申请单位和全国动物卫生风险评估专家委员会。

（三）评估的有关规定

1. 成立评估专家组

全国动物卫生风险评估专家委员会应当自收到农业农村部通知后，5 个工作日内组成评估专家组并指定组长。评估专家组由 5 人以上单数组成，实行组长负责制。评估专家组按照农业农村部《无规定动物疫病区管理技术规范》和评审细则等要求，开展评估工作。

2. 评估程序

无规定动物疫病区评估应当遵循科学、公平、公正的原则，采取书面评审和现场评审相结合的方式进行。

（1）书面评审　评估专家组应当在 10 个工作日内完成书面评审。

书面评审包括以下内容：申请书和自我评估报告格式是否符合规定，有无缺项、漏项；申报材料是否符合《无规定动物疫病区管理技术规范》的相关要求。

书面评审合格的，由评估专家组制定现场评审方案。书面评审不合格的，由全国动物卫生风险评估专家委员会报请农业农村部书面通知申请单位在规定期限内补充有关材料。逾期未报送的，按撤回申请处理。

（2）现场评审　现场评审应当遵循下列程序，并在 15 个工作日内完成：

评估专家组组长主持召开会议，宣布现场评审方案和评估纪律等；听取申请单位关于无规定动物疫病区建设及管理情况的介绍；实地核查有关资料、档案和建设情况。

3. 评估结果

评估专家组应当根据评审细则确定的评审指标逐项核查，对核查结果进行综合评价，形成现场评审结果。现场评审结果分为“建议通过”“建议整改后通过”“建议不予通过”。

（1）现场评审结果为“建议通过”的，应当符合下列条件　现场评审指标中的关键项全部为“符合”，重点项没有“不符合”项；“符合”项占总项数80%以上（含80%）。其中：重点项中“基本符合”项数不超过重点项总项数的15%；普通项中“不符合”项总项数不超过普通项总项数的10%。

（2）现场评审结果为“建议整改后通过”的，应当符合下列条件　关键项中没有“不符合”项；“符合”项总项数达到60%以上（含60%）但不足80%；通过限期整改可以达到“建议通过”条件。

（3）有下列情形之一的，现场评审结果为“建议不予通过”　关键项中有“不符合”项；“符合”项总项数不足60%；申请单位隐瞒有关情况或者有其他欺骗行为。

4. 评估要求

（1）专家组组长可以根据评审需要，召集临时会议，对评审中发现的问题进行讨论。必要时可以要求申请单位陈述有关情况。申请单位应当如实提供评估专家组所要求的有关资料，并配合专家组开展评估。

（2）需要整改的，由全国动物卫生风险评估专家委员会办公室根据评估专家组建议，书面通知申请单位在规定期限内进行整改。申请单位在规定期限内完成整改后，将整改报告及相关证明材料报评估专家组审核，必要时进行现场核查，形成评审结果。申请单位未在规定期限内提交整改报告及相关证明材料的，按撤回申请处理。

（3）评估专家组应当在现场评审或整改审核结束后20个工作日内向全国动物卫生风险评估专家委员会提交评估报告，全国动物卫生风险评估专家委员会组织召开全体委员会议或专题会议审核后报农业农村部。

（4）评估专家组在评审过程中，应当遵守有关法律法规和工作制度，坚持原则，认真负责，廉洁自律，客观公正，对被评估单位提供的信息资料保密。评估专家组成员不得有下列行为：接受被评估单位或与被评估单位有关的中介机构或人员的馈赠；私下与上述单位或人员进行不当接触；评估结果未公布前，泄露评估结果及相关信息；其他可能影响公正评估的行为。

（四）公布的有关规定

农业农村部自收到评估报告后20个工作日内完成审核，并做出无规定动物疫病区是否合格的决定。

农业农村部将审核合格的无规定动物疫病区列入国家无规定动物疫病区名录，并对外公布。不合格的，书面通知申请单位并说明理由。

农业农村部根据需要向有关国际组织、国家和地区通报评估情况，并根据无规定动物疫病区所在地省级人民政府农业农村主管部门的意见，申请国际评估认可。

（五）监督检查的有关规定

农业农村部对已公布无规定动物疫病区的建设维持情况开展监督检查，发现问题的，通知所在地省级人民政府农业农村主管部门限期整改。

1. 暂停无规定动物疫病区资格的情形

有下列情形之一的，农业农村部暂停无规定动物疫病区资格：在无规定动物疫病区内发生有限疫情，按照《无规定动物疫病区管理技术规范》在规定时间内可以建立感染控制区的；区域区划发生变化，且屏障体系不能满足区域管理要求的；兽医机构体系及财政保障能力发生重大变化，不能支持无规定动物疫病区管理、维持和运行的；监测证据不能证明规定动物疫病无疫状况的；其他不符合《无规定动物疫病区管理技术规范》要求，需要暂停的情形。

2. 建设感染控制区

如果在无规定动物疫病区内发生有限疫情的，省级人民政府农业农村主管部门应当在规定动物疫病发生后24小时内开始建设感染控制区。

有限疫情控制后，感染控制区在规定动物疫病的2个潜伏期内未再发生规定动物疫病，且符合《无规定动物疫病区管理技术规范》要求的，全国动物卫生风险评估专家委员会根据省级人民政府农业农村主管部门的申请，按照《无规定动物疫病区管理技术规范》对感染控制区建设情况组织开展评估。评估合格的，农业农村部对外宣布建成感染控制区，并恢复感染控制区外的无规定动物疫病区资格。

感染控制区建成后，在规定时间内未发生规定动物疫病的，全国动物卫生风险评估专家委员会根据省级人民政府农业农村主管部门的申请，按照《无规定动物疫病区管理技术规范》进行评估。评估合格的，农业农村部恢复其无规定动物疫病区资格。

3. 限期整改的情形

有下列情形之一的，省级人民政府农业农村主管部门应当根据农业农村部要求限期整改，经全国动物卫生风险评估专家委员会对整改情况评估合格的，农业农村部恢复其无规定动物疫病区资格：无规定动物疫病区区域区划发生变化，且屏障体系不能满足区域管理要求的；兽医机构体系及财政保障能力发生重大变化，不能支持无规定动物疫病区管理、维持和运行的；监测证据不能证明规定动物疫病无疫状况的；其他不符合《无规定动物疫病区管理技术规范》要求，需要暂停的情形。

4. 撤销无规定动物疫病区资格的情形

有下列情形之一的，农业农村部撤销无规定动物疫病区资格：发生规定动物疫病，且未在规定时间内建成感染控制区的；出现第二十六条第二项至第五项规定情形，且未能在规定时间内完成整改的；伪造、隐藏、毁灭有关证据或者提供虚假证明材料，妨碍无规定动物疫病区检查评估的；其他不符合《无规定动物疫病区管理技术规范》要求，需要撤销的情形。

被撤销资格的无规定动物疫病区，重新达到《无规定动物疫病区管理技术规范》要求的，由所在地省级人民政府农业农村主管部门提出申请，申请材料应包括与资格撤销原因有关的整改说明、规定动物疫病状况、疫病防控措施等。经全国动物卫生风险评估专家委员会评估通过的，农业农村部重新认定其无规定动物疫病区资格。

历年执业兽医资格考试真题

1. （2009 年真题）承担动物疫病监测的官方机构为（　　）

A. 卫生主管部门　　B. 农业农村主管部门
C. 动物卫生监督机构　　*D. 动物疫病预防控制机构*
E. 畜产品质量安全检测机构

2. （2009 年真题）不需要申请取得《动物防疫条件合格证》的场所是（　　）

A. 动物饲养场　　B. 动物隔离场所
C. 动物交易场所　　D. 动物屠宰加工场所
E. 动物无害化处理场所

3. （2009 年真题）一类动物病原微生物（病毒）不包括（　　）

A. 猪瘟病毒　　B. 口蹄疫病毒　　C. 猪水泡病病毒　　D. 小反刍兽疫病毒
E. 高致病性禽流感病毒

4. （2010 年真题）目前我国农业农村部确定实施强制免疫的动物疫病不包括（　　）

A. 猪瘟　　B. 口蹄疫　　*C. 奶牛结核病*　　D. 高致病性禽流感
E. 高致病性猪蓝耳病

5. (2010年真题)《动物防疫条件审查办法》规定动物饲养场之间的距离应不少于( )

A. 200m　*B. 500m*　C. 1000m　D. 1500m

E. 2000m

6. (2010年真题)我国根据病原微生物的传染性、感染后对个体或群体的危害程度,将病原微生物分为( )

A. 两类　B. 三类　*C. 四类*　D. 五类

E. 六类

7. (2010年真题)盛装动物病原微生物菌种冻干样本主容器的胶塞玻璃瓶必须采用的封口方法为( )

A. 火焰封口　B. 纱布封口　C. 塑料封口　*D. 金属封口*

E. 石蜡封口

8. (2011年真题)不属于第三类病原微生物的特性是( )

A. 传播风险有限

B. 能够引起人类或者动物疾病

C. 能够引起人类或者动物严重疾病

D. 一般情况下,对人、动物或环境不构成严重危害

E. 实验室感染后很少引起严重疾病,并且具备有效治疗和预防措施

9. (2011年真题)《动物防疫条件审查办法》规定,动物养殖小区距离城镇居民区的距离至少为( )

A. 100m　B. 200m　*C. 500m*　D. 1000m

E. 2000m

10. (2011年真题)《中华人民共和国动物防疫法》规定,确定全国强制免疫的动物疫病病种和区域的主体是( )

A. 国务院农业农村主管部门　B. 国务院卫生主管部门

C. 国务院商务主管部门　D. 国务院质检主管部门

E. 中国动物疫病预防控制中心

11. (2012年真题)高致病性病原微生物是指( )

A. 第一类和第二类病原微生物　B. 第一类和第三类病原微生物

C. 第二类和第三类病原微生物　D. 第二类和第四类病原微生物

E. 第三类和第四类病原微生物

12. (2012年真题)目前国务院农业农村主管部门确定实施强制免疫的动物疫病病种不包括( )

A. 口蹄疫　B. 猪瘟　*C. 奶牛结核病*　D. 高致病性禽流感

E. 高致病性猪蓝耳病

13.（2012 年真题）根据《动物防疫条件审查办法》，不符合饲养场动物防疫条件的是（　　）

A. 厂区入口处设置消毒池　　*B. 生产区内养殖栋舍间距为 3m*

C. 配备动物无害化处理设施设备　　D. 生产区内分设清洁道和污染道

E. 设置相对独立的引入动物隔离舍

14.（2013 年真题）颁发《动物防疫条件合格证》的主体是（　　）

A. 市场监督行政管理部门　　B. 环境保护主管部门

C. 农业农村主管部门　　D. 动物卫生监督机构

E. 动物疫病预防控制机构

15.（2013 年真题）取得《动物防疫条件合格证》的饲养场，必须重新申请办理《动物防疫条件合格证》的是（　　）

A. 变更地址　　B. 变更布局　　C. 变更单位名称　　D. 变更单位负责人

E. 变更设备和制度

16.（2013 年真题）专门经营动物的集贸市场入口处的消毒池最短长度为（　　）

A. 2m　　B. 2.5m　　C. 3m　　D. 3.5m

E. 4m

17.（2013 年真题）为新建、改建或扩建一级、二级动物病原微生物实验室备案的主体是（　　）

A. 国务院农业农村主管部门

B. 省级人民政府农业农村主管部门

C. 设区的市级人民政府农业农村主管部门

D. 县级人民政府农业农村主管部门

E. 镇级人民政府农业农村主管部门

18.（2014 年真题）实验室高致病性病原微生物实验活动的实验档案保存期不得少于（　　）

A. 5 年　　B. 10 年　　C. 15 年　　*D. 20 年*

E. 30 年

19.（2014 年真题）《动物防疫条件审查办法》规定，动物养殖小区距动物、动物产品无害化处理场所的距离至少（　　）

A. 500m　　B. 1000m　　C. 2000m　　*D. 3000m*

E. 5000m

20.（2015 年真题）《动物防疫条件审查办法》规定，动物饲养场距动物和动物产品集贸市场的距离至少为（　　）

A. 200m　　*B. 500m*　　C. 1000m　　D. 2000m

E. 3000m

21. （2015年真题）履行国务院农业农村主管部门确定的需强制免疫的动物疫病不包括（　　）

A. 猪瘟　　B. 口蹄疫

C. 高致病性禽流感　　*D. 炭疽*

E. 高致病性猪蓝耳病

22. （2015年真题）无规定动物疫病区公布机关是（　　）

A. 国务院农业农村主管部门　　B. 省级农业农村主管部门

C. 市级农业农村主管部门　　D. 县级农业农村主管部门

E. 国务院农业农村主管部门和卫生主管部门

23. （2016年真题）必须重新申请办理《动物防疫条件合格证》的情形是（　　）

A. 变更单位名称　　*B. 变更场址*

C. 变更负责人　　D. 变更聘用的执业兽医

E. 增高场区周围围墙

24. （2017年真题）《中华人民共和国动物防疫法》规定，对染疫动物及其排泄物、染疫动物产品，应当按照（　　）

A. 县级人民政府的规定处理

B. 县级以上人民政府环境保护部门的规定处理

C. 省级人民政府农业农村主管部门处理

D. 省级人民政府卫生主管部门的规定处理

E. 国务院农业农村主管部门的规定处理

25. （2017年真题）《动物防疫条件审查办法》规定，动物饲养场距离种畜禽场至少（　　）

A. 200m　　B. 500m　　*C. 1000m*　　D. 2000m

E. 3000m

26. （2017年真题）不属于高致病性病原微生物的是（　　）

A. 牛瘟病毒　　B. 牛海绵状脑病病原

C. 牛恶性卡他热病毒　　D. 布鲁氏菌

E. 炭疽芽孢杆菌

27. （2017年真题）关于航空运输动物病原微生物菌（毒）种或者样本及动物病料的表述，正确的是（　　）

A. 必须作为货物进行运输　　B. 必须作为托运行李运输

C. 可以作为托运行李运输　　D. 可以随身携带运输

E. 可以作为邮件运输

28.（2018年真题）《动物防疫条件审查办法》规定，动物饲养场距离动物诊疗场所应当不少于（　　）m

A. 100　　*B. 200*　　C. 500　　D. 1000

E. 2000

29.（2018年真题）《动物防疫条件审查办法》规定，动物饲养场距离动物屠宰加工场所应当不少于（　　）m

A. 200　　*B. 500*　　C. 1000　　D. 2000

E. 3000

30.（2019年真题）根据《中华人民共和国动物防疫法》，必须取得动物防疫条件合格证的场所不包括（　　）

A. 动物饲养场　　B. 动物屠宰加工场所

C. 动物隔离场所　　*D. 经营动物、动物产品的集贸市场*

E. 动物和动物产品无害化处理场所

31.（2019年真题）根据《中华人民共和国动物防疫法》，下列关于动物和动物产品检疫的表述不正确的是（　　）

A. 经铁路运输动物和动物产品的，托运人托运时应当提供检疫证明

B. 屠宰、经营、运输的动物，应当附有检疫证明

C. 经营的动物产品，应当附有检疫证明．检疫标志

D. 经检疫不合格的动物、动物产品，货主应当在动物卫生监督机构监督下处理，处理费用由国家承担

E. 动物卫生监督机构接到检疫申报后，应当及时指派官方兽医对动物、动物产品实施现场检疫

32.（2020年真题）根据《病原微生物实验室生物安全管理条例》下列关于动物病原微生物实验活动管理的表述不正确的是（　　）

A. 在同一个实验室的同一个独立安全区域内，可以同时从事两种高致病性病原微生物的相关实验活动

B. 从事高致病性病原微生物相关实验活动，应该有2名以上的工作人员共同进行

C. 实验室从事高致病性病原微生物相关实验活动的相关实验档案保存期，不得少于20年

D. 进入从事高致病性病原微生物相关实验活动的实验室工作人员，应当经实验室负责人批准

E. 实验室的设立单位应当定期对实验设施、设备、材料等进行检查、维护和更新

33.（2020年真题）根据《病原微生物实验室生物安全管理条例》，下列

不符合高致病性病原微生物样本运输管理规定的表述是（ ）

A. 样本的容器应当符合防破损、耐高温等要求

B. 样本的容器应当印有规定的生物危险标识

C. 样本的容器应当密封

D. 应当由不少于2人的专人护送

E. 可以通过城市铁路运输

任务三 动物疫情报告、通报和公布相关的法律法规

任务描述

本任务主要介绍了动物疫情报告、动物疫情认定、动物疫情通报、动物疫情公布等内容。

一、动物疫情的报告

（一）动物疫情责任报告人

动物疫情责任报告人指从事动物疫情监测、检测、检验检疫、研究、诊疗以及动物饲养、屠宰、经营、隔离、运输等活动的单位和个人。

（二）动物疫情责任报告人的报告时机

动物疫情责任报告人在发现动物染疫或者疑似染疫时及时报告。

（三）动物疫情责任报告人的报告方式

动物疫情责任报告人在发现时立即向当地农业农村主管部门或者动物疫病预防控制机构报告。

（四）采取控制措施和按国家程序上报

动物疫情责任报告人在报告的同时应迅速采取隔离等控制措施，防止动物疫情扩散。其他单位和个人发现动物染疫或者疑似染疫的，应当及时报告。接到动物疫情报告的单位，应当及时采取临时隔离控制等必要措施，防止延误防控时机，并及时按照国家规定的程序上报。

二、动物疫情认定的权限

动物疫情由县级以上人民政府农业农村主管部门认定；其中重大动物疫情

由省、自治区、直辖市人民政府农业农村主管部门认定，必要时报国务院农业农村主管部门认定。

重大动物疫情，是指一、二、三类动物疫病突然发生，迅速传播，给养殖业生产安全造成严重威胁、危害，以及可能对公众身体健康与生命安全造成危害的情形。在重大动物疫情报告期间，必要时，所在地县级以上地方人民政府可以做出封锁决定并采取扑杀、销毁等措施。

三、动物疫情的通报

国务院农业农村主管部门应当及时向国务院卫生健康等有关部门和军队有关部门以及省、自治区、直辖市人民政府农业农村主管部门通报重大动物疫情的发生和处理情况。海关发现进出境动物和动物产品染疫或者疑似染疫的，应当及时处置并向农业农村主管部门通报。县级以上人民政府野生动物保护主管部门发现野生动物染疫或者疑似染疫的，应当及时处置并向本级人民政府农业农村主管部门通报。国务院农业农村主管部门应当依照我国缔结或者参加的条约、协定，及时向有关国际组织或者贸易方通报重大动物疫情的发生和处理情况。

发生人畜共患传染病疫情时，县级以上人民政府农业农村主管部门与本级人民政府卫生健康、野生动物保护等主管部门应当及时相互通报。发生人畜共患传染病时，卫生健康主管部门应当对疫区易感染的人群进行监测，并应当依照《中华人民共和国传染病防治法》的规定及时公布疫情，采取相应的预防、控制措施。患有人畜共患传染病的人员不得直接从事动物疫病监测、检测、检验检疫、诊疗以及易感染动物的饲养、屠宰、经营、隔离、运输等活动。

四、动物疫情的公布

国务院农业农村主管部门向社会及时公布全国动物疫情，也可以根据需要授权省、自治区、直辖市人民政府农业农村主管部门公布本行政区域内的动物疫情。其他单位和个人不得发布动物疫情。

五、动物疫情报告中的禁止性行为

任何单位和个人不得瞒报、谎报、迟报、漏报动物疫情，不得授意他人瞒报、谎报、迟报动物疫情，不得阻碍他人报告动物疫情。

历年执业兽医资格考试真题

1.（2012 年真题）《中华人民共和国动物防疫法》规定的动物疫情报告法律制度的内容不包括（　　）

A. 报告时机　　　　B. 报告的义务主体

C. 接受报告的主体　　　　　　　　　D. 报告时采取的控制措施

E. 农业农村主管部门与同级卫生主管部门之间的相互通报

2. （2010 年真题）动物疫情的认定主体是（　　）

A. 人民政府　　　　　　　　　　　*B. 农业农村主管部门*

C. 动物诊疗机构　　　　　　　　　D. 动物卫生监督机构

E. 动物疫病预防控制机构

3. （2015 年真题）有权认定除重大动物疫情外的动物疫情主体是（　　）

A. 县级人民政府

B. 县级人民政府卫生主管部门

C. 县级人民政府农业农村主管部门

D. 县动物卫生监督机构

E. 县动物疫病预防控制机构

4. （2016 年真题）某集团公司下属种猪养殖公司发生高致病性猪蓝耳病，该公司不符合《中华人民共和国动物防疫法》动物疫情报告规定的行为是（　　）

A. 向当地动物疫病预防控制机构报告

B. 向当地农业农村主管部门报告

C. 只向该集团公司报告

D. 向当地动物卫生监督机构报告

E. 向当地农业农村主管部门派驻该养殖公司所在地乡镇的兽医机构报告

任务四　动物疫病控制相关的法律法规

任务描述

本任务主要介绍了对发生一类、二类、三类动物疫病以及二类、三类动物疫情呈暴发性流行和发生重大动物疫情时应当采取控制的措施和重大疫情应急处理的措施等内容。

一、《中华人民共和国动物防疫法》关于动物疫病控制的有关规定

（一）一类动物疫病控制的措施

发生一类动物疫病或二、三类动物疫病呈暴发性流行时，应当采取下列措施。

1. 划定疫点、疫区、受威胁区和调查疫源

所在地县级以上地方人民政府农业农村主管部门应当立即派人到现场，划

定疫点、疫区、受威胁区，调查疫源。

2. 发布封锁令

当地县级以上地方人民政府接到农业农村主管部门的报告后应对疫区实行封锁。疫区范围涉及两个以上行政区域的，由有关行政区域共同的上一级人民政府对疫区实行封锁，或者由各有关行政区域的上一级人民政府共同对疫区实行封锁。必要时，上级人民政府可以责成下级人民政府对疫区实行封锁。

3. 具体强制性措施

县级以上地方人民政府应当立即组织有关部门和单位采取封锁、隔离、扑杀、销毁、消毒、无害化处理、紧急免疫接种等强制性措施。

4. 其他强制性措施

在封锁期间，禁止染疫、疑似染疫和易感染的动物、动物产品流出疫区，禁止非疫区的易感染动物进入疫区，并根据需要对出入疫区的人员、运输工具及有关物品采取消毒和其他限制性措施。

（二）二类动物疫病控制的措施

发生二类动物疫病时，应当采取下列控制和扑灭措施。

1. 划定疫点、疫区和受威胁区

所在地县级以上地方人民政府农业农村主管部门应当划定疫点、疫区、受威胁区。

2. 控制、扑灭措施

县级以上地方人民政府根据需要组织有关部门和单位采取隔离、扑杀、销毁、消毒、无害化处理、紧急免疫接种、限制易感染的动物和动物产品及有关物品出入等措施。

（三）疫点、疫区、受威胁区的撤销和疫区封锁的解除

疫点、疫区、受威胁区的撤销和疫区封锁的解除，按照国务院农业农村主管部门规定的标准和程序评估后，由原决定机关决定并宣布。

（四）三类动物疫病控制和扑灭措施

发生三类动物疫病时，所在地县级、乡级人民政府应当按照国务院农业农村主管部门的规定组织防治。

（五）相关部门及行政相对人的义务

1. 相关部门的义务

发生动物疫情时，航空、铁路、道路、水路等运输部门应当优先组织运送

防疫人员和物资。

2. 行政相对人的义务

疫区内有关单位和个人，应当遵守县级以上人民政府及其农业农村主管部门依法做出的有关控制动物疫病的规定。任何单位和个人不得藏匿、转移、盗掘已被依法隔离、封存、处理的动物和动物产品。

（六）重大动物疫情应急的处理

国务院农业农村主管部门根据动物疫病的性质、特点和可能造成的社会危害，制定国家重大动物疫情应急预案报国务院批准，并按照不同动物疫病病种、流行特点及危害程度，分别制定实施方案。县级以上地方人民政府根据上级重大动物疫情应急预案和本地区的实际情况，制定本行政区域的重大动物疫情应急预案，报上一级人民政府农业农村主管部门备案，并抄送上一级人民政府应急管理部门。县级以上地方人民政府农业农村主管部门按照不同动物疫病病种、流行特点及危害程度，分别制定实施方案。重大动物疫情应急预案及实施方案根据疫情状况及时调整。

发生重大动物疫情时，国务院农业农村主管部门负责划定动物疫病风险区，禁止或者限制特定动物、动物产品由高风险区向低风险区调运。发生重大动物疫情的，依照法律和国务院的规定以及应急预案采取应急处置措施。

二、《重大动物疫情应急条例》

（一）《重大动物疫情应急条例》概述

1. 编制目的和指导方针

为了迅速控制、扑灭重大动物疫情，保障养殖业生产安全，保护公众身体健康与生命安全，维护正常的社会秩序而制定。

重大动物疫情应急工作应当坚持“加强领导、密切配合，依靠科学、依法防治，群防群控、果断处置”的方针，及时发现，快速反应，严格处理，减少损失。

2. 重大动物疫情应急工作的行政管理

（1）管理原则　重大动物疫情应急工作按照属地管理的原则，实行政府统一领导、部门分工负责，逐级建立责任制。

（2）各部门职责　县级以上人民政府农业农村主管部门具体负责组织重大动物疫情的监测、调查、控制、扑灭等应急工作。县级以上人民政府其他有关部门在各自的职责范围内，做好重大动物疫情的应急工作。县级以上人民政府农业农村主管部门按照职责分工，加强对陆生野生动物疫源疫病的监测。

3. 重大动物疫情通报制度

出入境检验检疫机关应当及时收集境外重大动物疫情信息，加强进出境动物及其产品的检验检疫工作，防止动物疫病传入和传出。农业农村主管部门要及时向出入境检验检疫机关通报国内重大动物疫情。

4. 重大动物疫情科学研究和国际交流

国家鼓励、支持开展重大动物疫情监测、预防、应急处理等有关技术的科学研究和国际交流与合作。

5. 重大动物疫情应急工作的表彰和奖励

县级以上人民政府应当对参加重大动物疫情应急处理的人员给予适当补助，对做出贡献的人员给予表彰和奖励。

6. 重大动物疫情应急工作的社会监督

对不履行或者不按照规定履行重大动物疫情应急处理职责的行为，任何单位和个人有权检举控告。

（二）应急准备的有关规定

1. 应急预案制度

重大动物疫情应急预案及其实施方案应当根据疫情的发展变化和实施情况，及时修改、完善。

（1）制定全国重大动物疫情应急预案及实施方案　国务院农业农村主管部门应当制定全国重大动物疫情应急预案，报国务院批准，并按照不同动物疫病病种及其流行特点和危害程度，分别制定实施方案，报国务院备案。

（2）制定地方重大动物疫情应急预案及实施方案　县级以上地方人民政府根据本地区的实际情况，制定本行政区域的重大动物疫情应急预案，报上一级人民政府农业农村主管部门备案。县级以上地方人民政府农业农村主管部门，应当按照不同动物疫病病种及其流行特点和危害程度，分别制定实施方案。

2. 重大动物疫情应急预案的内容

预案内容包括应急指挥部的职责、组成以及成员单位的分工；重大动物疫情的监测、信息收集、报告和通报；动物疫病的确认、重大动物疫情的分级和相应的应急处理工作方案；重大动物疫情疫源的追踪和流行病学调查分析；预防、控制、扑灭重大动物疫情所需资金的来源、物资和技术的储备与调度；重大动物疫情应急处理设施和专业队伍建设。

3. 应急物资的储备

国务院有关部门和县级以上地方人民政府及其有关部门，应当根据重大动物疫情应急预案的要求，确保应急处理所需的疫苗、药品、设施设备和防护用品等物资的储备。

4. 动物疫情监测网络和预防控制体系

县级以上人民政府应当建立和完善重大动物疫情监测网络和预防控制体系，加强动物防疫基础设施和乡镇动物防疫组织建设，并保证其正常运行，提高对重大动物疫情的应急处理能力。

5. 应急预备队

（1）应急预备队的成立　县级以上地方人民政府根据重大动物疫情应急需要，可以成立应急预备队。

（2）应急预备队的任务　在重大动物疫情应急指挥部的指挥下，具体承担疫情的控制和扑灭任务。

（3）应急预备队的组成　应急预备队由当地农业农村行政管理人员、动物防疫工作人员、有关专家、执业兽医等组成；必要时，可以组织动员社会上有一定专业知识的人员参加。公安机关、中国人民武装警察部队应当依法协助其执行任务。

（4）应急预备队的培训与演练　应急预备队应当定期进行技术培训和应急演练。

6. 重大动物疫情应急知识和重大动物疫病科普知识的宣传

县级以上人民政府及其农业农村主管部门应当加强对重大动物疫情应急知识和重大动物疫病科普知识的宣传，增强全社会的重大动物疫情防范意识。

（三）监测、报告和公布的有关规定

1. 重大动物疫情的监测

动物防疫监督机构负责重大动物疫情的监测，饲养、经营动物和生产、经营动物产品的单位和个人应当配合，不得拒绝和阻碍。

2. 重大动物疫情的报告

（1）报告义务人　从事动物隔离、疫情监测、疫病研究与诊疗、检验检疫以及动物饲养、屠宰加工、运输、经营等活动的有关单位和个人。

（2）报告时机　发现动物出现群体发病或者死亡的，应当立即向所在地的县（市）动物防疫监督机构报告。

（3）接受报告的主体　疫情发生地的县（市）动物防疫监督机构。

（4）逐级报告制度

①县（市）动物防疫监督机构接到报告后，应当立即赶赴现场调查核实。初步认为属于重大动物疫情的，应当在2h内将情况逐级报省、自治区、直辖市动物防疫监督机构，并同时报所在地人民政府农业农村主管部门；农业农村主管部门应当及时通报同级卫生主管部门。

②省、自治区、直辖市动物防疫监督机构应当在接到报告后1h内，向省、

自治区、直辖市人民政府农业农村主管部门和国务院农业农村主管部门所属的动物防疫监督机构报告。

③省、自治区、直辖市人民政府农业农村主管部门应当在接到报告后1h内报本级人民政府和国务院农业农村主管部门。

④重大动物疫情发生后，省、自治区、直辖市人民政府和国务院农业农村主管部门应当在4h内向国务院报告。

（5）重大动物疫情报告的内容　疫情发生的时间、地点；染疫、疑似染疫动物种类和数量、同群动物数量、免疫情况、死亡数量、临床症状、病理变化、诊断情况；流行病学和疫源追踪情况；已采取的控制措施；疫情报告的单位、负责人、报告人及联系方式。

（6）重大动物疫情报告期间的隔离控制措施　在重大动物疫情报告期间，有关动物防疫监督机构应当立即采取临时隔离控制措施；必要时，当地县级以上地方人民政府可以做出封锁决定并采取扑杀、销毁等措施。有关单位和个人应当执行。

（7）报告的禁止性规定　有关单位和个人对重大动物疫情不得瞒报、谎报、迟报，不得授意他人瞒报、谎报、迟报，不得阻碍他人报告。

3. 重大动物疫情的认定

重大动物疫情由省、自治区、直辖市人民政府农业农村主管部门认定；必要时，由国务院农业农村主管部门认定。

4. 重大动物疫情的公布

重大动物疫情由国务院农业农村主管部门按照国家规定的程序，及时准确公布；其他任何单位和个人不得公布重大动物疫情。

5. 重大动物疫病病原的管理

重大动物疫病应当由动物防疫监督机构采集病料，未经国务院农业农村主管部门或者省、自治区、直辖市人民政府农业农村主管部门批准，其他单位和个人不得擅自采集病料。从事重大动物疫病病原分离的，应当遵守国家有关生物安全管理规定，防止病原扩散。

6. 重大动物疫情的通报

国务院农业农村主管部门应当及时向国务院有关部门和军队有关部门以及各省、自治区、直辖市人民政府农业农村主管部门通报重大动物疫情的发生和处理情况。

7. 发生重大动物疫情时卫生主管部门的职责

发生重大动物疫情可能感染人群时，卫生主管部门应当对疫区内易受感染的人群进行监测，并采取相应的预防、控制措施。卫生主管部门和农业农村主管部门应当及时相互通报情况。

（四）应急处理的有关规定

1. 重大动物疫情应急指挥部

（1）设立重大动物疫情应急指挥部　重大动物疫情发生后，国务院和有关地方人民政府设立的重大动物疫情应急指挥部统一领导、指挥重大动物疫情应急工作。

（2）重大动物疫情应急指挥部的权限　重大动物疫情应急指挥部根据应急处理需要，有权紧急调集人员、物资、运输工具以及相关设施、设备。单位和个人的物资、运输工具以及相关设施、设备被征集使用的，有关人民政府应当及时归还并给予合理补偿。重大动物疫情应急处理中设置临时动物检疫消毒站以及采取隔离、扑杀、销毁、消毒、紧急免疫接种等控制、扑灭措施的，由有关重大动物疫情应急指挥部决定，有关单位和个人必须服从；拒不服从的，由公安机关协助执行。

2. 重大动物疫情分级管理

国家对重大动物疫情应急处理实行分级管理，按照应急预案确定的疫情等级，由有关人民政府采取相应的应急控制措施。

3. 发生重大动物疫情时各相关部门的职责

（1）县级以上地方人民政府农业农村主管部门的职责　重大动物疫情发生地的人民政府和毗邻地区的人民政府应当通力合作，相互配合，做好重大动物疫情的控制、扑灭工作。

①疫情发生时的职责：重大动物疫情发生后，县级以上地方人民政府农业农村主管部门应当立即划定疫点、疫区和受威胁区，调查疫源，向本级人民政府提出启动重大动物疫情应急指挥系统、应急预案和对疫区实行封锁的建议，有关人民政府应当立即做出决定。划分范围应当按照不同动物疫病病种及其流行特点和危害程度划定，具体标准由国务院农业农村主管部门制定。

②疫情应急处理中的职责：重大动物疫情发生后，县级以上人民政府农业农村主管部门应当及时提出疫点、疫区、受威胁区的处理方案，加强疫情监测、流行病学调查、疫源追踪工作，对染疫和疑似染疫动物及其同群动物和其他易感染动物的扑杀、销毁进行技术指导，并组织实施检验检疫、消毒、无害化处理和紧急免疫接种。

（2）县级以上人民政府有关部门的职责　重大动物疫情应急处理中，县级以上人民政府有关部门应当在各自的职责范围内，做好重大动物疫情应急所需的物资紧急调度和运输、应急经费安排、疫区群众救济、人的疫病防治、肉食品供应、动物及其产品市场监管、出入境检验检疫和社会治安维护等工作。

（3）军队、武装警察部队的职责　中国人民解放军、中国人民武装警察部队应当支持配合驻地人民政府做好重大动物疫情的应急工作。

（4）乡镇人民政府、村民委员会、居民委员会的职责　重大动物疫情应急处理中，乡镇人民政府、村民委员会、居民委员会应当组织力量，向村民、居民宣传动物疫病防治的相关知识，协助做好疫情信息的收集、报告和各项应急处理措施的落实工作。

4. 应急处理措施

（1）对疫点采取的措施　扑杀并销毁染疫动物和易感染的动物及其产品；对病死的动物、动物排泄物、被污染饲料、垫料、污水进行无害化处理；对被污染的物品、用具、动物圈舍、场地进行严格消毒。

（2）对疫区采取的措施　在疫区周围设置警示标志，在出入疫区的交通路口设置临时动物检疫消毒站，对出入的人员和车辆进行消毒；扑杀并销毁染疫和疑似染疫动物及其同群动物，销毁染疫和疑似染疫的动物产品，对其他易感染的动物实行圈养或者在指定地点放养，役用动物限制在疫区内使役；对易感染的动物进行监测，并按照国务院农业农村主管部门的规定实施紧急免疫接种，必要时对易感染的动物进行扑杀；关闭动物及动物产品交易市场，禁止动物进出疫区和动物产品运出疫区；对动物圈舍、动物排泄物、垫料、污水和其他可能受污染的物品、场地，进行消毒或者无害化处理。

（3）对受威胁区采取的措施　对易感染的动物进行监测；对易感染的动物根据需要实施紧急免疫接种。

（4）人员防护和技术指导　有关人民政府及其有关部门对参加重大动物疫情应急处理的人员，应当采取必要的卫生防护和技术指导等措施。

5. 应急工作的终止

自疫区内最后一头（只）发病动物及其同群动物处理完毕起，经过一个潜伏期以上的监测，未出现新的病例的，彻底消毒后，经上一级动物防疫监督机构验收合格，由原发布封锁令的人民政府宣布解除封锁，撤销疫区；由原批准机关撤销在该疫区设立的临时动物检疫消毒站。

6. 补偿和经费保障

国家对疫区、受威胁区内易感染的动物免费实施紧急免疫接种；对因采取扑杀、销毁等措施给当事人造成的已经证实的损失，给予合理补偿。紧急免疫接种和补偿所需费用，由中央财政和地方财政分担。县级以上人民政府应当将重大动物疫情确认、疫区封锁、扑杀及其补偿、消毒、无害化处理、疫源追踪、疫情监测以及应急物资储备等应急经费列入本级财政预算。

（五）法律责任的有关规定

1. 行政主管部门的违法责任

（1）农业农村主管部门及其所属的动物防疫监督机构的违法责任　违反规定的，农业农村主管部门及其所属的动物防疫监督机构有下列行为之一的，由本级人民政府或者上级人民政府有关部门责令立即改正、通报批评、给予警告；对主要负责人、负有责任的主管人员和其他责任人员，依法给予记大过、降级、撤职直至开除的行政处分；构成犯罪的，依法追究刑事责任：不履行疫情报告职责，瞒报、谎报、迟报或者授意他人瞒报、谎报、迟报，阻碍他人报告重大动物疫情的；在重大动物疫情报告期间，不采取临时隔离控制措施，导致动物疫情扩散的；不及时划定疫点、疫区和受威胁区，不及时向本级人民政府提出应急处理建议，或者不按照规定对疫点、疫区和受威胁区采取预防、控制、扑灭措施的；不向本级人民政府提出启动应急指挥系统、应急预案和对疫区的封锁建议的；对动物扑杀、销毁不进行技术指导或者指导不力，或者不组织实施检验检疫、消毒、无害化处理和紧急免疫接种的；其他不履行本条例规定的职责，导致动物疫病传播、流行，或者对养殖业生产安全和公众身体健康与生命安全造成严重危害的。

（2）县级以上人民政府有关部门的违法责任　违反规定的，县级以上人民政府有关部门不履行应急处理职责，不执行对疫点、疫区和受威胁区采取的措施，或者对上级人民政府有关部门的疫情调查不予配合或者阻碍、拒绝的，由本级人民政府或者上级人民政府有关部门责令立即改正、通报批评、给予警告；对主要负责人、负有责任的主管人员和其他责任人员，依法给予记大过、降级、撤职直至开除的行政处分；构成犯罪的，依法追究刑事责任。

（3）有关地方人民政府的违法责任　违反规定的，有关地方人民政府阻碍报告重大动物疫情，不履行应急处理职责，不按照规定对疫点、疫区和受威胁区采取预防、控制、扑灭措施，或者对上级人民政府有关部门的疫情调查不予配合或者阻碍、拒绝的，由上级人民政府责令立即改正、通报批评、给予警告；对政府主要领导人依法给予记大过、降级、撤职直至开除的行政处分；构成犯罪的，依法追究刑事责任。

（4）截留、挪用重大动物疫情应急经费，或者侵占、挪用应急储备物资的违法责任　各行政管理部门截留、挪用重大动物疫情应急经费，或者侵占、挪用应急储备物资的，按照《财政违法行为处罚处分条例》的规定处理；构成犯罪的，依法追究刑事责任。

2. 行政相对人的违法责任

（1）拒绝、阻碍动物疫情监测或不报告动物疫情的违法责任　违反规定的，拒绝、阻碍动物防疫监督机构进行重大动物疫情监测，或者发现动物出现群体发病或者死亡，不向当地动物防疫监督机构报告的，由动物防疫监督机构给予警告，并处二千元以上五千元以下的罚款；构成犯罪的，依法追究刑事责任。

（2）擅自采集重大动物疫病病料或分离重大动物疫病病原的违法责任　违反规定的，擅自采集重大动物疫病病料或在重大动物疫病病原分离时不遵守国家有关生物安全管理规定的，由动物防疫监督机构给予警告，并处五千元以下的罚款；构成犯罪的，依法追究刑事责任。

（3）重大动物疫情发生期间破坏社会秩序和市场秩序的违法责任　在重大动物疫情发生期间，哄抬物价、欺骗消费者，散布谣言、扰乱社会秩序和市场秩序的，由市场监督管理部门或者公安机关依法给予行政处罚；构成犯罪的，依法追究刑事责任。

三、《国家突发重大动物疫情应急预案》

（一）《国家突发重大动物疫情应急预案》概述

1. 编制目的

目的在于及时、有效地预防、控制和扑灭突发重大动物疫情，最大限度地减轻突发重大动物疫情对畜牧业及公众健康造成的危害，保持经济持续稳定健康发展，保障人民身体健康安全。根据《中华人民共和国动物防疫法》、《中华人民共和国进出境动植物检疫法》和《国家突发公共事件总体应急预案》制定。

2. 突发重大动物疫情分级

根据突发重大动物疫情的性质、危害程度、涉及范围，将突发重大动物疫情划分为特别重大（Ⅰ级）、重大（Ⅱ级）、较大（Ⅲ级）和一般（Ⅳ级）四级。

3. 适用范围

适用于突然发生，造成或者可能造成畜牧业生产严重损失和社会公众健康严重损害的重大动物疫情的应急处理工作。

4. 相关定义与说明

（1）重大动物疫情　指陆生、水生动物突然发生重大疫病，且迅速传播，导致动物发病率高或者死亡率高，给养殖业生产安全造成严重危害，或者可能对人民身体健康与生命安全造成危害的，具有重要经济社会影响和公共卫生意义。

（2）我国尚未发现的动物疫病　指疯牛病、非洲马瘟等在其他国家和地区已经发现，在我国尚未发生过的动物疫病。

（3）我国已消灭的动物疫病　指牛瘟、牛肺疫等在我国曾发生过，但已扑灭净化的动物疫病。

（4）暴发　指一定区域，短时间内发生波及范围广泛、出现大量患病动物或死亡病例，其发病率远远超过常年的发病水平。

（5）疫点　患病动物所在的地点划定为疫点，疫点一般是指患病禽类所在的禽场（户）或其他有关屠宰、经营单位。

（6）疫区　以疫点为中心的一定范围内的区域划定为疫区，疫区划分时注意考虑当地的饲养环境、天然屏障（如河流、山脉）和交通等因素。

（7）受威胁区　疫区外一定范围内的区域划定为受威胁区。

（8）《国家突发重大动物疫情应急预案》有关数量的表述中，“以上”含本数，“以下”不含本数。

5. 工作原则

（1）统一领导，分级管理　各级人民政府统一领导和指挥突发重大动物疫情应急处理工作；疫情应急处理工作实行属地管理；地方各级人民政府负责扑灭本行政区域内的突发重大动物疫情，各有关部门按照预案规定，在各自的职责范围内做好疫情应急处理的有关工作。根据突发重大动物疫情的范围、性质和危害程度，对突发重大动物疫情实行分级管理。

（2）快速反应，高效运转　各级人民政府和农业农村主管部门要依照有关法律、法规，建立和完善突发重大动物疫情应急体系、应急反应机制和应急处置制度，提高突发重大动物疫情应急处理能力；发生突发重大动物疫情时，各级人民政府要迅速做出反应，采取果断措施，及时控制和扑灭突发重大动物疫情。

（3）预防为主，群防群控　贯彻预防为主的方针，加强防疫知识的宣传，提高全社会防范突发重大动物疫情的意识；落实各项防范措施，做好人员、技术、物资和设备的应急储备工作，并根据需要定期开展技术培训和应急演练；开展疫情监测和预警预报，对各类可能引发突发重大动物疫情的情况要及时分析、预警，做到疫情早发现、快行动、严处理。突发重大动物疫情应急处理工作要依靠群众，全民防疫，动员一切资源，做到群防群控。

6. 预案管理与更新

预案要定期评审，并根据突发重大动物疫情的形势变化和实施中发现的问题及时进行修订。

（二）应急组织体系及职责的有关规定

1. 应急指挥机构

农业农村部在国务院统一领导下，负责组织、协调全国突发重大动物疫情应急处理工作。县级以上地方人民政府农业农村主管部门在本级人民政府统一领导下，负责组织、协调本行政区域内突发重大动物疫情应急处理工作。国务院和县级以上地方人民政府根据本级人民政府农业农村主管部门的建议和实际工作需要，决定是否成立全国和地方应急指挥部。

（1）全国突发重大动物疫情应急指挥部的职责　国务院主管领导担任全国突发重大动物疫情应急指挥部总指挥，国务院办公厅负责同志、农业农村部部长担任副总指挥，全国突发重大动物疫情应急指挥部负责对特别重大突发动物疫情应急处理的统一领导、统一指挥，做出处理突发重大动物疫情的重大决策。指挥部成员单位根据突发重大动物疫情的性质和应急处理的需要确定。指挥部下设办公室，设在农业农村部，负责按照指挥部要求，具体制定防治政策，部署扑灭重大动物疫情工作，并督促各地各有关部门按要求落实各项防治措施。

（2）省级突发重大动物疫情应急指挥部的职责　省级突发重大动物疫情应急指挥部由省级人民政府有关部门组成，省级人民政府主管领导担任总指挥。省级突发重大动物疫情应急指挥部统一负责对本行政区域内突发重大动物疫情应急处理的指挥，做出处理本行政区域内突发重大动物疫情的决策，决定要采取的措施。

2. 日常管理机构

农业农村部负责全国突发重大动物疫情应急处理的日常管理工作。省级人民政府农业农村主管部门负责本行政区域内突发重大动物疫情应急的协调、管理工作。市（地）级、县级人民政府农业农村主管部门负责本行政区域内突发重大动物疫情应急处置的日常管理工作。

3. 专家委员会

农业农村部和省级人民政府农业农村主管部门组建突发重大动物疫情专家委员会。市（地）级和县级人民政府农业农村主管部门可根据需要，组建突发重大动物疫情应急处理专家委员会。

4. 应急处理机构

（1）动物防疫监督机构　主要负责突发重大动物疫情报告，现场流行病学调查，开展现场临床诊断和实验室检测，加强疫病监测，对封锁、隔离、紧急免疫、扑杀、无害化处理、消毒等措施的实施进行指导、落实和监督。

（2）出入境检验检疫机构　负责加强对出入境动物及动物产品的检验检疫、疫情报告、消毒处理、流行病学调查和宣传教育等。

（三）突发重大动物疫情的监测、预警与报告的有关规定

1. 监测

国家建立突发重大动物疫情监测、报告网络体系。农业农村部和地方各级

人民政府农业农村主管部门要加强对监测工作的管理和监督，保证监测质量。

2. 预警

各级人民政府农业农村主管部门根据动物防疫监督机构提供的监测信息，按照重大动物疫情的发生、发展规律和特点，分析其危害程度、可能的发展趋势，及时做出相应级别的预警，依次用红色、橙色、黄色和蓝色表示特别严重、严重、较重和一般四个预警级别。

3. 报告

任何单位和个人有权向各级人民政府及其有关部门报告突发重大动物疫情及其隐患，有权向上级政府部门举报不履行或者不按照规定履行突发重大动物疫情应急处理职责的部门、单位及个人。

（1）责任报告单位和责任报告人

①责任报告单位：包括县级以上地方人民政府所属动物防疫监督机构；各动物疫病国家参考实验室和相关科研院校；出入境检验检疫机构；农业农村主管部门；县级以上地方人民政府；有关动物饲养、经营和动物产品生产、经营的单位，各类动物诊疗机构等相关单位。

②责任报告人：包括执行职务的各级动物防疫监督机构、出入境检验检疫机构的兽医人员；各类动物诊疗机构的兽医；饲养、经营动物和生产、经营动物产品的人员。

（2）报告形式　各级动物防疫监督机构应按国家有关规定报告疫情；其他责任报告单位和个人以电话或书面形式报告。

（3）报告时限和程序　发现可疑动物疫情时，必须立即向当地县（市）动物防疫监督机构报告。县（市）动物防疫监督机构接到报告后，应当立即赶赴现场诊断，必要时可请省级动物防疫监督机构派人协助进行诊断，认定为疑似重大动物疫情的，应当在2h内将疫情逐级报至省级动物防疫监督机构，并同时报所在地人民政府农业农村主管部门。省级动物防疫监督机构应当在接到报告后1h内，向省级农业农村主管部门和农业农村部报告。省级农业农村主管部门应当在接到报告后的1h内报省级人民政府。特别重大、重大动物疫情发生后，省级人民政府、农业农村部应当在4h内向国务院报告。认定为疑似重大动物疫情的应立即按要求采集病料样品送省级动物防疫监督机构实验室确诊，省级动物防疫监督机构不能确诊的，送国家参考实验室确诊。确诊结果应立即报农业农村部，并抄送省级农业农村主管部门。

（4）报告内容　疫情发生的时间、地点、发病的动物种类和品种、动物来源、临床症状、发病数量、死亡数量、是否有人员感染、已采取的控制措施、疫情报告的单位和个人、联系方式等。

（四）突发重大动物疫情的应急响应和终止的有关规定

1. 应急响应的原则

发生突发重大动物疫情时，事发地的县级、市（地）级、省级人民政府及其有关部门按照分级响应的原则做出应急响应。同时，要遵循突发重大动物疫情发生发展的客观规律，结合实际情况和预防控制工作的需要，及时调整预警和响应级别。要根据不同动物疫病的性质和特点，注重分析疫情的发展趋势，对势态和影响不断扩大的疫情，应及时升级预警和响应级别；对范围局限、不会进一步扩散的疫情，应相应降低响应级别，及时撤销预警。

突发重大动物疫情应急处理要采取边调查、边处理、边核实的方式，有效控制疫情发展。

未发生突发重大动物疫情的地方，当地人民政府农业农村主管部门接到疫情通报后，要组织做好人员、物资等应急准备工作，采取必要的预防控制措施，防止突发重大动物疫情在本行政区域内发生，并服从上一级人民政府农业农村主管部门的统一指挥，支援突发重大动物疫情发生地的应急处理工作。

2. 应急响应

（1）特别重大突发动物疫情（Ⅰ级）的应急响应　确认特别重大突发动物疫情后，按程序启动本预案。

①县级以上地方各级人民政府：组织协调有关部门参与突发重大动物疫情的处理；根据突发重大动物疫情处理需要，调集本行政区域内各类人员、物资、交通工具和相关设施、设备参加应急处理工作；发布封锁令，对疫区实施封锁；在本行政区域内采取限制或者停止动物及动物产品交易、扑杀染疫或相关动物，临时征用房屋、场所、交通工具，封闭被动物疫病病原体污染的公共饮用水源等紧急措施；组织铁路、交通、民航、质检等部门依法在交通站点设置临时动物防疫监督检查站，对进出疫区、出入境的交通工具进行检查和消毒；按国家规定做好信息发布工作；组织乡镇、街道、社区以及居委会、村委会，开展群防群控；组织有关部门保障商品供应，平抑物价，严厉打击造谣传谣、制假售假等违法犯罪和扰乱社会治安的行为，维护社会稳定。必要时，可请求中央予以支持，保证应急处理工作顺利进行。

②农业农村主管部门：组织动物防疫监督机构开展突发重大动物疫情的调查与处理；划定疫点、疫区、受威胁区；组织突发重大动物疫情专家委员会对突发重大动物疫情进行评估，提出启动突发重大动物疫情应急响应的级别；根据需要组织开展紧急免疫和预防用药；县级以上人民政府农业农村主管部门负责对本行政区域内应急处理工作的督导和检查；对新发现的动物疫病，及时按照国家规定，开展有关技术标准和规范的培训工作；有针对性地开展动物防疫

知识宣教，提高群众防控意识和自我防护能力；组织专家对突发重大动物疫情的处理情况进行综合评估。

③动物防疫监督机构：县级以上动物防疫监督机构做好突发重大动物疫情的信息收集、报告与分析工作；组织疫病诊断和流行病学调查；按规定采集病料，送省级实验室或国家参考实验室确诊；承担突发重大动物疫情应急处理人员的技术培训。

④出入境检验检疫机构：境外发生重大动物疫情时，会同有关部门停止从疫区国家或地区输入相关动物及其产品，加强对来自疫区运输工具的检疫和防疫消毒，参与打击非法走私入境动物或动物产品等违法活动；境内发生重大动物疫情时，加强出口货物的查验，会同有关部门停止疫区和受威胁区的相关动物及其产品的出口；暂停使用位于疫区内的依法设立的出入境相关动物临时隔离检疫场；出入境检验检疫工作中发现重大动物疫情或者疑似重大动物疫情时，立即向当地农业农村主管部门报告，并协助当地动物防疫监督机构做好疫情控制和扑灭工作。

（2）重大突发动物疫情（Ⅱ级）的应急响应　确认重大突发动物疫情后，按程序启动省级疫情应急响应机制。

①省级人民政府：省级人民政府根据省级人民政府农业农村主管部门的建议，启动应急预案，统一领导和指挥本行政区域内突发重大动物疫情应急处理工作。组织有关部门和人员扑灭疫情；紧急调集各种应急处理物资、交通工具和相关设施设备；发布或督导发布封锁令，对疫区实施封锁；依法设置临时动物防疫监督检查站查堵疫源；限制或停止动物及动物产品交易、扑杀染疫或相关动物；封锁被动物疫源污染的公共饮用水源等；按国家规定做好信息发布工作；组织乡镇、街道、社区及居委会、村委会，开展群防群控；组织有关部门保障商品供应，平抑物价，维护社会稳定。必要时，可请求中央予以支持，保证应急处理工作顺利进行。

②省级人民政府农业农村主管部门：重大突发动物疫情确认后，向农业农村部报告疫情。必要时，提出省级人民政府启动应急预案的建议。同时，迅速组织有关单位开展疫情应急处置工作。组织开展突发重大动物疫情的调查与处理；划定疫点、疫区、受威胁区；组织对突发重大动物疫情应急处理的评估；负责对本行政区域内应急处理工作的督导和检查；开展有关技术培训工作；有针对性地开展动物防疫知识宣教，提高群众防控意识和自我防护能力。

③省级以下地方人民政府：疫情发生地人民政府及有关部门在省级人民政府或省级突发重大动物疫情应急指挥部的统一指挥下，按照要求认真履行职责，落实有关控制措施。具体组织实施突发重大动物疫情应急处理工作。

④农业农村部：加强对省级农业农村主管部门应急处理突发重大动物疫情

工作的督导，根据需要组织有关专家协助疫情应急处置；并及时向有关省份通报情况。必要时，建议国务院协调有关部门给予必要的技术和物资支持。

（3）较大突发动物疫情（Ⅲ级）的应急响应

①市（地）级人民政府：市（地）级人民政府根据本级人民政府农业农村主管部门的建议，启动应急预案，采取相应的综合应急措施。必要时，可向上级人民政府申请资金、物资和技术援助。

②市（地）级人民政府农业农村主管部门：对较大突发动物疫情进行确认，并按照规定向当地人民政府、省级农业农村主管部门和农业农村部报告调查处理情况。

③省级人民政府农业农村主管部门：省级农业农村主管部门要加强对疫情发生地疫情应急处理工作的督导，及时组织专家对地方疫情应急处理工作提供技术指导和支持，并向本省有关地区发出通报，及时采取预防控制措施，防止疫情扩散蔓延。

（4）一般突发动物疫情（Ⅳ级）的应急响应　县级地方人民政府根据本级人民政府农业农村主管部门的建议，启动应急预案，组织有关部门开展疫情应急处置工作。县级人民政府农业农村主管部门对一般突发重大动物疫情进行确认，并按照规定向本级人民政府和上一级农业农村主管部门报告。市（地）级人民政府农业农村主管部门应组织专家对疫情应急处理进行技术指导。省级人民政府农业农村主管部门应根据需要提供技术支持。

（5）非突发重大动物疫情发生地区的应急响应　应根据发生疫情地区的疫情性质、特点、发生区域和发展趋势，分析本地区受波及的可能性和程度，重点做好以下工作：密切保持与疫情发生地的联系，及时获取相关信息；组织做好本区域应急处理所需的人员与物资准备；开展对养殖、运输、屠宰和市场环节的动物疫情监测和防控工作，防止疫病的发生、传入和扩散；开展动物防疫知识宣传，提高公众防护能力和意识；按规定做好公路、铁路、航空、水运交通的检疫监督工作。

3. 应急处理人员的安全防护

要确保参与疫情应急处理人员的安全。针对不同的重大动物疫病，特别是一些重大人畜共患病，应急处理人员还应采取特殊的防护措施。

4. 突发重大动物疫情应急响应的终止

（1）应急响应终止的条件　突发重大动物疫情应急响应的终止需符合以下条件：疫区内所有的动物及其产品按规定处理后，经过该疫病的至少一个最长潜伏期无新的病例出现。

（2）应急响应终止的程序

①特别重大突发动物疫情：特别重大突发动物疫情由农业农村部对疫情控

制情况进行评估，提出终止应急措施的建议，按程序报批宣布。

②重大突发动物疫情：重大突发动物疫情由省级人民政府农业农村主管部门对疫情控制情况进行评估，提出终止应急措施的建议，按程序报批宣布，并向农业农村部报告。

③较大突发动物疫情：较大突发动物疫情由市（地）级人民政府农业农村主管部门对疫情控制情况进行评估，提出终止应急措施的建议，按程序报批宣布，并向省级人民政府农业农村主管部门报告。

④一般突发动物疫情：一般突发动物疫情，由县级人民政府农业农村主管部门对疫情控制情况进行评估，提出终止应急措施的建议，按程序报批宣布，并向上一级和省级人民政府农业农村主管部门报告。

上级人民政府农业农村主管部门及时组织专家对突发重大动物疫情应急措施终止的评估提供技术指导和支持。

（五）善后处理的有关规定

（1）突发重大动物疫情扑灭后，各级农业农村主管部门应在本级政府的领导下，组织有关人员对突发重大动物疫情的处理情况进行评估，提出改进建议和应对措施。

（2）县级以上人民政府对参加突发重大动物疫情应急处理做出贡献的先进集体和个人，进行表彰；对在突发重大动物疫情应急处理工作中英勇献身的人员，按有关规定追认为烈士。

（3）对在突发重大动物疫情的预防、报告、调查、控制和处理过程中，有玩忽职守、失职、渎职等违纪违法行为的，依据有关法律法规追究当事人的责任。

（4）按照各种重大动物疫病灾害补偿的规定，确定数额等级标准，按程序进行补偿。

（5）地方各级人民政府要组织有关部门对因参与应急处理工作致病、致残、死亡的人员，按照国家有关规定，给予相应的补助和抚恤。

（6）突发重大动物疫情扑灭后，取消贸易限制及流通控制等限制性措施。根据各种重大动物疫病的特点，对疫点和疫区进行持续监测，符合要求的，方可重新引进动物，恢复畜牧业生产。

（7）发生重大动物疫情后，国务院民政部门应按《中华人民共和国公益事业捐赠法》和《救灾救济捐赠管理暂行办法》及国家有关政策规定，做好社会各界向疫区提供的救援物资及资金的接收，分配和使用工作。

（六）突发重大动物疫情应急处置保障的有关规定

突发重大动物疫情发生后，县级以上地方人民政府应积极协调有关部门，做好突发重大动物疫情处理的应急保障工作。

1. 通信与信息保障

县级以上指挥部应将车载电台、对讲机等通信设备纳入紧急防疫物资储备范畴，按照规定做好储备保养工作。根据国家有关法规对紧急情况下的电话、电报、传真、通信频率等予以优先待遇。

2. 应急资源与装备保障

保障内容包括应急队伍、交通运输、医疗卫生、治安、物资和经费保障。

3. 技术储备与保障

建立重大动物疫病防治专家委员会，负责疫病防控策略和方法的咨询，参与防控技术方案的策划、制定和执行。设置重大动物疫病的国家参考实验室，开展动物疫病诊断技术、防治药物、疫苗等的研究，作好技术和相关储备工作。

4. 培训和演习

各级农业农村主管部门要对重大动物疫情处理预备队成员进行系统培训。在没有发生突发重大动物疫情状态下，农业农村部每年要有计划地选择部分地区举行演练，确保预备队扑灭疫情的应急能力。地方政府可根据资金和实际需要的情况，组织训练。

5. 社会公众的宣传教育

县级以上地方人民政府应组织有关部门利用广播、影视、报刊、互联网、手册等多种形式对社会公众广泛开展突发重大动物疫情应急知识的普及教育，宣传动物防疫科普知识，指导群众以科学的行为和方式对待突发重大动物疫情。要充分发挥有关社会团体在普及动物防疫应急知识、科普知识方面的作用。

（七）各类具体工作预案制定的有关规定

农业农村部应制定各种不同重大动物疫病应急预案，并根据形势发展要求，及时进行修订。国务院有关部门根据本预案的规定，制定本部门职责范围内的具体工作方案。县级以上地方人民政府根据有关规定，结合本地区实际情况，组织制定本地区突发重大动物疫情应急预案。

历年执业兽医资格考试真题

1.（2009 年真题）发生一类动物疫病时，应当采取的措施不包括（　　）

A. 对疫点进行严格消毒　　B. *扑杀疫区内所有动物*
C. 销毁被扑杀的染疫动物　　D. 划定疫点、疫区、受威胁区
E. 对受威胁区感染动物实施紧急免疫接种

2. (2009 年真题) 发生重大动物疫情的疫区应采取的措施不包括 (　　)
A. 禁止动物进出疫区　　B. 销毁染疫的动物产品
C. 扑杀并销毁染疫动物　　D. 关闭动物及动物产品交易市场
E. 对染疫动物的同群动物实施紧急免疫接种

3. (2009 年真题) 突发重大动物疫情应急组织体系不包括 (　　)
A. 应急指挥部　　B. 专家委员会
C. 动物诊疗机构　　D. 各级农业农村主管部门
E. 动物卫生监督机构

4. (2010 年真题) 我国将突发重大动物疫情划分为 (　　)
A. 二级　　B. 三级　　*C. 四级*　　D. 五级
E. 六级

5. (2013 年真题) 发布疫区封锁令的主体是 (　　)
A. 县级以上地方人民政府　　B. 县农业农村主管部门
C. 镇卫生主管部门　　D. 县动物疫病预防控制机构
E. 镇动物卫生监督机构

6. (2016 年真题) 对染疫动物及其同群动物的处理，不正确的表述是 (　　)
A. 一类动物疫病染疫动物必须扑杀
B. 一类动物疫病染疫动物的同群动物必须扑杀
C. 二类动物疫病呈一般性流行时，根据需要扑杀染疫动物
D. 二类动物疫病呈爆发性流行时，染疫动物必须扑杀
E. 二类动物疫病呈爆发性流行时，染疫动物的同群动物不扑杀

7. (2010 年真题)《重大动物疫情应急条例》规定的重大动物疫情应急工作应当坚持的方针不包括 (　　)
A. 群防群控　　*B. 强制免疫*
C. 果断处置　　D. 加强领导、密切配合
E. 依靠科学、依法防治

8. (2011 年真题)《重大动物疫情应急条例》规定，重大动物疫情的认定权限为 (　　)
A. 国家参考实验室　　B. 动物疫病研究机构
C. 省级动物卫生监督机构　　D. 省级动物疫病预防控制机构
E. 省级人民政府农业农村主管部门

9. （2011 年真题）不符合《重大动物疫情应急条例》规定的控制、扑灭重大动物疫病应急措施的是（　　）

A. 扑杀染疫的动物

B. 销毁疫区内疑似染疫的动物产品

C. 将疫点易感动物转移至安全地带

D. 对疫点内被污染的动物圈舍进行消毒

E. 对受威胁区的易感动物实施紧急免疫接种

10. （2012 年真题）《重大动物疫情应急条例》规定，有权采集重大动物疫病病料的是（　　）

A. 动物诊疗机构　　*B. 动物防疫监督机构*

C. 动物疫苗生产企业　　D. 动物疫病研究机构

E. 发生重大动物疫情的饲养场

11. （2013 年真题）重大动物疫情的公布主体为（　　）

A. 国务院农业农村主管部门

B. 省级人民政府

C. 省级人民政府农业农村主管部门

D. 省动物卫生监督机构

E. 省动物疫病预防控制机构

12. （2014 年真题）根据《国家突发重大动物疫病应急预案》规定，将突发重大动物疫情的预警级别分为（　　）

A. Ⅰ级　　B. Ⅱ级　　C. Ⅲ级　　*D. Ⅳ级*

E. Ⅴ级

13. （2015 年真题）根据《国家突发重大动物疫情应急预案》，在特别重大突发动物疫情的应急响应中，不属于农业农村主管部门的职责是（　　）

A. 划定疫点、疫区、受威胁区

B. 发布封锁令，对疫区实施封锁

C. 根据需要组织开展紧急免疫和预防用药

D. 对新发现的动物疫病，及时开展有关技术标准和规范的培训工作

E. 组织专家对突发重大动物疫情的处理情况进行综合评估

14. （2015 年真题）重大动物疫情的报告义务人不包括（　　）

A. 动物饲养者　　*B. 疫情所在地的村民委员会*

C. 从事动物运输的人员　　D. 从事动物疫情监测的人员

E. 从事动物疫病研究的人员

15. （2016 年真题）依据《重大动物疫情应急条例》，下列对疫区内易感染动物采取的措施不正确的是（　　）

A. 监测　　B. 禁止调出

C. 立即扑杀　　D. 实行圈养或者在指定地点放养

E. 实施紧急免疫接种

16.（2018 年真题）重大动物疫情发生后，对疫点采取的措施不符合规定的是（　　）

A. 扑杀并销毁染疫动物

B. 对易感染动物实施紧急免疫接种

C. 对病死的动物进行无害化处理

D. 对被污染的饲料进行无害化处理

E. 对被污染的用具进行严格消毒

17.（2019 年真题）《重大动物疫情应急条例》规定，有权公布重大动物疫情的主体是（　　）

A. 国务院农业农村主管部门

B. 省、自治区、直辖市人民政府

C. 省、自治区、直辖市人民政府农业农村主管部门

D. 县级人民政府农业农村主管部门

E. 县动物疫病预防控制机构

18.（2019 年真题）根据《重大动物疫情应急条例》，下列对疫点采取的措施表述不正确的是（　　）

A. 扑杀并销毁染疫动物

B. 对易感动物紧急免疫接种

C. 对病死动物、动物排泄物等进行无害化处理

D. 对被污染的物品用具等进行严格消毒

E. 销毁染疫的动物产品

19.（2019 年真题）根据《中华人民共和国动物防疫法》，下列关于动物疫病控制和扑灭的表述不正确的是（　　）

A. 二、三类动物疫病呈暴发流行时，按照一类动物疫病处理

B. 发生人畜共患传染病时，农业农村主管部门应当组织对疫区易感染的人群进行监测

C. 疫点、疫区和受威胁区的撤销和疫区封锁的解除，由原决定机关决定并宣布

D. 发生三类动物疫病时，当地县级、乡级人民政府应当按照国务院农业农村主管部门的规定组织防治和净化

E. 为控制和扑灭动物疫病，动物卫生监督机构应当派人在当地依法设立的现有检查站执行监督检查任务

20.（2020 年真题）根据《中华人民共和国动物防疫法》有权认定重大动物疫情的主体是（　　）

A. 设区的市级人民政府农业农村主管部门

B. 县级人民政府农业农村主管部门

C. 省级人民政府农业农村主管部门

D. 省动物卫生监督机构

E. 省动物疫病预防控制机构

21.（2020 年真题）根据《重大动物疫情应急条例》下列关于应急预备队的表述正确的是（　　）

A. 由县级以上地方人民政府农业农村主管部门成立应急预备队

B. 应急预备队应当定期进行技术培训和应急演练

C. 应急预备队必须有公安机关的工作人员参加

D. 应急预备队必须有社会上具备一定专业知识的人员参加

E. 应急预备队必须有养殖场（户）人员参加

任务五　动物和动物产品检疫相关的法律法规

任务描述

本任务主要介绍了动物和动物产品实施检疫主体、检疫程序、野生动物检疫和跨省引进种用乳用动物检疫，以及经检疫不合格的动物、动物产品的处理等内容。

一、《中华人民共和国动物防疫法》关于动物和动物产品检疫的有关规定

（一）动物检疫主体

动物卫生监督机构依照《中华人民共和国动物防疫法》和国务院农业农村主管部门的规定对动物、动物产品实施检疫。动物卫生监督机构的官方兽医具体实施动物和动物产品检疫。

（二）检疫的相关管理

1. 检疫的程序

屠宰、出售或者运输动物以及出售或者运输动物产品前，货主应当按照国务院农业农村主管部门的规定向当地动物卫生监督机构申报检疫。动物卫生监督机构接到申报后，应当及时指派官方兽医对动物、动物产品实施现场检疫；

检疫合格的，出具检疫证明、加施检疫标志。实施现场检疫的官方兽医应当在检疫证明、检疫标志上签字或者盖章，并对检疫结论负责。动物饲养场、屠宰企业的执业兽医或者动物防疫技术人员，应当协助官方兽医实施检疫。

2. 流通过程中检疫证明、检疫标志的管理

屠宰、经营、运输的动物，以及用于科研、展示、演出和比赛等非食用性利用的动物，应当附有检疫证明；经营和运输的动物产品，应当附有检疫证明、检疫标志。

3. 运输动物和动物产品的检疫管理

经航空、铁路、道路、水路运输动物和动物产品的，托运人托运时应当提供检疫证明；没有检疫证明的，承运人不得承运。进出口动物和动物产品，承运人凭进口报关单证或者海关签发的检疫单证运递。从事动物运输的单位、个人以及车辆，应当向所在地县级人民政府农业农村主管部门备案，妥善保存行程路线和托运人提供的动物名称、检疫证明编号、数量等信息。具体办法由国务院农业农村主管部门制定。运载工具在装载前和卸载后应当及时清洗、消毒。

4. 动物和动物产品输入到无规定动物疫病区的检疫管理

输入到无规定动物疫病区的动物、动物产品，货主应当按照国务院农业农村主管部门的规定向无规定动物疫病区所在地动物卫生监督机构申报检疫，经检疫合格的，方可进入。

5. 跨省引进乳用动物、种用动物及其精液、胚胎、种蛋的检疫管理

省、自治区、直辖市人民政府确定并公布道路运输的动物进入本行政区域的指定通道，设置引导标志。跨省、自治区、直辖市通过道路运输动物的，应当经省、自治区、直辖市人民政府设立的指定通道入省境或者过省境。跨省、自治区、直辖市引进的种用、乳用动物到达输入地后，货主应当按照国务院农业农村主管部门的规定对引进的种用、乳用动物进行隔离观察。

6. 野生动物的检疫管理

因科研、药用、展示等特殊情形需要非食用性利用的野生动物，应当按照国家有关规定报经动物卫生监督机构检疫，检疫合格的，方可利用。人工捕获的野生动物，应当按照国家有关规定报经捕获地动物卫生监督机构检疫，检疫合格的，方可饲养、经营和运输。国务院农业农村主管部门会同国务院野生动物保护主管部门制定野生动物检疫办法。

（三）检疫不合格的动物、动物产品处理

经检疫不合格的动物、动物产品，货主应当在农业农村主管部门监督下按照国家有关规定处理，处理费用由货主承担。

二、《动物检疫管理办法》

（一）《动物检疫管理办法》概述

1. 立法目的和适用范围

目的在于加强动物检疫活动管理，预防、控制和扑灭动物疫病，保障动物及动物产品安全，保护人体健康，维护公共卫生安全。适用于中国领域内的动物检疫活动。动物检疫的范围、对象和规程由农业农村部制定、调整并公布。水产苗种产地检疫，由地方动物卫生监督机构委托同级渔业主管部门实施。水产苗种以外的其他水生动物及其产品不实施检疫。

2. 动物检疫的原则

动物检疫遵循过程监管、风险控制、区域化和可追溯管理相结合的原则。

3. 官方兽医工作职责

动物卫生监督机构指派官方兽医按照《中华人民共和国动物防疫法》和《动物检疫管理办法》的规定对动物、动物产品实施检疫，出具检疫证明，加施检疫标志。动物卫生监督机构可以根据检疫工作需要，指定兽医专业人员协助官方兽医实施动物检疫。

4. 动物检疫工作的行政管理

农业农村部主管全国动物检疫工作。县级以上地方人民政府农业农村主管部门主管本行政区域内的动物检疫工作。县级以上地方人民政府设立的动物卫生监督机构负责本行政区域内动物、动物产品的检疫及其监督管理工作。

（二）检疫申报的有关规定

1. 国家实行动物检疫申报制度

动物卫生监督机构应当根据检疫工作需要，合理设置动物检疫申报点，并向社会公布动物检疫申报点、检疫范围和检疫对象。县级以上人民政府农业农村主管部门应当加强动物检疫申报点的建设和管理。

2. 申报时限

（1）动物和动物产品在离开产地前的申报时限　下列动物、动物产品在离开产地前，货主应当按规定时限向所在地动物卫生监督机构申报检疫：出售、运输动物产品和供屠宰、继续饲养的动物，应当提前 3d 申报检疫；出售、运输乳用动物、种用动物及其精液、卵、胚胎、种蛋，以及参加展览、演出和比赛的动物，应当提前 15d 申报检疫；向无规定动物疫病区输入相关易感动物、易感动物产品的，货主除按规定向输出地动物卫生监督机构申报检疫外，还应当在起运 3d 前向输入地省级动物卫生监督机构申报检疫。

（2）合法捕获野生动物的申报时限　合法捕获野生动物的，应当在捕获后3d内向捕获地县级动物卫生监督机构申报检疫。

（3）屠宰动物的申报时限　屠宰动物的，应当提前6h向所在地动物卫生监督机构申报检疫；急宰动物的，可以随时申报。

3. 申报材料及方式

申报检疫的，应当提交检疫申报单；跨省、自治区、直辖市调运乳用动物、种用动物及其精液、胚胎、种蛋的，还应当同时提交输入地省、自治区、直辖市动物卫生监督机构批准的《跨省引进乳用种用动物检疫审批表》。申报检疫采取申报点填报、传真、电话等方式申报。采用电话申报的，需在现场补填检疫申报单。

4. 受理检疫申报

动物卫生监督机构受理检疫申报后，应当派出官方兽医到现场或指定地点实施检疫；不予受理的，应当说明理由。

（三）产地检疫的有关规定

1. 产地检疫要求

出售或者运输的动物、动物产品经所在地县级动物卫生监督机构的官方兽医检疫合格，并取得《动物检疫合格证明》后，方可离开产地。

2. 产地检疫出证条件

（1）出售或者运输的动物　经检疫符合下列条件，由官方兽医出具《动物检疫合格证明》：来自非封锁区或者未发生相关动物疫情的饲养场（户）；按照国家规定进行了强制免疫，并在有效保护期内；临床检查健康状况；农业农村部规定需要进行实验室疫病检测的，检测结果符合要求；养殖档案相关记录和畜禽标识符合农业农村部规定。乳用、种用动物和宠物，还应当符合农业农村部规定的健康标准。

（2）合法捕获的野生动物　经检疫符合下列条件，由官方兽医出具《动物检疫合格证明》后，方可饲养、经营和运输：来自非封锁区；临床检查健康状况；农业农村部规定需要进行实验室疫病检测的，检测结果符合要求。

（3）出售、运输的种用动物精液、卵、胚胎、种蛋　经检疫符合下列条件，由官方兽医出具《动物检疫合格证明》：来自非封锁区，或者未发生相关动物疫情的种用动物饲养场；供体动物按照国家规定进行了强制免疫，并在有效保护期内；供体动物符合动物健康标准；农业农村部规定需要进行实验室疫病检测的，检测结果符合要求；供体动物的养殖档案相关记录和畜禽标识符合农业农村部规定。

（4）出售、运输的骨、角、生皮、原毛、绒等产品　经检疫符合下列条件，由官方兽医出具《动物检疫合格证明》：来自非封锁区，或者未发生相关动物疫情的饲养场（户）；按有关规定消毒合格；农业农村部规定需要进行实验室疫病检测的，检测结果符合要求。

3. 产地检疫的处理

（1）常规检疫的处理　经检疫合格的动物、动物产品，由官方兽医出具《动物检疫合格证明》；经检疫不合格的动物、动物产品，由官方兽医出具《检疫处理通知单》，并监督货主按照农业农村部规定的技术规范处理。

（2）跨省引进检疫的处理　跨省、自治区、直辖市引进用于饲养的非乳用、非种用动物到达目的地后，货主或者承运人应当在24h内向所在地县级动物卫生监督机构报告，并接受监督检查。

跨省、自治区、直辖市引进的乳用、种用动物到达输入地后，在所在地动物卫生监督机构的监督下，应当在隔离场或饲养场（养殖小区）内的隔离舍进行隔离观察，大中型动物隔离期为45d，小型动物隔离期为30d。经隔离观察合格的方可混群饲养；不合格的，按照有关规定进行处理。隔离观察合格后需继续在省内运输的，货主应当申请更换《动物检疫合格证明》。动物卫生监督机构更换《动物检疫合格证明》不得收费。

（四）屠宰检疫的有关规定

1. 屠宰检疫制度

县级动物卫生监督机构依法向屠宰场（厂、点）派驻（出）官方兽医实施检疫。屠宰场（厂、点）应当提供与屠宰规模相适应的官方兽医驻场检疫室和检疫操作台等设施。出场（厂、点）的动物产品应当经官方兽医检疫合格，加施检疫标志，并附有《动物检疫合格证明》。

2. 宰前检疫

进入屠宰场（厂、点）的动物应当附有《动物检疫合格证明》，并佩戴有农业农村部规定的畜禽标识。官方兽医应当查验进场动物附具的《动物检疫合格证明》和佩戴的畜禽标识，检查待宰动物健康状况，对疑似染疫的动物进行隔离观察。官方兽医应当回收进入屠宰场（厂、点）动物附具的《动物检疫合格证明》，填写《屠宰检疫记录》。回收的《动物检疫合格证明》应当保存12个月以上。

3. 同步检疫

官方兽医应按规定，在动物屠宰过程中实施全流程同步检疫和必要的实验室疫病检测。经检疫符合条件的，由官方兽医出具《动物检疫合格证明》：无规定的传染病和寄生虫病；符合农业农村部规定的相关屠宰检疫规程要求；需要进行实验室疫病检测的，检测结果符合要求。骨、角、生皮、原毛、绒的检疫还应来自非封锁区，或者未发生相关动物疫情的饲养场（户），按有关规定消毒合格，农业农村部规定需要进行实验室疫病检测的，检测结果符合要求。

4. 检疫处理

经检疫合格的，由官方兽医出具《动物检疫合格证明》，对胴体及分割、包装的动物产品加盖检疫验讫印章或者加施其他检疫标志；经检疫不合格的动物、动物产品，由官方兽医出具《检疫处理通知单》，并监督屠宰场（厂、点）或者货主按照农业农村部规定的技术规范处理。

5. 动物产品的分销

（1）直接分销　经检疫合格的动物产品到达目的地后，需要直接在当地分销的，货主可以向输入地动物卫生监督机构申请换证，换证不得收费。换证应当符合下列条件：提供原始有效《动物检疫合格证明》，检疫标志完整，且证物相符；在有关国家标准规定的保质期内，且无腐败变质。

（2）贮藏后分销　经检疫合格的动物产品到达目的地，贮藏后需继续调运或者分销的，货主可以向输入地动物卫生监督机构重新申报检疫。输入地县级以上动物卫生监督机构对符合下列条件的动物产品，出具《动物检疫合格证明》：提供原始有效《动物检疫合格证明》，检疫标志完整，且证物相符；在有关国家标准规定的保质期内，无腐败变质；有健全的《出入库登记记录》；农业农村部规定进行必要的实验室疫病检测的，检测结果符合要求。

（五）水产苗种产地检疫的有关规定

1. 申报时限

出售或者运输水生动物的亲本、稚体、幼体、受精卵、发眼卵及其他遗传育种材料等水产苗种的，货主应当提前20d向所在地县级动物卫生监督机构申报检疫；经检疫合格，并取得《动物检疫合格证明》后，方可离开产地。养殖、出售或者运输合法捕获的野生水产苗种的，货主应当在捕获野生水产苗种后2d内向所在地县级动物卫生监督机构申报检疫；经检疫合格，并取得《动物检疫合格证明》后，方可投放养殖场所、出售或者运输。

2. 野生水产苗种检疫前的隔离

合法捕获的野生水产苗种实施检疫前，货主应当将其隔离在符合下列条件的临时检疫场地：与其他养殖场所有物理隔离设施；具有独立的进排水和废水无害化处理设施以及专用渔具；农业农村部规定的其他防疫条件。

3. 出证条件

水产苗种经检疫符合下列条件的，由官方兽医出具《动物检疫合格证明》：该苗种生产场近期未发生相关水生动物疫情；临床健康检查合格；农业农村部规定需要经水生动物疫病诊断实验室检验的，检验结果符合要求。

4. 检疫处理

水产苗种经检疫合格的，由官方兽医出具《动物检疫合格证明》；检疫不合格的，动物卫生监督机构应当监督货主按照农业农村部规定的技术规范处理。

5. 落地报告制度

跨省、自治区、直辖市引进水产苗种到达目的地后，货主或承运人应当在24小时内按照有关规定报告，并接受当地动物卫生监督机构的监督检查。

（六）无规定动物疫病区动物检疫的有关规定

1. 无规定动物疫病区动物检疫要求

向无规定动物疫病区运输相关易感动物、动物产品的，除附有输出地动物卫生监督机构出具的《动物检疫合格证明》外，还应当向输入地省、自治区、直辖市动物卫生监督机构申报检疫，取得输入地《动物检疫合格证明》。

2. 动物检疫

输入到无规定动物疫病区的相关易感动物，应当在输入地省、自治区、直辖市动物卫生监督机构指定的隔离场所，按照农业农村部规定的无规定动物疫病区有关检疫要求隔离检疫。大中型动物隔离检疫期为45d，小型动物隔离检疫期为30d。隔离检疫合格的，由输入地省、自治区、直辖市动物卫生监督机构的官方兽医出具《动物检疫合格证明》；不合格的，不准进入，并依法处理。

3. 动物产品检疫

输入到无规定动物疫病区的相关易感动物产品，应当在输入地省、自治区、直辖市动物卫生监督机构指定的地点，按照农业农村部规定的无规定动物疫病区有关检疫要求进行检疫。检疫合格的，由输入地省、自治区、直辖市动物卫生监督机构的官方兽医出具《动物检疫合格证明》；不合格的，不准进入，并依法处理。

（七）乳用种用动物检疫审批的有关规定

1. 检疫申请

跨省、自治区、直辖市引进乳用动物、种用动物及其精液、胚胎、种蛋的，货主应当填写《跨省引进乳用种用动物检疫审批表》，向输入地省、自治区、直辖市动物卫生监督机构申请办理审批手续。

2. 检疫审批

输入地省、自治区、直辖市动物卫生监督机构应当自受理申请之日起10个工作日内，做出是否同意引进的决定。符合条件的，签发《跨省引进乳用种用动物检疫审批表》；不符合下列条件的，书面告知申请人，并说明理由：输出和输入饲养场、养殖小区取得《动物防疫条件合格证》；输入饲养场、养殖小区存栏的动物符合动物健康标准；输出的乳用、种用动物养殖档案相关记录符合农业农村部规定；输出的精液、胚胎、种蛋的供体符合动物健康标准。

货主凭输入地省、自治区、直辖市动物卫生监督机构签发的《跨省引进乳用种用动物检疫审批表》，按照《动物检疫管理办法》规定向输出地县级动物卫生监督机构申报检疫。输出地县级动物卫生监督机构应当按照《动物检疫管理办法》的规定实施检疫。跨省引进乳用种用动物应当在《跨省引进乳用种用动物检疫审批表》有效期内运输。逾期引进的，货主应当重新办理审批手续。

（八）检疫监督的有关规定

1. 行政相对人的义务

（1）屠宰、经营、运输以及参加展览、演出和比赛的动物，应当附有《动物检疫合格证明》；经营、运输的动物产品应当附有《动物检疫合格证明》和检疫标志。对符合前款规定的动物、动物产品，动物卫生监督机构可以查验检疫证明、检疫标志，对动物、动物产品进行采样、留验、抽检，但不得重复检疫收费。

（2）经铁路、公路、水路、航空运输依法应当检疫的动物、动物产品的，托运人托运时应当提供《动物检疫合格证明》。没有《动物检疫合格证明》的，承运人不得承运。

（3）货主或者承运人应当在装载前和卸载后，对动物、动物产品的运载工具以及饲养用具、装载用具等，按照农业农村部规定的技术规范进行消毒，并对清除的垫料、粪便、污物等进行无害化处理。

（4）经检疫合格的动物、动物产品应当在规定时间内到达目的地。经检疫合格的动物在运输途中发生疫情，应按有关规定报告并处置。

2. 动物和动物产品的补检

（1）动物的补检　由动物卫生监督机构依照相关规定补检，并依照《中华人民共和国动物防疫法》处理处罚。符合下列条件的，由动物卫生监督机构出具《动物检疫合格证明》：畜禽标识符合农业农村部规定；临床检查健康；农业农村部规定需要进行实验室疫病检测的，检测结果符合要求。不符合的，按照农业农村部有关规定进行处理。

（2）骨、角、生皮、原毛、绒等动物产品的补检　由动物卫生监督机构出具《动物检疫合格证明》：经外观检查无腐烂变质；按有关规定重新消毒；农业农村部规定需要进行实验室疫病检测的，检测结果符合要求。不符合的，予以没收销毁。同时，依照《中华人民共和国动物防疫法》处理处罚。

（3）精液、胚胎、种蛋等动物产品的补检　由动物卫生监督机构出具《动物检疫合格证明》：货主在5d内提供输出地动物卫生监督机构出具的来自非封锁区的证明和供体动物符合健康标准的证明；在规定保质期内，并经外观检查无腐败变质；农业农村部规定需要进行实验室疫病检测的，检测结果符合要求。不符合的，予以没收销毁。同时依照《中华人民共和国动物防疫法》处理处罚。

（4）肉、脏器、脂、头、蹄、血液、筋等动物产品的补检　由动物卫生监督机构出具《动物检疫合格证明》，并依照《中华人民共和国动物防疫法》规定进行处罚：货主在5d内提供输出地动物卫生监督机构出具的来自非封锁区的证明；经外观检查无病变、无腐败变质；农业农村部规定需要进行实验室疫病检测的，检测结果符合要求。不符合下列条件的，予以没收销毁，并依照《中华人民共和国动物防疫法》规定进行处罚。

3. 封锁区内的商品蛋、生鲜乳的运输监管

按照《重大动物疫情应急条例》实施。

（九）法律责任的有关规定

（1）违反规定的，跨省、自治区、直辖市引进用于饲养的非乳用、非种用动物和水产苗种到达目的地后，未向所在地动物卫生监督机构报告的，由农业综合行政执法机构处五百元以上二千元以下罚款。

（2）违反规定的，跨省、自治区、直辖市引进的乳用、种用动物到达输入地后，未按规定进行隔离观察的，由农业综合行政执法机构责令改正，处二千元以上一万元以下罚款。

（3）其他违反规定的行为，依照《中华人民共和国动物防疫法》有关规定予以处罚。

历年执业兽医资格考试真题

1.（2009年真题）李某拟从甲省A县引进20头种猪到乙省B县饲养，负责审批的机构是（　　）

A. 国务院农业农村主管部门　　B. 甲省动物卫生监督机构

C. 乙省动物卫生监督机构　　D. 甲省A县动物卫生监督机构

E. 乙省B县动物卫生监督机构

2.（2010年真题）输入到无规定动物疫病区的动物，应当在输入地省级动物卫生监督机构指定的隔离场所进行隔离检疫。大中型动物的隔离检疫期为（　　）

A. 14d　　B. 21d　　C. 28d　　D. 35d

E. 45d

3. （2011 年真题）《动物检疫管理办法》规定，屠宰动物的，提前申报检疫的时限是（　　）

A. 3h　B. *6h*　C. 12h　D. 24h

E. 48h

4. （2012 年真题）《动物检疫管理办法》规定，出售种用动物申报检疫的时限是离开产地前（　　）

A. 3d　B. 5d　C. 7d　D. 10d

E. 15d

5. （2012、2014 年真题）跨省引进的种兔到达输入地后，隔离期为（　　）

A. 5d　B. 10d　C. 15d　*D. 30d*

E. 45d

6. （2012 年真题）根据《中华人民共和国动物防疫法》，运载动物的车辆进行清洗、消毒的情形是（　　）

A. 运输途中　B. 启运前　C. 卸载前　*D. 装载前*

E. 进入屠宰场时

7. （2013 年真题）跨省引进的种用动物到达输入地后，应当在隔离场或饲养场（养殖小区）内的隔离舍进行隔离观察，大中型动物的隔离期为（　　）

A. 14d　B. 28d　C. 30d　D. 35d

E. 45d

8. （2014 年真题）《中华人民共和国动物防疫法》规定，参加展览、演出和比赛的动物，应当附有（　　）

A. 养殖档案　B. 免疫证明　C. 检疫标志　*D. 检疫证明*

E. 畜禽标识

9. （2014 年真题）《动物检疫管理办法》规定，出售水产苗种的提前申报检疫时限是（　　）

A. 7d　B. 10d　C. 15d　*D. 20d*

E. 30d

10. （2015 年真题）《动物检疫管理办法》规定，出售供屠宰的动物，提前申报检疫的时限是（　　）

A. 1d　B. 2d　*C. 3d*　D. 5d

E. 15d

11. （2015 年真题）《中华人民共和国动物防疫法》规定，实施现场检疫的人员是（　　）

A. 官方兽医　B. 执业兽医师

C. 执业助理兽医师　D. 乡村兽医

E. 村级防疫员

12. （2016年真题）下列不符合屠宰检疫规定的表述是（　　）

A. 屠宰企业应当提供与屠宰规模相适应的官方兽医驻场检疫室

B. 屠宰未附有《动物检疫合格证明》的动物

C. 拒绝未佩戴农业农村部规定畜禽标识的动物入场屠宰

D. 屠宰场出厂的动物产品附有《动物检疫合格证明》

E. 对检疫不合格的动物产品，在官方兽医的监督下按规定处理

13. （2018年真题）根据《中华人民共和国动物防疫法》禁止运输的动物产品不包括（　　）

A. 封锁疫区内与所发生动物疫病无关的

B. 依法应当检疫而未经检疫的

C. 检疫不合格的

D. 疑似染疫的

E. 染疫的

14. （2018年真题）《中华人民共和国动物防疫法》规定，对检疫不合格的动物、动物产品进行处理的义务主体是（　　）

A. 货主　　*B. 动物卫生监督机构*

C. 动物疫病预防控制机构　　D. 农业农村主管部门

E. 商务主管部门

15. （2018年真题）某牛场拟出售供屠宰的育肥牛，其中报检疫的期限是动物离开牛场前提前（　　）

A. 1d　　*B. 3d*　　C. 5d　　D. 7d

E. 15d

16. （2020年真题）根据《动物检疫管理办法》出售供继续饲养的动物，不符合《动物检疫合格证明》出具条件的是（　　）

A. 未按规定进行强制免疫

B. 出自未发生相关动物疫情的饲养场（户）

C. 临床检查健康

D. 按规定需要进行实验室疫病检测的，检测结果符合要求

E. 畜禽标识符合规定

17. （2020年真题）根据《动物检疫管理办法》下列关于动物检疫申报的表述不正确的是（　　）

A. 不允许采用电话方式申报

B. 屠宰动物的，应当提前6h申报

C. 出售、运输乳用动物和种用动物的，应当离开产地前，提前15d申报

D. 合法捕获野生动物的，应当在捕获后 3d 内申报

E. 申报检疫应当提交检疫申报单

任务六　病死动物和病害动物产品无害化处理相关的法律法规

任务描述

本任务动物和动物产品无害化处理制度，从事动物、动物产品运输单位和个人职责，死亡畜禽处理相关行政主管部门及病死及死因不明动物处置方法，动物和动物产品无害化处理规划及机制建立，病死动物无害化处理补助流程制定及实施等内容。

一、《中华人民共和国动物防疫法》关于病死动物和病害动物产品无害化处理的有关规定

（一）动物和动物产品的无害化处理制度

从事动物饲养、屠宰、经营、隔离以及动物产品生产、经营、加工、贮藏等活动的单位和个人，应当按照国家有关规定做好病死动物、病害动物产品的无害化处理，或者委托动物和动物产品无害化处理场所处理。动物和动物产品无害化处理管理办法由国务院农业农村、野生动物保护主管部门按照职责制定。

（二）从事动物、动物产品运输单位和个人的职责

从事动物、动物产品运输的单位和个人，应当配合做好病死动物和病害动物产品的无害化处理，不得在途中擅自弃置和处理有关动物和动物产品。任何单位和个人不得买卖、加工、随意弃置病死动物和病害动物产品。

（三）死亡畜禽处理的相关行政主管部门

1. 水域范围发现死亡畜禽的处理

在江河、湖泊、水库等水域发现的死亡畜禽，由所在地县级人民政府组织收集、处理并溯源。

2. 城市公共场所和乡村发现死亡畜禽的处理

在城市公共场所和乡村发现的死亡畜禽，由所在地街道办事处、乡级人民政府组织收集、处理并溯源。

3. 野外环境发现死亡野生动物的处理

在野外环境发现的死亡野生动物，由所在地野生动物保护主管部门收集、处理。

（四）动物和动物产品无害化处理规划及机制的建立

省、自治区、直辖市人民政府制定动物和动物产品集中无害化处理场所建设规划，建立政府主导、市场运作的无害化处理机制。

（五）病死动物无害化处理补助流程的制定及实施

各级财政对病死动物无害化处理提供补助。具体补助标准和办法由县级以上人民政府财政部门会同本级人民政府农业农村、野生动物保护等有关部门制定。

二、《病死及病害动物无害化处理技术规范》

（一）《病死及病害动物无害化处理技术规范》概述

1. 制定目的和适用范围

目的在于贯彻落实《中华人民共和国动物防疫法》《生猪屠宰管理条例》《畜禽规模养殖污染防治条例》等有关法律法规，防止动物疫病传播扩散，保障动物产品质量安全，规范病死及病害动物和相关动物产品无害化处理操作技术。

适用于国家规定的染疫动物及其产品、病死或者死因不明的动物尸体，屠宰前确认的病害动物、屠宰过程中经检疫或肉品品质检验确认为不可食用的动物产品，以及其他应当进行无害化处理的动物及动物产品。规定了病死及病害动物和相关动物产品无害化处理的技术工艺和操作注意事项，处理过程中病死及病害动物和相关动物产品的包装、暂存、转运、人员防护和记录等要求。

2. 相关定义

（1）无害化处理　指用物理、化学等方法处理病死及病害动物和相关动物产品，消灭其所携带的病原体，消除危害的过程。

（2）焚烧法　指在焚烧容器内，使病死及病害动物和相关动物产品在富氧或无氧条件下进行氧化反应或热解反应的方法。

（3）化制法　指在密闭的高压容器内，通过向容器夹层或容器内通入高温饱和蒸汽，在干热、压力或蒸汽、压力的作用下，处理病死及病害动物和相关动物产品的方法。

（4）掩埋法　指按照相关规定，将病死及病害动物和相关动物产品投入深埋坑中并覆盖、消毒，处理病死及病害动物和相关动物产品的方法。

（5）高温法 指常压状态下，在封闭系统内利用高温处理病死及病害动物和相关动物产品的方法。

（6）硫酸分解法 指在密闭的容器内，将病死及病害动物和相关动物产品用硫酸在一定条件下进行分解的方法。

3. 引用规范和标准

引用规范和标准主要包括：GB 19217—2003《医疗废物转运车技术要求（试行）》；GB 18484—2020《危险废物焚烧污染控制标准》；GB 18597—2001《危险废物贮存污染控制标准》；GB 16297—1996《大气污染物综合排放标准》；GB 14554—1993《恶臭污染物排放标准》；GB 8978—1996《污水综合排放标准》；GB 5085. 3—2007《危险废物鉴别标准 浸出毒性鉴别》；GB/T 16569—1996《畜禽产品消毒规范》；GB 19218—2003《医疗废物焚烧炉技术要求（试行）》；GB/T 19923—2005《城市污水再生利用 工业用水水质》。当上述标准和文件被修订时，应使用其最新版本。

（二）无害化处理方法的有关规定

1. 焚烧法

（1）适用对象 国家规定的染疫动物及其产品、病死或者死因不明的动物尸体，屠宰前确认的病害动物、屠宰过程中经检疫或肉品品质检验确认为不可食用的动物产品，以及其他应当进行无害化处理的动物及动物产品。

（2）直接焚烧法

①技术工艺：可视情况对病死及病害动物和相关动物产品进行破碎等预处理；将病死及病害动物和相关动物产品或破碎产物，投至焚烧炉本体燃烧室，经充分氧化、热解，产生的高温烟气进入二次燃烧室继续燃烧，产生的炉渣经出渣机排出；燃烧室温度应≥850℃，燃烧所产生的烟气从最后的助燃空气喷射口或燃烧器出口到换热面或烟道冷风引射口之间的停留时间应≥2s，焚烧炉出口烟气中氧含量应为6%~10%（干气）；二次燃烧室出口烟气经余热利用系统、烟气净化系统处理，达到 GB 16297—1996《大气污染物综合排放标准》要求后排放；焚烧炉渣与除尘设备收集的焚烧飞灰应分别收集、贮存和运输；焚烧炉渣按一般固体废物处理或作资源化利用，焚烧飞灰和其他尾气净化装置收集的固体废物需按 GB 5085. 3—2007《危险废物鉴别标准 浸出毒性鉴别》要求作危险废物鉴定，如属于危险废物，则按 GB 18484—2020《危险废物焚烧污染控制标准》和 GB 18597—2001《危险废物贮存污染控制标准》要求处理。

②操作注意事项：严格控制焚烧进料频率和重量，使病死及病害动物和相

关动物产品能够充分与空气接触，保证完全燃烧；燃烧室内应保持负压状态，避免焚烧过程中发生烟气泄露；二次燃烧室顶部设紧急排放烟囱，应急时开启；烟气净化系统，包括急冷塔、引风机等设施。

（3）炭化焚烧法

①技术工艺：病死及病害动物和相关动物产品投至热解炭化室，在无氧情况下经充分热解，产生的热解烟气进入二次燃烧室继续燃烧，产生的固体炭化物残渣经热解炭化室排出；热解温度应≥600℃，二次燃烧室温度≥850℃，焚烧后烟气在850℃以上停留时间≥2s；烟气经过热解炭化室热能回收后，降至600℃左右，经烟气净化系统处理，达到GB 16297—1996《大气污染物综合排放标准》要求后排放。

②注意事项：应检查热解炭化系统的炉门密封性，以保证热解炭化室的隔氧状态；应定期检查和清理热解气输出管道，以免发生阻塞；热解炭化室顶部需设置与大气相连的防爆口，热解炭化室内压力过大时可自动开启泄压；应根据处理物种类、体积等严格控制热解的温度、升温速度及物料在热解炭化室里的停留时间。

2. 化制法

（1）适用对象　不得用于患有炭疽等芽孢杆菌类疫病，以及牛海绵状脑病、痒病的染疫动物及产品、组织的处理。其他适用对象同焚烧法。

（2）干化法

①技术工艺：可视情况对病死及病害动物和相关动物产品进行破碎等预处理；病死及病害动物和相关动物产品或破碎产物输送入高温高压灭菌容器；处理物中心温度≥140℃，压力≥0.5MPa（绝对压力），时间≥4h（具体处理时间随处理物种类和体积大小而设定）；加热烘干产生的热蒸汽经废气处理系统后排出；加热烘干产生的动物尸体残渣传输至压榨系统处理。

②操作注意事项：搅拌系统的工作时间应以烘干剩余物基本不含水分为宜，根据处理物量的多少，适当延长或缩短搅拌时间；应使用合理的污水处理系统，有效去除有机物、氨氮，达到GB 8978—1996《污水综合排放标准》要求；应使用合理的废气处理系统，有效吸收处理过程中动物尸体腐败产生的恶臭气体，达到GB 16297—1996《大气污染物综合排放标准》要求后排放；高温高压灭菌容器操作人员应符合相关专业要求，持证上岗；处理结束后，需对墙面、地面及其相关工具进行彻底清洗消毒。

（3）湿化法

①技术工艺：可视情况对病死及病害动物和相关动物产品进行破碎预处理；将病死及病害动物和相关动物产品或破碎产物送入高温高压容器，总质量不得超过容器总承受力的4/5；处理物中心温度≥135℃，压力≥0.3MPa（绝

对压力)，处理时间≥30min（具体处理时间随处理物种类和体积大小而设定）；高温高压结束后，对处理产物进行初次固液分离；固体物经破碎处理后，送入烘干系统；液体部分送入油水分离系统处理。

②操作注意事项：高温高压容器操作人员应符合相关专业要求，持证上岗；处理结束后，需对墙面、地面及其相关工具进行彻底清洗消毒；冷凝排放水应冷却后排放，产生的废水应经污水处理系统处理，达到 GB 8978—1996《污水综合排放标准》要求；处理车间废气应通过安装自动喷淋消毒系统、排风系统和高效微粒空气过滤器（HEPA 过滤器）等进行处理，达到 GB 16297—1996《大气污染物综合排放标准》要求后排放。

3. 高温法

（1）适用对象　同化制法。

（2）技术工艺　可视情况对病死及病害动物和相关动物产品进行破碎等预处理。处理物或破碎产物体积（长×宽×高）≤125cm^3（5cm×5cm×5cm）；向容器内输入油脂，容器夹层经导热油或其他介质加热；将病死及病害动物和相关动物产品或破碎产物输送入容器内，与油脂混合。常压状态下，维持容器内部温度≥180℃，持续时间≥2.5h（具体处理时间随处理物种类和体积大小而设定）；加热产生的热蒸汽经废气处理系统后排出；加热产生的动物尸体残渣传输至压榨系统处理。

（3）操作注意事项　同干化法。

4. 掩埋法

（1）适用对象　发生动物疫情或自然灾害等突发事件时病死及病害动物的应急处理，以及边远和交通不便地区零星病死畜禽的处理。不得用于患有炭疽等芽孢杆菌类疫病，以及牛海绵状脑病、痒病的染疫动物及产品、组织的处理。

（2）选址要求　应选择地势高燥，处于下风向的地点；应远离学校、公共场所、居民住宅区、村庄、动物饲养和屠宰场所、饮用水源地、河流等地区。

（3）技术工艺　深埋坑体容积以实际处理动物尸体及相关动物产品数量确定；深埋坑底应高出地下水位 1.5m 以上，要防渗、防漏；坑底洒一层厚度为 2~5cm 的生石灰或漂白粉等消毒药；将动物尸体及相关动物产品投入坑内，最上层距离地表 1.5m 以上；生石灰或漂白粉等消毒药消毒；覆盖距地表 20~30cm，厚度不少于 1~1.2m 的覆土。

（4）操作注意事项　深埋覆土不要太实，以免腐败产气造成气泡冒出和液体渗漏；深埋后，在深埋处设置警示标识；深埋后，第一周内应每日巡查 1 次，第二周起应每周巡查 1 次，连续巡查 3 个月，深埋坑塌陷处应及时加盖覆土；深埋后，立即用氯制剂、漂白粉或生石灰等消毒药对深埋场所进行 1 次彻底消毒。第一周内应每日消毒 1 次，第二周起应每周消毒 1 次，连续消毒三周以上。

5. 化学处理法

（1）硫酸分解法

①适用对象：同化制法。

②技术工艺：可视情况对病死及病害动物和相关动物产品进行破碎等预处理；将病死及病害动物和相关动物产品或破碎产物，投至耐酸的水解罐中，按每吨处理物加入水 150~300kg，后加入 98%的浓硫酸 300~400kg（具体加入水和浓硫酸量随处理物的含水量而设定）；密闭水解罐，加热使水解罐内升至 100~108℃，维持压力≥0.15MPa，反应时间≥4h，至罐体内的病死及病害动物和相关动物产品完全分解为液态。

③操作注意事项：处理中使用的强酸应按国家危险化学品安全管理、易制毒化学品管理有关规定执行，操作人员应做好个人防护；水解过程中要先将水加入到耐酸的水解罐中，然后加入浓硫酸；控制处理物总体积不得超过容器容量的 70%；酸解反应的容器及储存酸解液的容器均要求耐强酸。

（2）化学消毒法

①适用对象：用于被病原微生物污染或疑似被污染的动物皮毛消毒。

②盐酸食盐溶液消毒法：用 2.5%盐酸溶液和 15%食盐水溶液等量混合，将皮张浸泡在此溶液中，并使溶液温度保持在 30℃左右，浸泡 40h，1m^2 的皮张用 10L 消毒液（或按 100mL 25%食盐水溶液中加入盐酸 1mL 配制消毒液，在室温 15℃条件下浸泡 48h，皮张与消毒液的体积比为 1：4）浸泡后捞出沥干，放入 2%（或 1%）氢氧化钠溶液中，以中和皮张上的酸，再用水冲洗后晾干。

③过氧乙酸消毒法：将皮毛放入新鲜配制的 2%过氧乙酸溶液中浸泡 30min；将皮毛捞出，用水冲洗后晾干。

④碱盐液浸泡消毒法：将皮毛浸入 5%碱盐液（饱和盐水内加 5%氢氧化钠）中，室温（18~25℃）浸泡 24h，并随时加以搅拌；取出皮毛挂起，待碱盐液流净，放入 5%盐酸液内浸泡，使皮上的酸碱中和；将皮毛捞出，用水冲洗后晾干。

（三）收集运输要求的有关规定

1. 包装

包装材料应符合密闭、防水、防渗、防破损、耐腐蚀等要求。包装材料的容积、尺寸和数量应与需处理病死及病害动物和相关动物产品的体积、数量相匹配。包装后应进行密封。使用后，一次性包装材料应作销毁处理，可循环使用的包装材料应进行清洗消毒。

2. 暂存

采用冷冻或冷藏方式进行暂存，防止无害化处理前病死及病害动物和相关动物产品腐败。暂存场所应能防水、防渗、防鼠、防盗，易于清洗和消毒。暂存场所应设置明显警示标识。应定期对暂存场所及周边环境进行清洗消毒。

3. 转运

可选择符合 GB 19217—2003《医疗废物转运车技术要求（试行）》条件的车辆或专用封闭厢式运载车辆。车厢四壁及底部应使用耐腐蚀材料，并采取防渗措施。专用转运车辆应加施明显标识，加装车载定位系统，并记录转运时间和路径等信息。车辆驶离暂存、养殖等场所前，应对车轮及车厢外部进行消毒。转运车辆应尽量避免进入人口密集区。若转运途中发生渗漏，应重新包装、消毒后运输。卸载后，应对转运车辆及相关工具等进行彻底清洗、消毒。

（四）其他要求的有关规定

1. 人员防护

病死及病害动物和相关动物产品的收集、暂存、转运、无害化处理操作的工作人员应经过专门培训，掌握相应的动物防疫知识。工作人员在操作过程中应穿戴防护服、口罩、护目镜、胶鞋及手套等防护用具。工作人员应使用专用的收集工具、包装用品、转运工具、清洗工具、消毒器材等。工作完毕后，应对一次性防护用品作销毁处理，对循环使用的防护用品消毒处理。

2. 记录要求

（1）病死及病害动物和相关动物产品的收集、暂存、转运、无害化处理等环节应建有台账和记录。有条件的地方应保存转运车辆行车信息和相关环节视频记录。

（2）台账和记录

①暂存环节：接收台账和记录应包括病死及病害动物和相关动物产品来源场（户）、种类、数量、动物标识号、死亡原因、消毒方法、收集时间、经办人员等。运出台账和记录应包括运输人员、联系方式、转运时间、车牌号、病死及病害动物和相关动物产品种类、数量、动物标识号、消毒方法、转运目的地以及经办人员等。

②处理环节：接收台账和记录应包括病死及病害动物和相关动物产品来源、种类、数量、动物标识号、转运人员、联系方式、车牌号、接收时间及经手人员等。处理台账和记录应包括处理时间、处理方式、处理数量及操作人员等。

（3）涉及病死及病害动物和相关动物产品无害化处理的台账和记录至少要保存两年。

历年执业兽医资格考试真题

1.（2019 年真题）《病死及病害动物无害化处理技术规范》规定，采用高温法处理时，处理物或破碎产物的体积（长×宽×高）应小于或等于（　　）

A. 125cm³（5cm×5cm×5cm）　　B. 216cm³（6cm×6cm×6cm）

C. 120cm³（4cm×5cm×6cm）　　D. 64cm³（4cm×4cm×4cm）

E. 60cm³（3cm×4cm×5cm）

2.（2019 年真题）《病死及病害动物无害化处理技术规范》规定，采用湿化法处理时，送入高温高压容器 的病死及病害动物的总质量不得超过容器总承受力的（　　）

A. 1/2　　B. 2/3　　C. 3/4　　*D. 4/5*

E. 5/6

3.（2020 年真题）根据《病死及病害动物无害化处理技术规范》不得采用深埋法进行无害化处理的是（　　）

A. 牛瘟病死动物　　*B. 炭疽病死动物*

C. 猪瘟病死动物　　D. 非洲猪瘟病死动物

E. 牛恶性卡他热病死动物

任务七　动物诊疗的相关法律法规

任务描述

本任务主要介绍了动物诊疗许可，动物诊疗机构要求，动物诊疗过程中执业规范和兽医处方格式及应用规范等内容。

一、《中华人民共和国动物防疫法》关于动物诊疗的有关规定

（一）动物诊疗机构从事经营活动的条件

动物诊疗机构包括动物医院、动物诊所以及其他提供动物诊疗服务的机构。从事动物诊疗活动的机构，应当具备下列条件：有与动物诊疗活动相适应并符合动物防疫条件的场所；有与动物诊疗活动相适应的执业兽医；有与动物诊疗活动相适应的兽医器械和设备；有完善的管理制度。

（二）《动物诊疗许可证》的申办

从事动物诊疗活动的机构，应当向县级以上地方人民政府农业农村主管部

门申请《动物诊疗许可证》。受理申请的农业农村主管部门应当依照《中华人民共和国动物防疫法》和《中华人民共和国行政许可法》的规定进行审查。经审查合格的，发给《动物诊疗许可证》；不合格的，应当通知申请人并说明理由。

（三）《动物诊疗许可证》包含内容和变更

1.《动物诊疗许可证》包含的内容

《动物诊疗许可证》应当载明诊疗机构名称、诊疗活动范围、从业地点和法定代表人（负责人）等事项。

2.《动物诊疗许可证》变更

《动物诊疗许可证》载明事项变更的，应当申请变更或者换发动物诊疗许可证。

（四）动物诊疗机构的防疫要求

动物诊疗机构应当按照国务院农业农村主管部门的规定，做好诊疗活动中的卫生安全防护、消毒、隔离和诊疗废弃物处置等工作。

（五）动物诊疗活动过程中的执业规范

从事动物诊疗活动，应当遵守有关动物诊疗的操作技术规范，使用符合国家规定的兽药和兽医器械。兽药和兽医器械的具体管理办法由国务院规定。

二、《动物诊疗机构管理办法》

（一）《动物诊疗机构管理办法》概述

1. 立法目的和适用范围

目的在于加强动物诊疗机构管理，规范动物诊疗行为，保障公共卫生安全。适用于在中国境内从事动物诊疗活动的机构。在乡村从事动物诊疗活动的遵守《乡村兽医管理办法》。

2. 动物诊疗

动物诊疗指动物疾病的预防、诊断、治疗和动物绝育手术等经营性活动。

3. 动物诊疗的行政管理

（1）农业农村主管部门的权限　农业农村部负责全国动物诊疗机构的监督管理。县级以上地方人民政府农业农村主管部门负责本行政区域内动物诊疗机构的管理。

（2）农业综合行政执法机构的权限　县级以上地方人民政府设立的农业综

合行政执法机构负责本行政区域内动物诊疗机构的监督执法工作。

（二）诊疗许可的有关规定

1. 动物诊疗许可制度

国家实行动物诊疗许可制度。从事动物诊疗活动的机构，应当取得《动物诊疗许可证》，并在规定的诊疗活动范围内开展动物诊疗活动。

2. 设立动物诊疗机构的条件

（1）申请设立一般动物诊疗机构的，应当具备下列条件　有固定的动物诊疗场所，且动物诊疗场所使用面积符合省、自治区、直辖市人民政府农业农村主管部门的规定；动物诊疗场所选址距离畜禽养殖场、屠宰加工场、动物交易场所不少于200m；动物诊疗场所设有独立的出入口，出入口不得设在居民住宅楼内或者院内，不得与同一建筑物的其他用户共用通道；具有布局合理的诊疗室、手术室、药房等设施；具有诊断、手术、消毒、冷藏、常规化验、污水处理等器械设备；具有1名以上取得执业兽医师资格证书的人员；具有完善的诊疗服务、疫情报告、卫生消毒、兽药处方、药物和无害化处理等管理制度。

（2）申请设立从事动物颅腔、胸腔和腹腔手术的动物诊疗机构，除具备一般动物诊疗机构规定的条件外，还应当具备以下条件　具有手术台、X光机或者B超等器械设备；具有3名以上取得执业兽医师资格证书的人员。

3. 设立动物诊疗机构的程序

（1）申请　设立动物诊疗机构应当向动物诊疗场所所在地的发证机关提出申请。发证机关指县（市辖区）级人民政府农业农村主管部门；市辖区未设立农业农村主管部门的，发证机关为上一级农业农村主管部门。《动物诊疗管理办法》施行前已开办的动物诊疗机构，应当自2010年1月1日起，依照《动物诊疗管理办法》的规定，办理《动物诊疗许可证》。动物诊疗机构设立分支机构的，应当按照《动物诊疗管理办法》的规定另行办理动物诊疗许可证。

（2）申请设立动物诊疗机构时提交下列材料　《动物诊疗许可证》申请表；动物诊疗场所地理方位图、室内平面图和各功能区布局图；动物诊疗场所使用权证明；法定代表人（负责人）身份证明；执业兽医师资格证书原件及复印件；设施设备清单；管理制度文本；执业兽医和服务人员的健康证明材料。动物诊疗机构应当使用规范的名称。不具备从事动物颅腔、胸腔和腹腔手术能力的，不得使用“动物医院”的名称。

（3）发证机关审核　申请材料不齐全或者不符合规定条件的，发证机关应当自收到申请材料之日起5个工作日内一次告知申请人需补正的内容。发证机关受理申请后，应当在20个工作日内完成对申请材料的审核和对动物诊疗场所的实地勘察。符合规定条件的，发证机关应当向申请人颁发《动物诊疗许可证》；不符合条件的，书面通知申请人，并说明理由。专门从事水生动物疫病诊疗的，发证机关在核发《动物诊疗许可证》时，应当征求同级渔业行政主管部门的意见。

4.《动物诊疗许可证》包括的内容

《动物诊疗许可证》应当载明诊疗机构名称、诊疗活动范围、从业地点和法定代表人（负责人）等事项。《动物诊疗许可证》格式由农业农村部统一规定。《动物诊疗许可证》不得伪造、变造、转让、出租、出借。《动物诊疗许可证》遗失的，应当及时向原发证机关申请补发。发证机关办理动物诊疗许可证，不得向申请人收取费用。

5. 动物诊疗机构的变更

动物诊疗机构变更名称或者法定代表人（负责人）的，应当在办理工商变更登记手续后 15 个工作日内，向原发证机关申请办理变更手续。动物诊疗机构变更从业地点、诊疗活动范围的，应当按照动物诊疗机构管理办法规定重新办理动物诊疗许可手续，申请换发《动物诊疗许可证》。

（三）诊疗活动管理的有关规定

1. 动物诊疗活动的管理

动物诊疗机构应当依法从事动物诊疗活动，建立健全内部管理制度，在诊疗场所的显著位置悬挂《动物诊疗许可证》和公示从业人员基本情况。农业综合行政执法机构应当建立健全日常监管制度，对辖区内动物诊疗机构和人员执行法律、法规、规章的情况进行监督检查。农业农村主管部门应当设立动物诊疗违法行为举报电话，并向社会公示。

2. 兽药使用的管理

动物诊疗机构应当按照国家兽药管理的规定使用兽药，不得使用假劣兽药和农业农村部规定禁止使用的药品及其他化合物。

3. 兼营项目的管理

动物诊疗机构兼营宠物用品、宠物食品、宠物美容等项目的，兼营区域与动物诊疗区域应当分别独立设置。

4. 病历、处方的管理

动物诊疗机构应当使用规范的病历、处方笺，病历、处方笺应当印有动物诊疗机构名称。病历档案应当保存 3 年以上。

5. 放射性诊疗器械的管理

动物诊疗机构安装、使用具有放射性的诊疗设备的，应当依法经环境保护部门批准。

6. 疫情报告的管理

动物诊疗机构发现动物染疫或者疑似染疫的，应当按照国家规定立即向当地农业农村主管部门、农业综合行政执法机构或者动物疫病预防控制机构报告，并采取隔离等控制措施，防止动物疫情扩散。动物诊疗机构发现动物患有或者疑似患有国家规定应当扑杀的疫病时，不得擅自进行治疗。

7. 病死动物、医疗废弃物的管理

动物诊疗机构不得随意抛弃病死动物、动物病理组织和医疗废弃物，不得排放未经无害化处理或者处理不达标的诊疗废水。动物诊疗机构应当按照农业农村部规定处理病死动物和动物病理组织。动物诊疗机构应当参照《医疗废弃物管理条例》的有关规定处理医疗废弃物。

8. 参与国家疫病防控的管理

动物诊疗机构的执业兽医应当按照当地人民政府或者农业农村主管部门的要求，参加预防、控制和扑灭动物疫病活动。动物诊疗机构应当配合农业农村主管部门、农业综合行政执法机构、动物疫病预防控制机构进行有关法律法规宣传、流行病学调查和监测工作。

9. 诊疗人员相关培训的管理

动物诊疗机构应当定期对本单位工作人员进行专业知识和相关政策、法规培训。

10. 诊疗活动报告的管理

动物诊疗机构应当于每年 3 月底前将上年度动物诊疗活动情况向发证机关报告。

（四）法律责任的有关规定

1. 行政管理部门的违法行为

发证机关及其农业综合行政执法机构不依法履行审查和监督管理职责，玩忽职守、滥用职权或者徇私舞弊的，依照有关规定给予处分；构成犯罪的，依法追究刑事责任。

2. 动物诊疗机构的违法行为

（1）原发证机关收回、注销其《动物诊疗许可证》　违反《动物诊疗管理办法》规定的有下列情形之一的由原发证机关收回、注销其《动物诊疗许可证》：超出动物诊疗许可证核定的诊疗活动范围从事动物诊疗活动的情节严重的违法行为；变更从业地点、诊疗活动范围未重新办理《动物诊疗许可证》的情节严重的违法行为；出让、出租、出借《动物诊疗许可证》的；动物诊疗机构连续停业两年以上的，或者连续两年未向发证机关报告动物诊疗活动情况，拒不改正的。

（2）没收违法所得及罚款

①违反规定的动物诊疗机构，由农业综合行政执法机构给予警告，责令限期改正；拒不改正或者再次出现同类违法行为的，处以一千元以下罚款：变更机构名称或者法定代表人未办理变更手续的；未在诊疗场所悬挂《动物诊疗许可证》或者公示从业人员基本情况的；不使用病历，或者应当开具处方未开具处方的；使用不规范的病历、处方笺的。

②违反规定的动物诊疗机构，由农业综合行政执法机构责令停止诊疗活动，没收违法所得；违法所得在三万元以上的，并处违法所得 1 倍以上 3 倍以下罚款；没有违法所得或者违法所得不足三万元的，并处三千元以上三万元以下罚款：超出《动物诊疗许可证》核定的诊疗活动范围从事动物诊疗活动的违法行为；变更从业地点、诊疗活动范围未重新办理《动物诊疗许可证》的违法行为；使用伪造、变造、受让、租用、借用《动物诊疗许可证》的违法行为。

③违反规定的动物诊疗机构，不按照国务院农业农村主管部门规定处置染疫动物及其排泄物，染疫动物产品，病死或者死因不明的动物尸体，运载工具中的动物排泄物以及垫料、包装物、容器等污染物以及其他经检疫不合格的动物、动物产品的，由农业综合行政执法机构责令无害化处理，所需处理费用由违法行为人承担，可以处三千元以下罚款。

（3）违规使用兽药或违法处理医疗废弃物的违法行为　动物诊疗机构在动物诊疗活动中，违法使用兽药的，或者违法处理医疗废弃物的，依照有关法律、行政法规的规定予以处罚。

三、《兽医处方格式及应用规范》

（一）《兽医处方格式及应用规范》概述

目的在于加强兽医处方管理，规范兽医执业行为，根据《中华人民共和国动物防疫法》及《执业兽医管理办法》《动物诊疗机构管理办法》《兽用处方药和非处方药管理办法》制定。凡与《兽医处方格式及应用规范》不符的处方笺自 2017 年 1 月 1 日起不得使用。

（二）《兽医处方格式及应用规范》相关规定

1. 基本要求

（1）本规范所称兽医处方，是指执业兽医师在动物诊疗活动中开具的，作为动物用药凭证的文书。

（2）执业兽医师根据动物诊疗活动的需要，按照兽药使用规范，遵循安全、有效、经济的原则开具兽医处方。

（3）执业兽医师在备案单位签名留样或者专用签章备案后，方可开具处方。兽医处方经执业兽医师签名或者盖章后有效。

（4）执业兽医师利用计算机开具、传递兽医处方时，应当同时打印出纸质处方，其格式与手写处方一致；打印的纸质处方经执业兽医师签名或盖章后有效。

（5）兽医处方限于当次诊疗结果用药，开具当日有效。特殊情况下需延长有效期的，由开具兽医处方的执业兽医师注明有效期限，但有效期最长不得超过3d。

（6）除兽用麻醉药品、精神药品、毒性药品和放射性药品外，动物诊疗机构和执业兽医师不得限制动物主人持处方到兽药经营企业购药。

2. 处方笺格式

兽医处方笺规格和样式由农业农村部规定，从事动物诊疗活动的单位应当按照规定的规格和样式印制兽医处方笺或者设计电子处方笺。兽医处方笺样式（图1-2）。

（1）兽医处方笺一式三联，可以使用同一种颜色纸张，也可以使用三种不同颜色纸张。

（2）兽医处方笺分为两种规格，小规格为：长210mm、宽148mm；大规格为：长296mm、宽210mm。

兽医处方笺样式

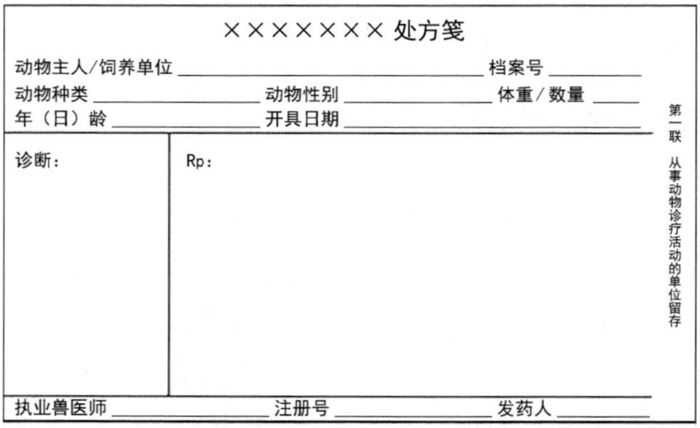
××××××× 处方笺
动物主人/饲养单位 ______ 档案号 ______
动物种类 ______ 动物性别 ______ 体重/数量 ______
年（日）龄 ______ 开具日期 ______
诊断：
Rp：
执业兽医师 ______ 注册号 ______ 发药人 ______
第一联 从事动物诊疗活动的单位留存

注："××××××× 处方笺"中，"×××××××"为从事动物诊疗活动的单位名称。

图1-2 兽医处方笺样式

3. 处方笺内容

兽医处方笺内容包括前记、正文、后记三部分，要符合以下标准。

（1）前记　对个体动物进行诊疗的，至少包括动物主人姓名或者动物饲养单位名称、档案号、开具日期和动物的种类、性别、体重、年（日）龄。

对群体动物进行诊疗的，至少包括饲养单位名称、档案号、开具日期和动物的种类、数量、年（日）龄。

（2）正文　包括初步诊断情况和 Rp（拉丁文 Recipe“请取”的缩写）。Rp 应当分列兽药名称、规格、数量、用法、用量等内容；对于食品动物还应当注明休药期。

（3）后记　至少包括执业兽医师签名或盖章和备案号、发药人签名或盖章。

4. 处方书写要求

兽医处方书写应当符合下列要求。

（1）动物基本信息、临床诊断情况应当填写清晰、完整，并与病历记载一致。

（2）字迹清楚，原则上不得涂改；如需修改，应当在修改处签名或盖章，并注明修改日期。

（3）兽药名称应当以兽药国家标准载明的名称为准。兽药名称简写或者缩写应当符合国内通用写法，不得自行编制兽药缩写名或者使用代号。

（4）书写兽药规格、数量、用法、用量及休药期要准确规范。

（5）兽医处方中包含兽用化学药品、生物制品、中成药的，每种兽药应当另起一行。

（6）兽药剂量与数量用阿拉伯数字书写。剂量应当使用法定计量单位：质量以千克（kg）、克（g）、毫克（mg）、微克（μg）、纳克（ng）为单位；容量以升（L）、毫升（mL）为单位；有效量单位以国际单位（IU）、单位（U）为单位。

（7）片剂、丸剂、胶囊剂以及单剂量包装的散剂、颗粒剂分别以片、丸、粒、袋为单位；多剂量包装的散剂、颗粒剂以 g 或 kg 为单位；单剂量包装的溶液剂以支、瓶为单位，多剂量包装的溶液剂以 mL 或 L 为单位；软膏及乳膏剂以支、盒为单位；单剂量包装的注射剂以支、瓶为单位，多剂量包装的注射剂以 mL 或 L、g 或 kg 为单位，应当注明含量；兽用中药自拟方应当以剂为单位。

（8）开具处方后的空白处应当画一斜线，以示处方完毕。

（9）执业兽医师备案号可采用印刷或盖章方式填写。

5. 处方保存

（1）兽医处方开具后，第一联由从事动物诊疗活动的单位留存，第二联由药房或者兽药经营企业留存，第三联由动物主人或者饲养单位留存。

（2）兽医处方由处方开具、兽药核发单位妥善保存 2 年以上。保存期满后，经所在单位主要负责人批准、登记备案，方可销毁。

历年执业兽医资格考试真题

1. （2009年真题）动物诊疗机构向发证机关报告其上年度动物诊疗活动情况的时限是每年的（　　）

A. 1月底前　*B. 3月底前*　C. 6月底前　D. 9月底前

E. 12月底前

2. （2009年真题）动物诊疗机构发生哪项行为并拒不改正的，发证机关有权收回．注销动物诊疗许可证（　　）

A. 连续停业1个月　B. 连续停业3个月

C. 连续停业6个月　D. 连续停业1年

E. 连续停业2年

3. （2010年真题）《动物诊疗机构管理办法》所称的动物诊疗活动不包括（　　）

A. 动物人工授精　B. 动物绝育手术

C. 动物疾病的预防　D. 动物疾病的诊断

E. 动物疾病的治疗

4. （2010年真题）不符合动物医院法定条件的是（　　）

A. 有手术台　B. 具有污水处理设备

C. 距离畜禽饲养场300m　*D. 出入口设在居民住宅楼道内*

E. 有完善的疫情报告管理制度

5. （2010年真题）动物诊疗活动中的防疫要求不包括（　　）

A. 做好消毒　B. 做好隔离

C. 做好卫生安全防护　*D. 做好动物福利工作*

E. 做好诊疗废弃物处置

6. （2011年真题）发放《动物诊疗许可证》的机关是（　　）

A. 省级动物卫生监督机构　B. 县级动物卫生监督机构

C. 县级人民政府　*D. 县级人民政府农业农村主管部门*

E. 地市级动物卫生监督机构

7. （2011年真题）属于《动物诊疗机构管理办法》调整的动物诊疗活动是（　　）

A. 经营性的动物绝育手术　B. 经营性的动物人工授精

C. 非经营性的动物疾病预防　D. 非经营性的动物疾病诊断

E. 非经营性的动物疾病治疗

8. （2012年真题）根据《动物诊疗机构管理办法》，不符合动物医院法定条件的是（　　）

A. 有 X 光机　　B. 有手术台

C. 有污水处理设备　　*D. 距离畜禽养殖场 150m*

E. 有 3 名取得执业兽医师资格证书的人员

9. （2012、2014 年真题）接受执业兽医上年度执业活动情况报告的主体是（　　）

A. 省级人民政府农业农村主管部门

B. 省动物疫病预防控制机构

C. 省动物卫生监督机构

D. 县级人民政府农业农村主管部门

E. 县动物卫生监督机构

10. （2012 年真题）申请《动物诊疗许可证》的条件不包括（　　）

A. 有完善的管理制度

B. 有与动物诊疗活动相适应的资金

C. 有与动物诊疗活动相适应的执业兽医

D. 有与动物诊疗活动相适应的兽医器械和设备

E. 有与动物诊疗活动相适应并符合动物防疫条件的场所

11. （2013 年真题）动物诊疗过程中的防疫要求不包括（　　）

A. 做好卫生安全防护　　B. 做好消毒

C. 做好隔离　　D. 做好诊疗废弃物的处置

E. 做好动物福利

12. （2013、2015 年真题）从事颅腔、胸腔、腹腔手术的动物诊疗机构，其执业兽医师的法定最低数量是（　　）

A. 1 名　　B. 2 名　　*C. 3 名*　　D. 5 名

E. 7 名

13. （2013 年真题）不符合动物诊疗活动行为规范的是（　　）

A. 在诊疗场所显著位置悬挂《动物诊疗许可证》

B. 在诊疗场所显著位置公示从业人员基本情况

C. 使用空白纸张做处方签

D. 按规定使用兽药

E. 按规定处理动物病理组织

14. （2014、2015 年真题）动物诊疗机构的病历档案保存期限不得少于（　　）

A. 3 个月　　B. 6 个月　　C. 1 年　　D. 2 年

E. 3 年

15. （2014 年真题）动物诊疗机构变更名称，应当报原审批部门，具备下

列哪项才能使用“动物医院”的名称（　　）

A. 具有1名执业兽医师　　B. 具有消毒器械

C. 具有管理制度　　D. 具有财务人员

E. 具有从事动物颅腔、胸腔和腹腔手术能力

16.（2015年真题）执业兽医向备案机关报告其上年度兽医执业活动情况的时限是每年的（　　）

A. 1月底　　B. 2月底　　*C. 3月底*　　D. 4月底

E. 5月底

17.（2015年真题）申请设立动物诊疗机构应当提交的材料不包括（　　）

A. 动物诊疗许可证申请表

B. 动物诊疗场所地理方位图

C. 动物诊疗场所使用权证明

D. 执业助理兽医师资格证书原件及复印件

E. 执业兽医和服务人员的健康证明材料

18.（2016年真题）负责动物诊疗机构监督执法工作的是（　　）

A. 中国动物疫病预防控制中心

B. 县级以上地方人民政府农业农村主管部门

C. 县级以上地方人民政府设立的农业综合行政执法机构

D. 县级以上地方人民政府建立的动物疫病预防控制机构

E. 中国兽医协会

19.（2016年真题）依法可以回收，注销《动物诊疗许可证》的情形不包括（　　）

A. 出借《动物诊疗许可证》

B. 出租《动物诊疗许可证》

C. 动物诊疗机构违反动物防疫法的规定，造成动物疫病扩散

D. 出让《动物诊疗许可证》

E. 连续停业两年以上

20.（2017年真题）不符合动物诊疗规定的行为是（　　）

A. 取得动物诊证后从事动物诊疗活动

B. 变更从业地点而未申请换发《动物诊疗许可证》

C. 按规定处理诊疗废弃物

D. 只有一个名执业兽医师的动物诊所拒绝给动物做腹腔手术

E. 制定了完善的兽药处方管理制度

21.（2017年真题）有权批准动物机构安装，使用具有放射性诊疗设备的部门是（　　）

A. 农业农村主管部门　　　　　　B. 商务主管部门

C. 卫生主管部门　　　　　　　　*D. 环境保护部门*

E. 质量技术监督部门

22. （2019年真题）根据《动物诊疗机构管理办法》，不符合动物诊疗机构设立条件的是（　　）

A. 有完善的卫生消毒管理制度

B. 出入口与同一建筑的其他用户共用通道

C. 有消毒设备

D. 有完善的疫情报告制度

E. 有3名以上取得执业兽医师资格证书的人员

23. （2019年真题）根据《动物诊疗机构管理办法》，动物诊疗机构下列不符合诊疗活动规定的行为是（　　）

A. 在显著位置公示从业人员基本情况

B. 按当地人民政府农业农村主管部门的要求派执业兽医参加动物疫病扑灭活动

C. 按规定处理医疗废弃物

D. 对患有非洲猪瘟的动物进行治疗

E. 宠物用品经营区域与诊疗区域分别独立设置

24. （2019年真题）根据《中华人民共和国动物防疫法》，从事动物诊疗活动的机构必须具备的法定条件不包括（　　）

A. 有与动物诊疗活动相适应并符合动物防疫条件的场所

B. 有与动物诊疗活动相适应的执业兽医

C. 有与动物诊疗活动相适应的兽医器械和设备

D. 有与动物诊疗活动相适应的管理人员

E. 有完善的管理制度

25. （2019年真题）根据《兽医处方格式及应用规范》，下列表述不正确的是（　　）

A. 执业兽医师应当遵循安全、有效和经济的原则开具兽医处方

B. 兽医处方经执业兽医师签名或者签章后有效

C. 动物主人必须在就诊的动物诊疗机构购买兽药

D. 利用计算机开具处方的，应同时打印出纸质处方，并签名或盖章

E. 兽医处方的有效期最长不得超过3天

26. （2019年真题）根据《兽医处方格式及应用规范》，下列关于兽医处方笺内容的表述不正确的是（　　）

A. 前记部分包括兽医处方笺的开具日期

B. 前记部分包括兽医处方笺的档案号

C. 前记部分包括执业兽医师的备案号

D. 正文部分包括初步诊断情况

E. Rp包括兽药名称、用量等内容

27.（2020年真题）根据《动物诊疗机构管理办法》不符合诊疗许可相关规定的表述是（　　）

A. 动物诊所可以从事动物胸腔手术

B. 动物诊疗机构应当适用规范的名称

C. 动物诊疗机构变更从业地点的，应当重新办理动物诊疗许可手续

D. 取得动物诊疗许可证的机构，方可从事动物诊疗活动

E. 动物诊疗机构设立分支机构的，应当另行办理《动物诊疗许可证》

任务八　兽医管理的相关法律法规

任务描述

本任务官方兽医管理、执业兽医管理、乡村兽医管理、兽医行业协会职责等内容。

一、《中华人民共和国动物防疫法》关于兽医管理的有关规定

（一）官方兽医的管理

1. 官方兽医的任命

国家实行官方兽医任命制度。官方兽医应当具备国务院农业农村主管部门规定的条件，由省、自治区、直辖市人民政府农业农村主管部门按照程序确认，由所在地县级以上人民政府农业农村主管部门任命。具体办法由国务院农业农村主管部门制定。

海关的官方兽医应当具备规定的条件，由海关总署任命。具体办法由海关总署会同国务院农业农村主管部门制定。

2. 官方兽医的职责

官方兽医依法履行动物、动物产品检疫职责，任何单位和个人不得拒绝或者阻碍。

3. 官方兽医的培训与考核

县级以上人民政府农业农村主管部门制订官方兽医培训计划，提供培训条件，定期对官方兽医进行培训和考核。

（二）执业兽医的管理

1. 执业兽医资格的获取

国家实行执业兽医资格考试制度。具有兽医相关专业大学专科以上学历的人员或者符合条件的乡村兽医，通过执业兽医资格考试的，由省、自治区、直辖市人民政府农业农村主管部门颁发执业兽医资格证书。执业兽医资格考试办法由国务院农业农村主管部门商国务院人力资源主管部门制定。

2. 执业兽医的备案

取得执业兽医资格后从事动物诊疗等经营活动的，应当向所在地县级人民政府农业农村主管部门备案。

3. 执业兽医的职责

执业兽医开具兽医处方应当亲自诊断，并对诊断结论负责。执业兽医应当按照所在地人民政府和农业农村主管部门的要求，参加动物疫病预防、控制和动物疫情扑灭等活动。

4. 执业兽医的继续教育

国家鼓励执业兽医接受继续教育。执业兽医所在机构应当支持执业兽医参加继续教育。

（三）乡村兽医的管理

乡村兽医可以在乡村从事动物诊疗活动。具体管理办法由国务院农业农村主管部门制定。乡村兽医应当按照所在地人民政府和农业农村主管部门的要求，参加动物疫病预防、控制和动物疫情扑灭等活动。

（四）兽医行业协会的职责

兽医行业协会提供兽医信息、技术、培训等服务，维护成员合法权益，按照章程建立健全行业规范和奖惩机制，加强行业自律，推动行业诚信建设，宣传动物防疫和兽医知识。

二、《执业兽医管理办法》

（一）《执业兽医管理办法》概述

1. 立法目的和适用范围

目的在于规范执业兽医执业行为，提高执业兽医业务素质和职业道德水平，保障执业兽医合法权益，保护动物健康和公共卫生安全。适用于在中国境内从事动物诊疗和动物保健活动的兽医人员。

2. 执业兽医

执业兽医指具备兽医相关技能，依照国家相关规定取得兽医执业资格，依法从事动物诊疗和动物保健等经营活动的兽医。执业兽医包括执业兽医师和执业助理兽医师。

3. 执业兽医工作的行政管理

（1）农业农村主管部门的权限　农业农村部主管全国执业兽医管理工作。县级以上地方人民政府农业农村主管部门主管本行政区域内的执业兽医管理工作。

（2）农业综合行政执法机构的权限　县级以上地方人民政府设立的农业综合行政执法机构负责执业兽医的监督执法工作。

4. 执业兽医的职业道德和专业培训

执业兽医应当具备良好的职业道德，按照有关动物防疫、动物诊疗和兽药管理等法律、行政法规和技术规范的要求，依法执业。执业兽医应当定期参加兽医专业知识和相关政策法规教育培训，不断提高业务素质。

5. 执业兽医的表彰和奖励

县级以上人民政府农业农村主管部门应当对在预防、控制和扑灭动物疫病工作中做出突出贡献的执业兽医，按照国家有关规定给予表彰和奖励。

6. 执业兽医依法履行职责，其权益受法律保护

鼓励成立兽医行业协会，实行行业自律，规范从业行为，提高服务水平。

（二）执业兽医资格考试的有关规定

1. 执业兽医资格考试制度

国家实行执业兽医资格考试制度。执业兽医资格考试由农业农村部组织，全国统一大纲、统一命题、统一考试。

2. 执业兽医资格考试的条件

具有兽医相关专业大学专科以上学历的人员或全日制高校在读人员，可以参加兽医全科类执业兽医资格考试。不具有大学专科以上学历，但在 2009 年 1 月 1 日前取得兽医师以上专业技术职称的人员，经县级以上地方人民政府农业农村主管部门考核合格的，可以报考兽医全科类。具有水产养殖相关专业专科以上学历的人员或全日制高校在读人员，可以参加水生动物类执业兽医资格考试。依法备案（登记）时间在 2011 年前（含 2011 年）的乡村兽医，可以报名参加兽医全科类或水生动物类考试。已获得执业兽医师资格的，不得再次报名参加考试。

3. 执业兽医资格考试内容

（1）兽医全科类笔试　主要测试执业兽医应该掌握的基本理论、基本技术

和基本操作能力。包括基础科目、预防科目、临床科目和综合应用科目。

（2）水生动物类笔试　执业兽医资格考试（水生动物类）笔试，主要测试执业兽医（水生动物类）应该掌握的基本理论、基本技术和基本操作能力。包括基础科目、预防科目、临床科目和综合应用科目。

4. 考试合格成绩认定

报考部分科目的，60 分为单科合格分数线，单科成绩 3 年内有效。3 个连续年度内全部科目成绩合格的视为考虑通过。一次性报考全部 4 门科目的，考试合格总分数线由全国执业兽医资格考试委员会在考试结束后公布。如 4 门科目总分未达到考试合格总分数线，但单门科目达到 60 分的，视为单科成绩合格。单科合格成绩予以保留，3 年内有效。

5. 执业兽医资格考试管理

（1）全国执业兽医资格考试委员会　农业农村部组织成立全国执业兽医资格考试委员会。考试委员会负责审定考试科目、考试大纲、考试试题，对考试工作进行监督、指导和确定合格标准。

（2）农业农村部执业兽医管理办公室　农业农村部执业兽医管理办公室承担考试委员会的日常工作，负责拟订考试科目、编写考试大纲、建立考试题库、组织考试命题，并提出考试合格标准建议等。

6. 执业兽医资格证书的获取

（1）考试获取　执业兽医资格考试成绩符合标准的即可取得资格证书，资格证书由省级人民政府农业农村主管部门颁发。

（2）授予获取　2009 年 1 月 1 日前具有兽医、水产养殖本科以上学历，从事兽医临床教学或者动物诊疗活动，并取得高级兽医师、水产养殖高级工程师以上专业技术职称或者具有同等专业技术职称，经省级人民政府农业农村主管部门考核合格，报农业农村部（原农业部）审核批准后颁发执业兽医师资格证书。授予执业兽医师资格是针对特定群体开展的专项工作，此项工作仅限于 2013 年，逾期不予补办。

（三）执业备案的有关规定

1. 执业备案的行政管理

取得执业兽医师资格证书，从事动物诊疗活动的，应当向备案机关申请兽医执业备案；取得执业助理兽医师资格证书，从事动物诊疗辅助活动的，应当向备案机关备案。执业兽医变更受聘的动物诊疗机构的，应当按照执业兽医管理办法的规定重新办理备案手续。备案机关，是指县（市辖区）级人民政府农业农村主管部门；市辖区未设立农业农村主管部门的，备案机关为上一级农业农村主管部门。对于在 2 个及以上县域从事动物诊疗服务活动的执业兽医，应当按程序分别向所在地县级农业农村部门备案。

2. 执业备案的申请

申请兽医执业备案的，应当向备案机关提交下列材料：执业兽医备案表；执业兽医资格证书；医疗机构出具的未患有布鲁氏菌病、结核病等人畜共患传染病检测证明；身份证明；执业机构聘用证明；申请人是动物诊疗机构法定代表人（负责人）的，提供《动物诊疗许可证》。

3. 不予备案的情形

不予备案的情形包括不具有完全民事行为能力的；患有国家规定不得从事动物诊疗活动的人畜共患传染病的。

4. 备案程序

（1）申请备案人员　登录“中国兽医网–兽医卫生综合信息平台”在线申请备案，提交电子版备案材料。

（2）县级农业农村部门收到备案申请后，应当于15个工作日内登录“全国兽医队伍信息管理系统”，对备案材料进行审核，备案材料真实有效即可予以备案。对提交材料不全或真实性存疑的，应当退回备案申请，并说明情况，要求补充或更正备案材料。

（3）审核通过后，申请备案人员可到县级农业农村部门打印《执业兽医备案表》，并签字确认，县级农业农村部门在《执业兽医备案表》办理意见一栏签署“已备案”并加盖公章。

（四）执业活动管理的有关规定

1. 执业活动的场所

执业兽医不得同时在两个或者两个以上动物诊疗机构执业，但动物诊疗机构间的会诊、支援、应邀出诊、急救除外。动物饲养场（养殖小区）、实验动物饲育单位、兽药生产企业、动物园等单位聘用的取得执业兽医师资格证书和执业助理兽医师资格证书的兽医人员，可以凭聘用合同申请兽医执业备案，但不得对外开展兽医执业活动。

2. 执业权限

经备案专门从事水生动物疫病诊疗的执业兽医师和执业助理兽医师，不得从事其他动物疫病诊疗。

（1）执业兽医师的执业权限　执业兽医师可以从事动物疾病的预防、诊断、治疗和开具处方、填写诊断书、出具有关证明文件等活动。执业兽医师应当使用规范的处方笺、病历册，并在处方笺、病历册上签名。未经亲自诊断、治疗，不得开具处方药、填写诊断书、出具有关证明文件。执业兽医师不得伪造诊断结果，出具虚假证明文件。执业兽医应当按照国家有关规定合理用药，不得使用假劣兽药和农业农村部规定禁止使用的药品及其他化合物。兽医、畜牧兽医、中兽医（民族兽医）、水产养殖专业的学生可以在执业兽医师指导下进行专业实习。

（2）执业助理兽医师的执业权限　执业助理兽医师在执业兽医师指导下协助开展兽医执业活动，但不得开具处方、填写诊断书、出具有关证明文件。

3. 执业兽医在执业活动中应当履行的义务

执业兽医在执业活动中应当履行的义务包括遵守法律、法规、规章和有关管理规定；按照技术操作规范从事动物诊疗和动物诊疗辅助活动；遵守职业道德，履行兽医职责；爱护动物，宣传动物保健知识和动物福利。

执业兽医在动物诊疗活动中发现动物染疫或者疑似染疫的，应当按照国家规定立即向当地农业农村主管部门、农业综合行政执法机构或者动物疫病预防控制机构报告，并采取隔离等控制措施，防止动物疫情扩散。执业兽医在动物诊疗活动中发现动物患有或者疑似患有国家规定应当扑杀的疫病时，不得擅自进行治疗。执业兽医应当按照当地人民政府或者农业农村主管部门的要求，参加预防、控制和扑灭动物疫病活动，其所在单位不得阻碍、拒绝。

（五）港澳台居民参加执业兽医资格考试的有关规定

1. 考试地点

香港、澳门特别行政区的中国公民和台湾居民（以下简称港澳台居民）可在内地（大陆）任一考区报名参加全国执业兽医资格考试，考试缴费标准、缴费方式与报考地的内地（大陆）考生一致。

2. 考试条件

具有完全民事行为能力，且符合下列条件的港澳台居民，可以申请参加全国执业兽医资格考试：具有国务院教育行政部门认可的大学专科以上学历；所学专业符合《执业兽医管理办法》和农业农村部公布的报考专业目录规定。

港澳台居民参加全国执业兽医资格考试，其报名时间、报考程序、考试科目、考试内容、考试方式、考试时间、考试纪律、合格标准，适用《执业兽医管理办法》和有关全国执业兽医资格考试的统一规定。

3. 证书的获取

港澳台居民参加全国执业兽医资格考试成绩合格的，应当按照所在考区省级农业农村主管部门考试公告要求，在规定时间内提出执业兽医资格授予申请。经审核合格的，由省级农业农村主管部门颁发执业兽医资格证书。

4. 港澳台居民有效身份证件的规定

港澳台居民提交的有效身份证件，应当符合下列条件之一：香港、澳门居民提交香港、澳门居民身份证和港澳居民来往内地通行证；台湾居民提交在台湾地区居住的有效身份证明和台湾居民来往大陆通行证。

5. 港澳居民有效学历证书的规定

港澳台居民提交的有效学历证书，应当符合下列条件之一：取得内地（大陆）高等院校学历证书的，可以直接提交；取得香港、澳门、台湾地区或国外高等院校学历证书的，须同时提交由教育部留学服务中心出具的国（境）外学历学位认证书。

6. 执业

取得执业兽医资格证书的港澳台居民，可以申请在内地（大陆）执业。申请在内地（大陆）执业的港澳台居民，应当按照《执业兽医管理办法》和国家有关规定，向备案机关申请执业备案。港澳台居民取得执业兽医资格并经备案后在内地（大陆）执业，应当遵守并履行《中华人民共和国动物防疫法》等国家相关法律法规规定义务。港澳台居民取得执业兽医资格并经备案后在内地（大陆）执业的，按照国家法律法规和《执业兽医管理办法》规定管理。

（六）法律责任的有关规定

1. 行政管理部门的违法行为

备案机关及农业综合行政执法机构不依法履行审查和监督管理职责，玩忽职守、滥用职权或者徇私舞弊的，对直接负责的主管人员和其他直接责任人员，依照有关规定给予处分；构成犯罪的，依法追究刑事责任。

2. 执业兽医的违法行为

（1）没收违法所得及罚款

①违反规定的执业兽医，由农业综合行政执法机构给予警告，责令限期改正；拒不改正或者再次出现同类违法行为的，处以一千元以下罚款：不使用病历，或者应当开具处方未开具处方的；使用不规范的处方笺、病历册，或者未在处方笺、病历册上签名的；未经亲自诊断、治疗，开具处方药、填写诊断书、出具有关证明文件的；伪造诊断结果，出具虚假证明文件的。

②违反规定的执业兽医，由农业综合行政执法机构责令停止诊疗活动，没收违法所得；违法所得在三万元以上的，并处违法所得1倍以上3倍以下罚款；没有违法所得或者违法所得不足三万元的，并处三千元以上三万元以下罚款：超出备案机关核定的执业范围从事动物诊疗活动的；变更受聘的动物诊疗机构未重新办理备案的；使用伪造、变造、受让、租用、借用的兽医师执业证书或者助理兽医师执业证书的。

（2）违规使用兽药的违法行为　执业兽医在动物诊疗活动中，违法使用兽药的，依照有关法律、行政法规的规定予以处罚。

三、《乡村兽医管理办法》

（一）《乡村兽医管理办法》概述

1. 立法目的和适用范围

目的在于加强乡村兽医从业管理，提高乡村兽医业务素质和职业道德水平，保障乡村兽医合法权益，保护动物健康和公共卫生安全。适用于在乡村从事动物诊疗活动的兽医人员。

2. 乡村兽医

乡村兽医指尚未取得执业兽医资格，经备案在乡村从事动物诊疗服务活动的人员。

3. 乡村兽医工作的行政管理

（1）农业农村主管部门的权限　农业农村部主管全国乡村兽医管理工作。县级以上地方人民政府农业农村主管部门主管本行政区域内乡村兽医管理工作。

（2）农业综合行政执法机构的权限　县级以上地方人民政府设立的农业综合行政执法机构负责本行政区域内乡村兽医监督执法工作。

4. 执业兽医资格

国家鼓励符合条件的乡村兽医参加执业兽医资格考试，鼓励取得执业兽医资格的人员到乡村从事动物诊疗服务活动。

（二）乡村兽医管理的有关规定

1. 乡村兽医管理制度

国家实行乡村兽医备案制度。

2. 乡村兽医备案的条件

具备中等以上兽医、畜牧（畜牧兽医）、中兽医（民族兽医）或水产养殖专业学历的；具备中级以上动物疫病防治员、水生动物病害防治员职业技能鉴定证书的；2020 年 10 月 14 日前已取得乡村兽医登记证书的；经县级人民政府农业农村主管部门培训合格的。

3. 乡村兽医备案的程序

（1）申请　符合乡村兽医备案条件的，可以向县级人民政府农业农村主管部门申请乡村兽医备案。从事水生动物疫病防治的乡村兽医由县级人民政府渔业行政主管部门依照《乡村兽医管理办法》的规定进行备案和监管。县级人民政府渔业行政主管部门应当将备案的从事水生动物疫病防治的乡村兽医信息汇总通报同级农业农村主管部门。

（2）申请材料　包括乡村兽医备案表；学历证明、职业技能鉴定证书、乡村兽医登记证书或培训合格证书；拟备案人员身份证明和复印件。

(3) 备案机关审核　县级人民政府农业农村主管部门负责办理乡村兽医备案，收到拟备案人员的备案材料后，应当于15个工作日内对备案材料进行核查，备案材料真实有效即可予以备案，在《乡村兽医备案表》办理意见一栏签署“已备案”并加盖公章；对提交材料不全或真实性存疑的，应当退回《乡村兽医备案表》，向拟备案人员说明情况，要求补充或更正备案材料。已备案乡村兽医的《乡村兽医备案表》正表由县级人民政府农业农村主管部门保存，副表由其本人保存。

4. 乡村兽医的专业培训

省、自治区、直辖市人民政府农业农村主管部门应当制定乡村兽医培训规划，保证乡村兽医至少每两年接受一次培训。县级人民政府农业农村主管部门要做好乡村兽医的培训，重点加强专业技术、生物安全、动物防疫法律法规等方面的宣传教育，不断提高其业务水平、法治意识。

（三）乡村兽医诊疗活动的有关规定

1. 乡村兽医的权限

乡村兽医只能在本乡镇从事动物诊疗服务活动，不得在城区从业。县级人民政府农业农村主管部门和乡（镇）人民政府应当按照《中华人民共和国动物防疫法》的规定，优先确定乡村兽医作为村级动物防疫员。

2. 乡村兽医的义务

乡村兽医在乡村从事动物诊疗服务活动的，应当有固定的从业场所和必要的兽医器械。乡村兽医应当按照《兽药管理条例》和农业农村部的规定使用兽药，并如实记录用药情况。乡村兽医在动物诊疗服务活动中，应当按照规定处理使用过的兽医器械和医疗废弃物。乡村兽医在动物诊疗服务活动中发现动物染疫或者疑似染疫的，应当按照国家规定立即报告，并采取隔离等控制措施，防止动物疫情扩散。乡村兽医在动物诊疗服务活动中发现动物患有或者疑似患有国家规定应当扑杀的疫病时，不得擅自进行治疗。发生突发动物疫情时，乡村兽医应当参加当地人民政府或者有关部门组织的预防、控制和扑灭工作，不得拒绝和阻碍。

（四）法律责任的有关规定

1. 违规从业等违法行为

乡村兽医有下列行为之一的，由农业综合行政执法机构给予警告，责令暂停6个月以上1年以下动物诊疗服务活动：不按照规定区域从业的；不按照当地人民政府或者有关部门的要求参加动物疫病预防、控制和扑灭活动的。

2. 违规使用兽药的违法行为

乡村兽医在动物诊疗服务活动中，违法使用兽药的，依照有关法律、行政法规的规定予以处罚。

历年执业兽医资格考试真题

1. (2009 年真题) 执业兽医可以同时在两个动物诊疗机构间执业的情形不包括 (　　)

A. 急救　　B. 会诊　　C. 支援　　D. 应邀出诊

E. 同时受聘于两个动物诊疗机构

2. (2009 年真题) 执业助理兽医师的执业权限为 (　　)

A. 在动物诊疗活动中开具处方

B. 在动物诊疗活动中填写诊断书

C. 在动物诊疗活动中出具检疫证明

D. 出具与动物诊疗活动有关的证明文件

E. 在执业兽医师指导下协助开展兽医活动

3. (2009 年真题) 执业兽医在执业活动中应当履行的义务不包括 (　　)

A. 对染疫动物采取扑杀措施

B. 遵守职业道德，履行兽医职责

C. 遵守法律、法规、规章和有关管理规定

D. 爱护动物，宣传动物保健知识和动物福利

E. 按照技术操作规范从事动物诊疗和动物诊疗辅助活动

4. (2010 年真题)《执业兽医管理办法》调整的对象是 (　　)

A. 执业兽医　　B. 兽医技术员　　C. 初级职称兽医　　D. 中级职称兽医

E. 高级职称兽医

5. (2010 年真题) 负责执业兽医监督执法工作的是 (　　)

A. 兽医协会　　B. 农业农村主管部门

C. 人事行政部门　　*D. 农业综合行政执法机构*

E. 动物疫病预防控制机构

6. (2011 年真题) 执业助理兽医师不得从事的执业活动是 (　　)

A. 对动物疾病开具处方

B. 对诊疗器械进行消毒

C. 在执业兽医师的指导下协助开展动物疾病的预防

D. 在执业兽医师的指导下协助开展动物疾病的诊断

E. 在执业兽医师的指导下协助开展动物疾病的治疗

7. (2011、2018 年真题) 负责执业兽医备案的机关是 (　　)

A. 动物卫生监督机构　　B. 国务院农业农村主管部门
C. 动物疫病预防控制机构　　D. 省级人民政府农业农村主管部门
E. 县级人民政府农业农村主管部门

8. （2012年真题）可以发放兽医师执业证书的情形是（　　）
A. 患有布鲁氏菌病的　　B. 间歇性精神病人
C. 受过刑事处罚的　　D. 患有狂犬病的
E. 被吊销兽医师执业证书不满两年的

9. （2013年真题）根据《执业兽医管理办法》，可以参加执业兽医资格考试的人员不包括（　　）
A. 具有兽医专业大学专科以上学历的
B. 具有畜牧兽医专业大学专科以上学历的
C. 具有中兽医（民族兽医）专业大学专科以上学历的
D. 具有水产养殖专业大学专科及以上学历的
E. 具有临床医学专业大学专科以上学历的

10. （2013年真题）执业兽医师的执业权限不包括（　　）
A. 从事动物疫病的诊断、治疗　　B. 在动物诊疗活动中开具处方
C. 在动物诊疗活动中填写诊断书　　*D. 在动物诊疗活动中出具检疫证明*
E. 出具与动物诊疗活动有关的证明文件

11. （2014年真题）执业兽医在重大动物疫情应急工作中，应履行的义务不包括（　　）
A. 参加应急预备队　　B. 接受指派实施紧急免疫
C. 治疗患病动物　　D. 报告动物疫情
E. 接受指派实施消毒

12. （2014年真题）执业兽医应当重新办理备案手续是（　　）
A. 执业满1年　　B. 执业满2年
C. 执业满3年　　D. 执业满4年
E. 变更受聘的动物诊疗机构

13. （2015年真题）动物饲养场聘用经备案的执业兽医师不得从事的执业活动是（　　）
A. 对本场动物疾病的预防　　B. 对本场动物疾病的诊断
C. 对本场动物疾病的治疗　　D. 对本场动物疾病开具处方
E. 对本场外动物疾病进行诊断

14. （2016年真题）按照《中华人民共和国动物防疫法》的规定，下列表述不正确的是（　　）
A. 官方兽医不得从事与动物防疫有关的经营性活动

B. 官方兽医进行监督检查时不得收取任何费用
C. 官方兽医有权查阅养殖档案
D. 动物饲养场为防止带来疫病隐患，有权拒绝官方兽医进入饲养圈舍检查
E. 禁止伪造检疫证明
15. （2016 年真题）下列关于执业兽医表述不正确的是（　　）
A. 执业兽医应当定期参加兽医专业知识的教育培训
B. 执业兽医包括执业兽医师和执业助理兽医师
C. 从事宠物美容的人员属于执业兽医
D. 国家鼓励成立兽医行业协会
E. 保障执业兽医的合法权益是《执业兽医管理办法》的立法目的之一
16. （2016 年真题）报考执业兽医资格考试学历要求的是（　　）
A. 兽医专业中专以上　　*B. 兽医专业大学专科以上*
C. 兽医专业大学本科以上　　D. 兽医硕士研究生以上
E. 兽医博士研究生以上
17. （2017 年真题）执业兽医从事动物诊疗活动的法定条件是（　　）
A. 具有兽医相关专业大学专科以上学历
B. 取得执业兽医师资格证书
C. 具有动物诊疗机构的聘用合同
D. 经农业农村主管部门备案
E. 具有 1 年以上临床诊疗实习经历
18. （2017 年真题）申请兽医执业备案应当提交的材料不包括（　　）
A. 医疗机构出具的 6 个月内的健康体检证
B. 动物诊疗机构聘用证明及其复印件
C. 兽医相关专业大学专科以上学历证书
D. 身份证明原件及其复印件
E. 执业兽医资格证书及其复印件
19. （2017 年真题）动物饲养场的执业兽医不符合规定的是（　　）
A. 实施动物疫病强制免疫　　B. 增加消毒频次
C. 按规定报告动物疫情　　D. 邀请动物诊所的执业兽医来场会诊
E. 治疗口蹄疫患畜
20. （2018 年真题）执业兽医应受行政处罚的行为不包括（　　）
A. 不使用病历　　*B. 受邀在其他动物诊疗机构会诊*
C. 使用不规范的处方笺　　D. 未在病历册上签名
E. 未经亲自诊断开具处方药
21. （2018 年真题）备案机关应当收回、注销兽医师执业证书的情形不包

括（　　）

A. 执业兽医死亡的

B. 中止兽医执业活动满一年的

C. 被吊销兽医师执业证书的

D. 连续两年没有将兽医执业活动情况向备案机关报告的，且拒不改正的

E. 出借兽医师执业证书的

22.（2019 年真题）根据《执业兽医管理办法》，在动物饲养场备案的执业兽医不符合规定的行为是（　　）

A. 拒绝使用劣兽药

B. 将患有一类动物疫病动物的同群动物转移

C. 指导兽医专业学生实习

D. 制定本场动物驱虫方案

E. 对动物疫病进行定期检测

23.（2020 年真题）根据《执业兽医管理办法》下列关于执业兽医活动管理的表述不正确的是（　　）

A. 执业助理兽医师在执业兽医师指导下，可以出具处方、填写诊断书，出具有关证明文件

B. 执业兽医师未经亲自诊断，不得开具处方药

C. 执业兽医变更受聘的动物诊疗机构，应重新办理备案手续

D. 执业兽医应按照操作技术规范从事诊疗活动

E. 执业兽医应当按照国家有关规定合理用药

24.（2020 年真题）根据《执业兽医管理办法》下列应当回收、注销兽医执业证书或助理兽医执业证书的情形是（　　）

A. 不使用病例且拒不改正的

B. 违法使用兽药的

C. 出让、出租、出借兽医师执业证书或助理兽医执业证书的

D. 伪造诊断结果，出具虚假证明文件

E. 使用伪造、变遣的兽医执业证书或助理兽医执业证书的

任务九　动物防疫的监督管理

任务描述

本任务主要介绍了实施动物防疫监督管理主体和内容，监督检查措施，监督管理机构及其执法人员执法行为，检疫证明、检疫标志和畜禽标识的管理等

内容。

一、动物防疫监督主体和监督内容

（一）动物防疫监督的主体

动物防疫监督的主体是县级以上地方人民政府农业农村主管部门。县级人民政府农业农村主管部门应当派人在依法设立的检查站对跨省调运的动物和动物产品进行监督检查。

（二）监督管理的内容

监督管理包括动物饲养、屠宰、经营、隔离、运输以及动物产品生产、经营、加工、贮藏、运输等活动中的动物防疫实施监督管理。

二、动物卫生监督检查措施

（一）监督检查措施

县级以上地方人民政府农业农村主管部门执行监督检查任务，可以采取下列措施，有关单位和个人不得拒绝或者阻碍：对动物、动物产品按照规定采样、留验、抽检；对染疫或者疑似染疫的动物、动物产品及相关物品进行隔离、查封、扣押和处理；对依法应当检疫而未经检疫的动物实施补检；对依法应当检疫而未经检疫的动物产品，具备补检条件的实施补检，不具备补检条件的予以没收销毁；查验检疫证明、检疫标志和畜禽标识；进入有关场所调查取证，查阅、复制与动物防疫有关的资料。

（二）派驻官方兽医

县级以上地方人民政府农业农村主管部门根据动物疫病预防、控制需要，经当地县级以上地方人民政府批准，可以在车站、港口、机场等相关场所派驻官方兽医或者工作人员。

三、规范官方兽医执法行为

（一）执法人员执行动物防疫监督检查任务，应当出示行政执法证件，佩戴统一标志

根据规定农业农村主管部门的官方兽医可以执行下列监督检查任务：对动物、动物产品经营单位进行监督检查；对动物在饲养和流通中的环节进行监督

检查；对《中华人民共和国动物防疫法》所界定的动物产品生产、流通中的环节进行监督检查；对动物屠宰，依照《中华人民共和国动物防疫法》实施检疫、监督；对动物饲养场、养殖小区与动物屠宰、经营、隔离场所，动物产品生产、经营、加工、贮藏场所，以及动物和动物产品无害化处理场所的动物防疫条件，进行监督检查；对动物诊疗单位的诊疗条件以及动物卫生安全防护、消毒、隔离和诊疗废弃物处置的情况进行监督检查；对有关单位和个人执行国家动物病种的强制免疫的落实情况进行监督检查。

根据《中华人民共和国行政处罚法》和农业农村部《农业行政处罚程序规定》，农业农村主管部门的官方兽医在执行监督管理任务时还必须做到：风纪严明，秉公执法，坚持以事实为根据，以法律为准绳；尊重当事人的合法权益，对索取的资料、查阅的资料要保守秘密；采样、处罚、没收须出具凭证，完善手续；不以权谋私、索要钱财、弄虚作假；不无故拖延或者拒绝办案；文明执法、礼貌待人、遵纪守法。

（二）执法人员不得从事的活动

县级以上人民政府农业农村主管部门及其工作人员不得从事与动物防疫有关的经营性活动，进行监督检查不得收取任何费用。

四、检疫证明、检疫标志和畜禽标识的管理

禁止转让、伪造或者变造检疫证明、检疫标志或者畜禽标识。禁止持有、使用伪造或者变造的检疫证明、检疫标志或者畜禽标识。检疫证明、检疫标志的管理办法，由国务院农业农村主管部门制定。

历年执业兽医资格考试真题

1.（2011年真题）《中华人民共和国动物防疫法》规定，批准设立临时性动物卫生监督检查站的主体是（　　）

A. 省级人民政府　　B. 省级动物卫生监督机构

C. 省级人民政府公安部门　　D. 省级人民政府农业农村主管部门

E. 省级动物疫病预防控制机构

2.（2014年真题）农业农村主管部门执行监督检查任务，不得实施的行为是（　　）

A. 对动物产品按规定抽检　　B. 对染疫动物进行隔离

C. 收取监督检查费　　D. 查验畜禽标识

E. 查验检疫证明

3.（2017年真题）对运输依法应当检疫而未经检疫的动物、动物产品，

动物卫生监督机构采取的措施不正确的是（　　）

A. 对动物实施补检

B. 对不具备补检条件的动物产品予以没收销毁

C. 对具备补检条件的动物产品补检

D. 责令货主将该批动物、动物产品运回输出地

E. 对货主及承运人依法给予行政处罚

4.（2019 年真题）根据《中华人民共和国动物防疫法》，农业农村主管部门执行监督检查任务时，无权采取的措施是（　　）

A. 对动物、动物产品按照规定采样、留验和抽检

B. 对染疫的动物进行隔离、查封、扣押和处理

C. 对依法应当检疫而未经检疫的动物实施补检

D. 查验检疫证明、检疫标志和畜禽标识

E. 对阻碍监督检查的个人实施拘留等行政处罚措施

任务十　动物防疫的保障措施

任务描述

本任务主要介绍了动物防疫规划、基层动物防疫体系建设、动物防疫经费投入、动物防疫物质储备、动物防疫相关补偿和动物防疫卫生防护措施等内容。

一、动物防疫规划

县级以上人民政府应当将动物防疫纳入本级国民经济和社会发展规划及年度计划。国家鼓励和支持动物防疫领域新技术、新设备、新产品等技术创新研究开发。

二、基层动物防疫体系

县级人民政府应当为动物卫生监督机构配备与动物、动物产品检疫工作相适应的官方兽医，保障检疫工作条件。县级人民政府农业农村主管部门可以根据动物防疫工作需要，向乡、镇或者特定区域派驻兽医机构或者工作人员。

三、动物防疫经费的保障

县级以上人民政府按照本级政府职责，将动物疫病的监测、预防、控制、

净化、消灭，动物、动物产品的检疫和病死动物、病害动物产品的无害化处理，以及监督管理所需经费纳入本级财政预算。

四、应急物资的储备

县级以上人民政府应当储备动物疫情应急处理工作所需的防疫物资。

物资储备包括：药品、医疗器械和其他物资（隔离、卫生防护用品、消毒设备）储备。

五、动物防疫的相关补偿

对在动物疫病预防、控制、净化、消灭过程中强制扑杀的动物、销毁的动物产品和相关物品，县级以上人民政府应当给予补偿。具体补偿标准和办法由国务院财政部门会同有关部门制定。

六、卫生防护和医疗保健措施

对从事动物疫病预防、检疫、监督检查、现场处理疫情以及在工作中接触动物疫病病原体的人员，有关单位应当按照国家规定，采取有效的卫生防护、医疗保健措施，给予畜牧兽医医疗卫生津贴等相关待遇。

历年执业兽医资格考试真题

1. （2014 年真题）对在动物疫病扑灭过程中销毁的动物产品，应当给予补偿，补偿的主体是（　　）

A. 县级以上食品与药品监督管理部门

B. 县级以上动物卫生监督机构

C. 县级以上动物疫病预防控制机构

D. 县级以上人民政府农业农村主管部门

E. 县级以上人民政府

2. （2016 年真题）按照《中华人民共和国动物防疫法》有关“保障措施”的规定，下列表述不正确的是（　　）

A. 县级人民政府对强制免疫应激死亡的动物给予补偿

B. 县级人民政府储备动物疫病应急处置所需物资

C. 县级人民政府对在动物疫病控制过程中强制扑杀的动物给予补偿

D. 县级人民政府无须将动物防疫纳入本级国民经济和社会发展年度计划

E. 县级人民政府将强制免疫所用疫苗的采购资金纳入财政预算

任务十一　违反《中华人民共和国动物防疫法》的法律责任

任务描述

本任务主要介绍对于违反动物防疫法的各种违法行为规定的处罚措施，强化了政府、政府部门和饲养者、经营者的法律责任，加大了对各种违法行为的处罚力度，提高了法律威慑力。

一、行政管理部门的违法行为

（一）地方各级人民政府及其工作人员的违法行为

地方各级人民政府及其工作人员未依照《中华人民共和国动物防疫法》规定履行职责的，对直接负责的主管人员和其他直接责任人员依法给予处分。

（二）县级以上人民政府农业农村主管部门及其工作人员的违法行为

违反规定的，由本级人民政府责令改正，通报批评；对直接负责的主管人员和其他直接责任人员依法给予处分：未及时采取预防、控制、扑灭等措施的；对不符合条件的颁发《动物防疫条件合格证》《动物诊疗许可证》，或者对符合条件的拒不颁发《动物防疫条件合格证》《动物诊疗许可证的》；其他未依照《中华人民共和国动物防疫法》规定履行职责的行为。

（三）动物卫生监督机构及其工作人员的违法行为

违反规定的，由本级人民政府或者农业农村主管部门责令改正，通报批评；对直接负责的主管人员和其他直接责任人员依法给予处分：对未经现场检疫或者检疫不合格的动物、动物产品出具检疫证明、加施检疫标志，或者对检疫合格的动物、动物产品拒不出具检疫证明、加施检疫标志的；对附有检疫证明、检疫标志的动物、动物产品重复检疫的；从事与动物防疫有关的经营性活动，或者违法收取费用的；其他未依照《中华人民共和国动物防疫法》规定履行职责的行为。

（四）动物疫病预防控制机构及其工作人员的违法行为

违反规定的，由本级人民政府或者农业农村主管部门责令改正，通报批评；对直接负责的主管人员和其他直接责任人员依法给予处分：未履行动物疫病监测、检测、评估职责或者伪造监测、检测、评估结果的；发生动物疫情时未及时进行诊断、调查的；接到染疫或者疑似染疫报告后，未及时按照国家规定采取措施、通报、上报的；其他未依照《中华人民共和国动物防疫法》规定履行职责的行为。

（五）地方各级人民政府、有关部门及其工作人员关于动物疫情报告的违法行为

地方各级人民政府、有关部门及其工作人员瞒报、谎报、迟报、漏报或者授意他人瞒报、谎报、迟报动物疫情，或者阻碍他人报告动物疫情的，由上级人民政府或者有关部门责令改正，通报批评；对直接负责的主管人员和其他直接责任人员依法给予处分。

二、行政相对人的违法行为

（一）不按规定强制免疫、检测和处理以及对运载工具不按规定清洗、消毒的违法行为

违反规定的，由县级以上地方人民政府农业农村主管部门责令改正，处一千元以下罚款；拒不改正的，由县级以上地方人民政府农业农村主管部门委托动物诊疗机构、无害化处理场所等代作处理，所需处理费用由违法行为人承担，可以处一千元以上五千元以下罚款：对饲养的动物不按照动物疫病强制免疫计划或者免疫技术规范实施免疫接种的；种用、乳用动物经检测不合格而不按照规定处理的；动物、动物产品的运载工具在装载前和卸载后没有及时清洗、消毒的；未按规定对饲养的犬只进行狂犬病免疫接种的。

（二）不按规定建立免疫档案、加施畜禽标识的违法行为

违反规定的，对经强制免疫的动物未按照国务院农业农村主管部门规定建立免疫档案、加施畜禽标识的，依照《中华人民共和国畜牧法》的有关规定处罚。

（三）不按规定处置动物、动物产品的运输工具等物品的违法行为

违反规定的，动物、动物产品的运载工具、垫料、包装物、容器等不符合国务院农业农村主管部门规定的动物防疫要求的，可以由县级以上地方人民政府农业农村主管部门处五千元以下罚款；情节严重的，处五千元以上五万元以下罚款。

（四）不按规定处置染疫动物、动物产品和污染物品的违法行为

违反规定的，不按照国务院农业农村主管部门规定处置被染疫动物、动物产品污染的运载工具、垫料、包装物、容器等的，由县级以上地方人民政府农业农村主管部门责令限期处理；逾期不处理的，由县级以上地方人民政府农业农村主管部门委托有关单位代为处理，所需处理费用由违法行为人承担，处五千元以上五万元以下罚款。造成环境污染的，依照环境保护有关法律法规进行处罚。

（五）患有人畜共患传染病的人员从事动物诊疗以及易感染动物的饲养、屠宰、经营、隔离、运输等活动的违法行为

违反规定的，患有人畜共患传染病的人员，直接从事动物诊疗以及易感染动物的饲养、屠宰、经营、隔离、运输等活动的，由县级以上地方人民政府农业农村主管部门责令改正；拒不改正的，可以处五千元以下罚款；情节严重的，处五千元以上五万元以下罚款。

（六）非法屠宰、经营、运输动物或者生产、经营、加工、贮藏、运输动物产品的违法行为

违反规定的，屠宰、经营、运输动物或者生产、经营、加工、贮藏、运输封锁疫区内与所发生动物疫病有关的、疫区内易感染的、依法应当检疫而未经检疫或者检疫不合格的、染疫或者疑似染疫的、病死或者死因不明的、其他不符合国务院农业农村主管部门有关动物防疫规定的动物产品，非食用性利用野生动物未依法检疫或者检疫不合格的，由县级以上地方人民政府农业农村主管部门责令改正、采取补救措施，没收违法所得和动物、动物产品，并处同类检疫合格动物、动物产品货值金额15倍以上30倍以下罚款；同类检疫合格动物、动物产品货值金额不足一万元的，并处十万元以上十五万元以下罚款；其中依法应当检疫而未检疫的，处同类检疫合格动物、动物产品货值金额1倍以上5倍以下罚款。违法行为人及其法定代表人、直接负责的主管人员和其他直接责任人员，自处罚决定做出之日起五年内不得从事相关活动；构成犯罪的，终身不得从事屠宰、经营、运输动物或者生产、经营、加工、贮藏、运输动物产品等相关活动。

（七）未取得动物防疫条件合格证、非法引进动物和动物产品以及非法向无规定动物疫病区输入动物和动物产品等违法行为

违反规定的，由县级以上地方人民政府农业农村主管部门责令改正，处三

千元以上三万元以下罚款；情节严重的，处三万元以上十万元以下罚款：开办动物饲养场和隔离场所、动物屠宰加工场所以及动物和动物产品无害化处理场所，未取得《动物防疫条件合格证》的；经营动物、动物产品的集贸市场不具备国务院农业农村主管部门规定的防疫条件的；跨省、自治区、直辖市引进乳用、种用动物到达输入地后未按规定进行隔离观察的；未经检疫合格，向无规定动物疫病区输入动物、动物产品的；未经备案从事动物运输的；未如实记录收购、销售动物的产地、饲养者、检疫证明编号、购销日期和数量等信息的；未按规定保存行程路线和托运人提供的动物名称、检疫证明编号、数量等相关信息的；未按规定处置或者随意弃置病死动物和病害动物产品的；饲养种用、乳用动物的单位和个人，未按照国务院农业农村主管部门的要求定期开展动物疫病检测的。

（八）动物饲养场和隔离场所、动物屠宰加工场所以及动物和动物产品无害化处理场所，生产经营条件发生变化，不再符合《中华人民共和国动物防疫法》规定的动物防疫条件继续从事相关活动的违法行为

动物饲养场和隔离场所、动物屠宰加工场所以及动物和动物产品无害化处理场所，生产经营条件发生变化，不再符合《中华人民共和国动物防疫法》规定的动物防疫条件继续从事相关活动的，由县级以上地方人民政府农业农村主管部门给予警告，责令限期改正；逾期仍达不到规定条件的，吊销动物防疫条件合格证，并通报市场监督管理部门依法处理。

（九）未附有检疫证明相关的违法行为

违反规定的，屠宰、经营、运输的动物未附有检疫证明，经营和运输的动物产品未附有检疫证明、检疫标志的，由县级以上地方人民政府农业农村主管部门责令改正，处同类检疫合格动物、动物产品货值金额 1 倍以下罚款；对货主以外的承运人处运输费用 3 倍以上 5 倍以下罚款，情节严重的，处 5 倍以上 10 倍以下罚款。违反规定的，参加展览、演出和比赛的动物未附有检疫证明的，由县级以上地方人民政府农业农村主管部门责令改正，处三千元以上一万元以下罚款。

（十）将禁止或者限制调运的动物、动物产品由动物疫病高风险区调入低风险区的违法行为

违反规定的，将禁止或者限制调运的动物、动物产品由动物疫病高风险区调入低风险区的，由县级以上地方人民政府农业农村主管部门没收运输费用、违法运输的动物和动物产品，并处运输费用 1 倍以上 5 倍以下罚款。

（十一）通过道路跨省、自治区、直辖市运输动物，未经省、自治区、直辖市人民政府设立的指定通道入省境或者过省境的违法行为

违反规定的，通过道路跨省、自治区、直辖市运输动物，未经省、自治区、直辖市人民政府设立的指定通道入省境或者过省境的，由县级以上地方人民政府农业农村主管部门对运输人处五千元以上一万元以下罚款；情节严重的，处一万元以上五万元以下罚款。

（十二）转让、伪造或者变造检疫证明、检疫标志或者畜禽标识的违法行为

违反规定的，转让、伪造或者变造检疫证明、检疫标志或者畜禽标识的，由县级以上地方人民政府农业农村主管部门没收违法所得，收缴检疫证明、检疫标志或者畜禽标识，并处五千元以上五万元以下罚款。明知是伪造或者变造的检疫证明、检疫标志或者畜禽标识而持有、使用的，由县级以上人民政府农业农村主管部门收缴检疫证明、检疫标志、畜禽标识和对应的动物、动物产品，情节严重的，并处三千元以上三万元以下罚款。

（十三）不遵守有关规定控制和扑灭动物疫病、干扰有关动物和动物产品的处理以及非法发布动物疫情的违法行为

违反规定的，由县级以上地方人民政府农业农村主管部门责令改正，处三千元以上三万元以下罚款：不遵守县级以上人民政府及其农业农村主管部门依法做出的有关控制动物疫病规定的；藏匿、转移、盗掘已被依法隔离、封存、处理的动物和动物产品的；发布动物疫情的。

（十四）未取得动物诊疗许可证从事动物诊疗活动的违法行为

违反规定的，未取得动物诊疗许可证从事动物诊疗活动的，由县级以上地方人民政府农业农村主管部门责令停止诊疗活动，没收违法所得；违法所得在三万元以上的，并处违法所得 1 倍以上 3 倍以下罚款；没有违法所得或者违法所得不足三万元的，并处三千元以上三万元以下罚款。

（十五）动物诊疗机构违反规定造成动物疫病扩散的违法行为

违反规定的，未按照规定实施卫生安全防护、消毒、隔离和处置诊疗废弃物的，由县级以上地方人民政府农业农村主管部门责令改正，处一千元以上一万元以下罚款；造成动物疫病扩散的，处一万元以上五万元以下罚款；情节严重的，由发证机关吊销动物诊疗许可证。

（十六）执业兽医未经备案从事动物诊疗活动的违法行为

违反规定的，未经执业兽医备案从事经营性动物诊疗活动的，由县级以上地方人民政府农业农村主管部门责令停止动物诊疗活动，没收违法所得，并处三千元以上三万元以下罚款；对其所在动物诊疗机构处一万元以上五万元以下罚款。

执业兽医有下列行为之一的，由县级以上地方人民政府农业农村主管部门给予警告，责令暂停 6 个月以上 1 年以下动物诊疗活动：违反有关动物诊疗的操作技术规范，造成或者可能造成动物疫病传播、流行的；使用不符合国家规定的兽药和兽医器械的；不按照当地人民政府或者农业农村主管部门要求参加动物疫病预防、控制和扑灭活动的。

（十七）生产经营兽医器械，产品质量不符合要求的违法行为

违反规定的，生产经营兽医器械，产品质量不符合要求的，由县级以上地方人民政府农业农村主管部门责令限期整改；情节严重的，停止生产经营，并处二万元以上十万元以下罚款；给他人造成损失的，依法承担赔偿责任。

（十八）从事动物疫病研究与诊疗和动物饲养、屠宰、经营、隔离、运输，以及动物产品生产、经营、加工、贮藏等活动的单位和个人的违法行为

违反规定的，从事动物疫病研究与诊疗和动物饲养、屠宰、经营、隔离、运输，以及动物产品生产、经营、加工、贮藏等活动的单位和个人，有下列行为之一的，由县级以上地方人民政府农业农村主管部门责令改正，可以处一万元以下罚款；拒不改正的，处一万元以上五万元以下罚款：发现动物染疫、疑似染疫未报告，或者未采取隔离等控制措施的；不如实提供与动物防疫有关资料的；拒绝或者阻碍农业农村主管部门进行监督检查的；拒绝或者阻碍动物疫病预防控制机构进行动物疫病监测、检测、评估的；拒绝或者阻碍官方兽医依法履行职责的。

三、刑事、民事法律责任

违反规定的，构成犯罪的，依法追究刑事责任。违反规定的，导致动物疫病传播、流行等，给他人人身、财产造成损害的，依法承担民事责任。

历年执业兽医资格考试真题

（2012 年真题）根据《中华人民共和国动物防疫法》，给予执业兽医暂停 6

个月以上 1 年以下动物诊疗活动行政处罚的违法行为不包括（　　）

A. 不履行动物疫情报告义务的

B. 使用不符合国家规定的兽药的

C. 使用不符合国家规定的兽医器械的

D. 不按要求参加动物疫病预防、控制和扑灭活动的

E. 违反有关动物诊疗的操作技术规范，可能造成动物疫病传播的

项目思考

一、简答题

1. 试述我国动物防疫监督员的主要职权。
2. 试述官方兽医制度的主要特征。
3. 简述动物疫病的分类。
4. 简述动物疫情报告的流程。
5. 发生一类动物疫病时采取的控制措施有哪些？
6. 发生重大动物疫情时应急处理的措施有哪些？
7. 简述产地检疫出证的条件。
8. 开办动物医院的条件有哪些？
9. 兽医处方笺内容包括哪些？
10. 执业兽医师的职责有哪些？

二、案例分析

1. 2018 年 9 月 2 日、3 日安徽省宣城市宣州区古泉镇、五星乡、金坝办事处先后确诊发生非洲猪瘟疫情。宣城市在防控督查工作中查明，五星乡畜牧兽医站站长王某军对本乡私屠滥宰行为监管不力；古泉镇畜牧兽医站站长王某违规出具动物检疫证明。将学生分为每组 5 人，以小组为单位对案例进行分析讨论，并归纳总结（格式参照附录）。

2. 2018 年 9 月 24 日，内蒙古自治区呼和浩特市某屠宰场发生非洲猪瘟疫情。经查，9 月 20 日内蒙古自治区通辽市奈曼旗某养猪场副总经理董某光找到驻场官方兽医杨某强，让其违法异地出具生猪检疫证明（B 证）给辽宁省铁岭市昌图县夏某刚、邱某，杨某强收受董某光支付的好处费 8000 元。9 月 21 日，夏某刚、邱某二人从铁岭市偷运 96 头生猪至某某屠宰场；9 月 22 日，驻场该屠宰场官方兽医发现该批生猪待宰过程中有 4 头临床症状异常、死亡 2 头；9 月 24 日经确诊为非洲猪瘟疫情。将学生分为每组 5 人，以小组为单位对案例进行分析讨论，并归纳总结（格式参照附录）。

3. 2019 年 11 月 22 日，连云港市农业执法支队联合赣榆区农业农村局在赣

榆区汽车南站查获一批拟通过客车带货方式运往苏州销售的未经检疫牛肉产品，执法人员当场扣押运货汽车1辆、涉案牛肉产品1340kg，货值32474元。经查，当事人张某某计划通过连云港市赣榆区至苏州客运班车托运贩卖无检疫证牛肉产品1340kg，且无法在规定时间内提供涉案肉品补检报告。将学生分为每组5人，以小组为单位对案例进行分析讨论，并归纳总结（格式参照附录）。

项目二　畜牧相关法律法规

本项目主要介绍畜牧业整个生产过程的相关内容，明确了畜禽遗传资源保护制度，确立了种畜禽生产经营许可制度，强化了种畜禽质量监督管理。对实行规模养殖的畜禽养殖场、养殖小区从设立条件到具体的养殖行为进行了规范，同时也对分散的农户饲养进行了必要的规范，通过立法引导畜禽养殖方式逐步向规模化养殖转变。规范畜禽养殖行为、建立畜禽产品质量责任追究制度从而保障了畜禽产品质量的安全。为了使畜禽生产管理的措施在交易和运输环节得到保障，还对畜禽交易运输、质量管理等方面做了规定。

任务一　《中华人民共和国畜牧法》概述

任务描述

本任务主要介绍了畜牧法立法目的、适用范围、国家发展畜牧业的指导思想和方针措施、国家发展畜牧兽医科学技术研究和推广事业的措施、畜牧业行业协会的成立、畜牧业生产经营者履行动物防疫和环境保护的义务、政府职责等内容。

一、立法目的和适用范围

目的在于规范畜牧业生产经营行为，保障畜禽产品质量安全，保护和合理利用畜禽遗传资源。维护畜牧业生产经营者的合法权益，促进畜牧业持续健康发展。本法适用于在中国境内从事畜禽的遗传资源保护利用、繁育、饲养、经营、运输等活动。

二、国家发展畜牧业的指导思想、方针和措施

国家支持畜牧业发展，发挥畜牧业在发展农业、农村经济和增加农民收入

中的作用；发展优质、高效、生态、安全的畜牧业。县级以上人民政府应当采取措施，加强畜牧业基础设施建设，鼓励和扶持发展规模化养殖，推进畜牧产业化经营，提高畜牧业综合生产能力。

国家帮助和扶持少数民族地区、贫困地区畜牧业的发展，保护和合理利用草原，改善畜牧业生产条件。

三、国家发展畜牧兽医科学技术研究和推广事业的措施

国家采取措施，培养畜牧兽医专业人才，发展畜牧兽医科学技术研究和推广事业，开展畜牧兽医科学技术知识的教育宣传工作和畜牧兽医信息服务，推进畜牧业科技进步。

四、畜牧业行业协会的成立

畜牧业生产经营者可以依法自愿成立行业协会，为成员提供信息、技术、营销、培训等服务；加强行业自律；维护成员和行业利益。

五、畜牧业生产经营者履行动物防疫和环境保护的义务

畜牧业生产经营者应当依法履行动物防疫和环境保护义务，接受有关主管部门依法实施的监督检查。

六、畜牧业工作的行政管理

国务院农业农村行政主管部门负责全国畜牧业的监督管理工作。国务院农业农村行政主管部门应当指导畜牧业生产经营者改善畜禽繁育、饲养、运输的条件和环境。

县级以上地方人民政府农业农村行政主管部门负责本行政区域内的畜牧业监督管理工作。县级以上人民政府有关主管部门在各自的职责范围内，负责有关促进畜牧业发展的工作。

任务二　畜禽遗传资源保护相关的法律法规

任务描述

本任务主要介绍了畜禽遗传资源保护的制度及方式、国家畜禽遗传资源委员会的设立及职能、畜禽遗传资源调查和资源状况报告及目录的发布、畜禽遗传资源分级管理、新发现畜禽资源的临时保护、畜禽遗传资源的进出口管理和对外合作研究利用的审批办法等内容。

一、《中华人民共和国畜牧法》关于畜禽遗传资源保护的有关规定

（一）畜禽遗传资源保护的制度

国家建立畜禽遗传资源保护制度。各级人民政府应当采取措施，加强畜禽遗传资源保护，将畜禽遗传资源保护经费列入财政预算。畜禽遗传资源保护以国家为主，鼓励和支持有关单位、个人依法发展畜禽遗传资源保护事业。

（二）相关术语的定义

1. 畜禽遗传资源

畜禽遗传资源指畜禽及其卵子（蛋）、胚胎、精液、基因物质等遗传材料。

2. 种畜禽

种畜禽指经过选育、具有种用价值、适于繁殖后代的畜禽及其卵子（蛋）、胚胎、精液等。

（三）国家畜禽遗传资源委员会的设立和职能

1. 国家畜禽遗传资源委员会的设立

国务院农业农村行政主管部门设立国家畜禽遗传资源委员会，由专业人员组成。

2. 国家畜禽遗传资源委员会的职能

国家畜禽遗传资源委员会负责畜禽遗传资源的鉴定、评估和畜禽新品种、配套系的审定，承担畜禽遗传资源保护和利用规划论证及有关畜禽遗传资源保护的咨询工作。

（四）畜禽遗传资源调查和资源状况报告及目录的发布

国务院农业农村行政主管部门负责组织畜禽遗传资源的调查工作，发布国家畜禽遗传资源状况报告，公布经国务院批准的畜禽遗传资源目录。

（五）畜禽遗传资源分级管理的制度

1. 国务院农业农村行政主管部门畜禽遗传资源保护的职能

国务院农业农村行政主管部门根据畜禽遗传资源分布状况，制定全国畜禽遗传资源保护和利用规划，制定并公布国家级畜禽遗传资源保护名录，对原产我国的珍贵、稀有、濒危的畜禽遗传资源实行重点保护。

2. 省级政府农业农村行政主管部门畜禽遗传资源保护的职能

省级人民政府农业农村行政主管部门根据全国畜禽遗传资源保护和利用规划及本行政区域内畜禽遗传资源状况，制定和公布省级畜禽遗传资源保护名录，并报国务院农业农村行政主管部门备案。

（六）畜禽遗传资源保护的方式

1. 畜禽遗传资源保护的方式

国务院农业农村行政主管部门根据全国畜禽遗传资源保护和利用规划及国家级畜禽遗传资源保护名录，省级人民政府农业农村行政主管部门根据省级畜禽遗传资源保护名录，分别建立或者确定畜禽遗传资源保种场、保护区和基因库，承担畜禽遗传资源保护任务。

2. 享受中央和省级财政资金支持的保种场、保护区和基因库的义务

享受中央和省级财政资金支持的畜禽遗传资源保种场、保护区和基因库，未经国务院农业农村行政主管部门或者省级人民政府农业农村行政主管部门批准，不得擅自处理受保护的畜禽遗传资源。

3. 畜禽遗传资源基因库的职责以及对畜禽资源所有者采集的补偿和义务

畜禽遗传资源基因库应当按照国务院农业农村行政主管部门或者省级人民政府农业农村行政主管部门的规定，定期采集和更新畜禽遗传材料。有关单位、个人应当配合畜禽遗传资源基因库采集畜禽遗传材料，并有权获得适当的经济补偿。

4. 畜禽遗传资源保种场、保护区和基因库的管理办法

畜禽遗传资源保护场、保护区和基因库的管理办法由国务院农业农村行政主管部门制定。

（七）新发现畜禽资源的临时保护

新发现的畜禽遗传资源在国家畜禽遗传资源委员会鉴定前，省级人民政府农业农村行政主管部门应当制定保护方案，采取临时保护措施，并报国务院农业农村行政主管部门备案。

（八）畜禽遗传资源的进口

1. 进口畜禽遗传资源审批的程序

从境外引进畜禽遗传资源的，应当向省级人民政府农业农村行政主管部门提出申请。受理申请的农业农村行政主管部门经审核，报国务院农业农村行政主管部门经评估论证后批准。经批准的，依照《中华人民共和国进出境动植物检疫法》的规定办理相关手续并实施检疫。

2. 进口畜禽遗传资源审批的安全控制

从境外引进的畜禽遗传资源被发现对境内畜禽遗传资源、生态环境有危害或者可能产生危害的。国务院农业农村行政主管部门应当与海关、商务、检疫等有关部门进行协商一致、统一行动，采取相应的安全控制措施。

（九）畜禽遗传资源的出口

1. 境外输出和与境外合作研究畜禽遗传资源的程序

向境外输出或者在境内与境外机构、个人合作研究利用列入保护名录的畜禽遗传资源的，应当向省级人民政府农业农村行政主管部门提出申请，同时提出国家共享惠益的方案；受理申请的农业农村行政主管部门经审核，报国务院农业农村行政主管部门批准。

2. 境外输出畜禽遗传资源的检疫

向境外输出畜禽遗传资源的，还应当依照《中华人民共和国进出境动植物检疫法》的规定办理相关手续并实施检疫。

3. 向境外输出和与境外合作研究利用畜禽遗传资源的限制性规定

新发现的畜禽遗传资源在国家畜禽遗传资源委员会鉴定前，不得向境外输出，不得与境外机构、个人合作研究利用。

（十）制定进出口畜禽遗传资源和对外合作研究利用行政法规的授权

畜禽遗传资源的进出境和对外合作研究利用的审批办法由国务院规定。

二、《国家级畜禽遗传资源保护名录》

根据《中华人民共和国畜牧法》第十二条的规定，结合第二次全国畜禽遗传资源调查结果，农业农村部对《国家级畜禽遗传资源保护名录》进行了修订，确定八眉猪等 159 个畜禽品种为国家级畜禽遗传资源保护品种。

（1）猪　八眉猪、大花白猪（广东大花白猪）、黄淮海黑猪（马身猪、淮猪、莱芜猪、河套大耳猪）、内江猪、乌金猪（大河猪）、五指山猪、太湖猪（二花脸、梅山猪）、民猪、两广小花猪（陆川猪）、里岔黑猪、金华猪、荣昌猪、香猪（含白香猪）、华中两头乌猪（通城猪）、清平猪、滇南小耳猪、槐猪、蓝塘猪、藏猪、浦东白猪、撒坝猪、湘西黑猪、大蒲莲猪、巴马香猪、玉江猪（玉山黑猪）、河西猪、姜曲海猪、关岭猪、粤东黑猪、汉江黑猪、安庆六白猪、莆田黑猪、嵊县花猪、宁乡猪。

（2）鸡　九斤黄鸡、大骨鸡、鲁西斗鸡、吐鲁番斗鸡、西双版纳斗鸡、漳州斗鸡、白耳黄鸡、仙居鸡、北京油鸡、丝羽乌骨鸡、茶花鸡、狼山鸡、清远麻鸡、藏鸡、矮脚鸡、浦东鸡、溧阳鸡、文昌鸡、惠阳胡须鸡、河田鸡、边鸡、金阳丝毛鸡、静原鸡。

（3）鸭　北京鸭、攸县麻鸭、连城白鸭、建昌鸭、金定鸭、绍兴鸭、莆田黑鸭、高邮鸭。

（4）鹅　四川白鹅、伊犁鹅、狮头鹅、皖西白鹅、雁鹅、豁眼鹅、酃县白鹅、太湖鹅、兴国灰鹅、乌鬃鹅。

（5）羊　辽宁绒山羊、内蒙古绒山羊（阿尔巴斯型、阿拉善型、二狼山型）、小尾寒羊、中卫山羊、长江三角洲白山羊（笔料毛型）、乌珠穆沁羊、同羊、西藏羊（草地型）、西藏山羊、济宁青山羊、贵德黑裘皮羊、湖羊、滩羊、雷州山羊、和田羊、大尾寒羊、多浪羊、兰州大尾羊、汉中绵羊、圭山山羊、岷县黑裘皮羊。

（6）牛　九龙牦牛、天祝白牦牛、青海高原牦牛、独龙牛（大额牛）、海子水牛、富钟水牛、德宏水牛、温州水牛、延边牛、复州牛、南阳牛、秦川牛、晋南牛、渤海黑牛、鲁西牛、温岭高峰牛、蒙古牛、雷琼牛、郏县红牛、巫陵牛（湘西牛）、帕里牦牛。

（7）其他品种　百色马、蒙古马、鄂伦春马、晋江马、宁强马、岔口驿马、关中驴、德州驴、广灵驴、泌阳驴、新疆驴、阿拉善双峰驼、敖鲁古雅驯鹿、吉林梅花鹿、藏獒、山东细犬、中蜂、东北黑蜂、新疆黑蜂、福建黄兔、四川白兔。

任务三　种畜禽品种选育与生产经营相关的法律法规

任务描述

本任务主要介绍了种畜禽品种的培育、审定和鉴定、畜禽品种的转基因、种畜的优良个体登记和推广、种畜禽的生产经营及其许可条件、畜禽遗传材料的生产经营许可、种畜禽生产经营许可证的申请程序、种畜禽生产经营许可证的管理、家畜繁殖技术的服务人员、种畜禽的广告及其遗传材料的质量要求、种畜禽的销售要求、种畜禽进口条件及管理、进口畜禽的选育推广、商品代畜禽品的质量要求、种畜禽的质量监管和蚕种的管理等内容。

一、《中华人民共和国畜牧法》关于种畜禽品种选育与生产经营的有关规定

（一）种畜禽品种的培育

国家扶持畜禽品种的选育和优良品种的推广使用，支持企业、院校、科研

机构和技术推广单位开展联合育种，建立畜禽良种繁育体系。

（二）种畜禽品种的审定和鉴定

1. 畜禽新品种、配套系审定和对畜禽遗传资源的鉴定

培育的畜禽新品种、配套系和新发现的畜禽遗传资源在推广前，应当通过国家畜禽遗传资源委员会审定或者鉴定，并由国务院农业农村行政主管部门公告。畜禽新品种、配套系的审定办法和畜禽遗传资源的鉴定办法，由国务院农业农村行政主管部门制定。审定或者鉴定所需的试验、检测等费用由申请者承担，收费办法由国务院财政、市场监督部门会同国务院农业农村行政主管部门制定。

2. 中间试验

培育新的畜禽品种、配套系进行中间试验，应当经试验所在地省级人民政府农业农村行政主管部门批准。

3. 科研成果的保护

畜禽新品种、配套系培育者的合法权益受法律保护。

（三）转基因的畜禽品种

转基因畜禽品种的培育、试验、审定和推广，应当符合国家有关农业转基因生物管理的规定。2001 年 5 月国务院颁布了《农业转基因生物安全管理条例》，从事转基因畜禽品种的培育、试验、审定和推广必须遵守《农业转基因生物安全管理条例》的相关规定。

（四）种畜的优良个体登记和推广

省级以上畜牧兽医技术推广机构可以组织开展种畜优良个体登记，向社会推荐优良种畜。优良种畜登记规则由国务院农业农村行政主管部门制定。

（五）种畜禽的生产经营及其许可条件

从事种畜禽生产经营或者生产商品代仔畜、雏禽的单位、个人，应当取得种畜禽生产经营许可证。申请人持种畜禽生产经营许可证依法办理工商登记。取得营业执照后，方可从事生产经营活动。

申请取得种畜禽生产经营许可证，应当具备的条件：生产经营的种畜禽必须是通过国家畜禽遗传资源委员会审定或者鉴定的品种、配套系，或者是经批准引进的境外品种、配套系；有与生产经营规模相适应的畜牧兽医技术人员；有与生产经营规模相适应的繁育设施设备；具备法律、行政法规和国务院农业农村行政主管部门规定的种畜禽防疫条件；有完善的质量管理和育种记录制

度；具备法律、行政法规规定的其他条件。

（六）畜禽遗传材料的生产经营许可

申请取得生产家畜卵子、冷冻精液、胚胎等遗传材料的生产经营许可证，应当具备的条件：生产经营的种畜禽必须是通过国家畜禽遗传资源委员会审定或者鉴定的品种、配套系，或者是经批准引进的境外品种、配套系；有与生产经营规模相适应的畜牧兽医技术人员；有与生产经营规模相适应的繁育设施设备；具备法律、行政法规和国务院农业农村行政主管部门规定的种畜禽防疫条件；有完善的质量管理和育种记录制度；具备法律、行政法规规定的其他条件；符合国务院农业农村行政主管部门规定的实验室、保存和运输条件；符合国务院农业农村行政主管部门规定的种畜数量和质量要求；体外授精取得的胚胎、使用的卵子来源明确，供体畜符合国家规定的种畜健康标准和质量要求；符合国务院农业农村行政主管部门规定的其他技术要求。

（七）《种畜禽生产经营许可证》的申请程序

1. 家畜卵子、冷冻精液、胚胎等遗传材料生产经营许可证的申请

申请取得生产家畜卵子、冷冻精液、胚胎等遗传材料的生产经营许可证，应当向省级人民政府农业农村行政主管部门提出申请。受理申请的农业农村行政主管部门应当自收到申请之日起30个工作日内完成审核，并报国务院农业农村行政主管部门审批；国务院农业农村行政主管部门应当自收到申请之日起60个工作日内依法决定是否发给生产经营许可证。

2. 其他种畜禽生产经营许可证的申请

其他种畜禽的生产经营许可证由县级以上地方人民政府农业农村行政主管部门审核发放，具体审核发放办法由省级人民政府规定。

3.《种畜禽生产经营许可证》的样式、时效和收费

《种畜禽生产经营许可证》样式由国务院农业农村行政主管部门制定，许可证有效期为3年。发放种畜禽生产经营许可证可以收取工本费，具体收费管理办法由国务院财政、市场监督部门制定。

（八）《种畜禽生产经营许可证》的管理

《种畜禽生产经营许可证》应当注明生产经营者名称、场（厂）址、生产经营范围及许可证有效期的起止日期等。禁止任何单位、个人无种畜禽生产经营许可证或者违反种畜禽生产经营许可证的规定生产经营种畜禽。禁止伪造、变造、转让、租借种畜禽生产经营许可证。

农户饲养的种畜禽用于自繁自养和有少量剩余仔畜、雏禽出售的，农户饲

养种公畜进行互助配种的。不需要办理种畜禽生产经营许可证。

（九）家畜繁殖技术的服务人员

专门从事家畜人工授精、胚胎移植等繁殖工作的人员，应取得相应的国家职业资格证书。

（十）种畜禽的广告

发布种畜禽广告的，广告主应当提供《种畜禽生产经营许可证》和《营业执照》。广告内容应当符合有关法律、行政法规的规定；并注明种畜禽品种、配套系的审定或者鉴定名称；对主要性状的描述应当符合该品种、配套系的标准。

发布种畜禽广告，是宣传企业、促进种畜禽销售的重要手段。广告内容的真实性不仅是广告主职业道德和诚信的表现，也是对将要购买种畜禽的饲养者负责任的表现。发布种畜禽广告，必须符合《中华人民共和国广告法》的规定。

（十一）种畜禽及其遗传材料的质量要求

销售的种畜禽和家畜配种站（点）使用的种公畜，必须符合种用标准。销售种畜禽时，应当附具种畜禽场出具的种畜禽合格证明、动物防疫监督机构出具的检疫合格证明，销售的种畜还应当附具种畜禽场出具的家畜系谱。生产家畜卵子、冷冻精液、胚胎等遗传材料，应当有完整的采集、销售、移植等记录，记录应当保存 2 年。

（十二）种畜禽的销售要求

销售种畜禽，不得有下列行为：以其他畜禽品种、配套系冒充所销售的种畜禽品种、配套系；以低代别种畜禽冒充高代别种畜禽；以不符合种用标准的畜禽冒充种畜禽；销售未经批准进口的种畜禽；销售未附具《中华人民共和国动物防疫法》规定的种畜禽合格证明、检疫合格证明的种畜禽或者未附具家畜系谱的种畜；销售未经审定或者鉴定的种畜禽品种、配套系。

（十三）种畜禽进口条件及管理、进口畜禽的选育推广

1. 申请进口种畜禽的单位及批准文件的有效期

申请进口种畜禽的，应当持有《种畜禽生产经营许可证》。批准文件有效期为 6 个月。

2. 进口种畜禽的技术要求

进口的种畜禽应当符合国务院农业农村行政主管部门规定的技术要求，包括引进品种的培育过程、品种标准、生产性能、品种的产地、分布及气候环境、有关图片资料等。首次进口的种畜禽还应当由国家畜禽遗传资源委员会进行种用性能的评估。

3. 种畜禽的进出口管理

种畜禽的进出口管理还适用于畜禽遗传资源进出口的管理。

4. 国家鼓励进口畜禽的选育及其选育新品种、配套系推广的条件

国家鼓励畜禽养殖者对进口的畜禽进行新品种、配套系的选育；选育的新品种、配套系在推广前，应当经国家畜禽遗传资源委员会审定。

（十四）商品代畜禽品的质量要求

种畜禽场和孵化场（厂）销售商品代仔畜、雏禽的，应当向购买者提供其销售的商品代仔畜、雏禽的主要生产性能指标、免疫情况、饲养技术要求和有关咨询服务。并附具动物防疫监督机构出具的检疫合格证明。销售种畜禽和商品代仔畜、雏禽。因质量问题给畜禽养殖者造成损失的，应当依法赔偿损失。

（十五）种畜禽的质量监管

县级以上人民政府农业农村行政主管部门负责种畜禽质量安全的监督管理工作。种畜禽质量安全的监督检验应当委托具有法定资质的种畜禽质量检验机构进行；所需检验费用按照国务院规定列支，不得向被检验人收取。

（十六）蚕种的管理

蚕种的资源保护、新品种选育、生产经营和推广适用畜牧法有关规定。具体管理办法由国务院农业农村行政主管部门制定。

二、《优良种畜登记规则》

（一）《优良种畜登记规则》概述

1. 制定目的和适用范围

目的在于培育优良种畜，提高种畜遗传质量，向社会推荐优良种畜。饲养《中国畜禽遗传资源目录》中牛、羊、猪、马、驴、骆驼、鹿、兔、犬等家畜的单位和个人，可以自愿申请优良种畜登记，任何机构不得强制。

2. 优良种畜

优良种畜指个体符合品种标准，综合鉴定等级为一级以上的种畜。

3. 优良种畜登记工作的行政管理

农业农村部主管全国优良种畜登记管理工作。省级人民政府农业农村行政主管部门主管本行政区域内优良种畜登记管理工作。全国畜牧总站组织开展全国性优良种畜登记。省级畜牧技术推广机构组织开展本行政区域内的优良种畜登记。畜牧行业协会配合畜牧技术推广机构实施优良种畜登记工作。

（二）登记规则的有关规定

1. 登记单位或个人应具备的条件

登记单位或个人应具备的条件包括取得种畜禽生产经营许可资格；畜牧主管部门备案的养殖场或者养殖小区；国家和省级畜禽遗传资源保护区内的养殖户；其他符合条件的单位和个人。

2. 登记种畜应具备的条件

登记种畜应具备的条件包括双亲已登记的纯种；从国外引进已登记或者注册的原种；三代系谱记录完整的个体；其他符合优良种畜条件的个体。

3. 登记程序

（1）申请　申请优良种畜登记的单位和个人，应当向省级以上畜牧技术推广机构报送的材料：申请表；申请报告和种畜系谱等资料；种畜照片；《种畜禽生产经营许可证》复印件。

（2）审定　登记机构应当自收到申请之日起 30 个工作日内完成审定，必要时可以组织现场审验或者技术检测。

通过审定的，予以登记公告，并由登记机构发放《优良种畜证书》；未通过审定的，登记机构应当书面通知申请人，并说明理由。

4. 优良种畜登记卡的记录内容

记录内容包括：①基本情况：场（小区、站、户）名、品种、类型、个体编号、出生日期、出生地、综合鉴（评）定等级、登记时间、登记人等基础信息；②系谱档案：三代系谱完整，并具有父本母本生产性能或遗传力评估的完整资料；③外貌特征：种畜头部正面及左、右体侧照片各一张；④生产性能：按各畜种登记卡的内容进行登记；⑤优良种畜转让、出售、死亡、淘汰等情况。

5. 良种畜登记卡的管理

优良种畜登记卡由专人负责填写和管理，登记信息应当录入计算机管理系统，不得随意涂改。优良种畜登记卡等书面信息资料，至少保存 5 年；电子信息资料应当长期保存。

6. 良种畜登记卡的变更与注销

登记的优良种畜淘汰、死亡的，畜主应当在 30 日内向登记机构报告。登记的优良种畜转让、出售的，应当附优良种畜登记卡等相关资料，并办理变更手续。已登记的种畜不再符合规定条件的，应注销优良种畜登记。

（三）违法行为的有关规定

1. 管理机关的违法行为

登记机构及其工作人员弄虚作假、玩忽职守造成后果的，依法给予处分；造成损失的，依法承担赔偿责任。

2. 行政相对人的违法行为

申请单位和个人以欺诈、贿赂等手段骗取登记的，撤销优良种畜登记。

任务四　畜禽养殖相关的法律法规

任务描述

本任务主要介绍了畜牧业结构的调整和牧区畜牧业的扶持、畜牧业发展财政政策的扶持、畜禽养殖用地的扶持、畜牧兽医技术的推广、畜禽养殖场（小区）的兴建与管理、畜禽标识的管理、养蜂的管理和生鲜乳生产收购管理等内容。

一、《中华人民共和国畜牧法》关于畜禽养殖的有关规定

（一）畜牧业结构的调整和牧区畜牧业的扶持

1. 畜牧业结构的调整

县级以上人民政府农业农村行政主管部门应当根据畜牧业发展规划和市场需求，引导和支持畜牧业结构调整，发展优势畜禽生产。提高畜禽产品市场竞争力。

2. 牧区畜牧业的扶持

国家支持草原牧区开展草原围栏、草原水利、草原改良、饲草饲料基地等草原基本建设，优化畜群结构，改良牲畜品种，转变生产方式，发展舍饲圈养、划区轮牧，逐步实现畜草平衡，改善草原生态环境。

（二）扶持畜牧业发展的财政政策

国务院和省级人民政府应当在其财政预算内安排支持畜牧业发展的良种补贴、贴息补助等资金，并鼓励有关金融机构通过提供贷款、保险服务等形式，支持畜禽养殖者购买优良畜禽、繁育良种、改善生产设施、扩大养殖规模，提

高养殖效益。

（三）扶持农村集体经济组织、农民和畜牧业合作经济组织建立畜禽养殖场、养殖小区，发展规模化、标准化养殖及发展畜牧业用地

国家支持农村集体经济组织、农民和畜牧业合作经济组织建立畜禽养殖场、养殖小区，发展规模化、标准化养殖。乡（镇）土地利用总体规划应当根据本地实际情况安排畜禽养殖用地。农村集体经济组织、农民、畜牧业合作经济组织按照乡（镇）土地利用总体规划建立的畜禽养殖场、养殖小区用地按农业用地进行管理。畜禽养殖场、养殖小区用地使用权期限届满需要恢复为原用途的，由畜禽养殖场、养殖小区土地使用权人负责恢复。在畜禽养殖场、养殖小区用地范围内需要兴建永久性建（构）筑物，涉及农用地转用的，依照《中华人民共和国土地管理法》的规定办理。

（四）畜牧兽医技术的推广

国家设立的畜牧兽医技术推广机构应当向农民提供畜禽养殖技术培训、良种推广、疫病防治等服务。县级以上人民政府应当保障国家设立的畜牧兽医技术推广机构从事公益性技术服务的工作经费。国家鼓励畜禽产品加工企业和其他相关生产经营者为畜禽养殖者提供所需的服务。

畜牧兽医技术推广体系，是畜牧业社会化服务体系和国家对畜牧业支持保护体系的重要组成部分，是实施科教兴农战略的重要载体，是促进农业产业结构调整和农业经济发展的重要保证。

（五）兴建畜禽养殖场、养殖小区的条件

1. 畜禽养殖场、养殖小区具备的条件

有与其饲养规模相适应的生产场所和配套的生产设施；有为其服务的畜牧兽医技术人员；具备法律、行政法规和国务院农业农村行政主管部门规定的防疫条件；有对畜禽粪便、废水和其他固体废弃物进行综合利用的沼气池等设施或者其他无害化处理设施；具备法律、行政法规规定的其他条件。

2. 畜禽养殖场、养殖小区的备案制度

养殖场、养殖小区开办者应当将养殖场、养殖小区的名称、养殖地址、畜禽品种和养殖规模等信息向养殖场、养殖小区所在地县级人民政府农业农村行政主管部门备案，取得畜禽标识代码。

3. 省级人民政府制定畜禽养殖场、养殖小区的规模标准和备案程序

省级人民政府根据本行政区域畜牧业发展状况制定畜禽养殖场、养殖小区的规模标准和备案程序。

（六）禁止在环境敏感区域建设畜禽养殖场、养殖小区

环境敏感区域包括生活饮用水的水源保护区，风景名胜区，以及自然保护区的核心区和缓冲区；城镇居民区、文化教育科学研究区等人口集中区域；法律、法规规定的其他禁养区域。

（七）畜禽养殖场的养殖档案

养殖档案包括畜禽的品种、数量、繁殖记录、标识情况、来源和进出场日期；饲料、饲料添加剂、兽药等投入品的来源、名称、使用对象、时间和用量；检疫、免疫、消毒情况；畜禽发病、死亡和无害化处理情况；国务院农业农村行政主管部门规定的其他内容。

（八）畜禽养殖场的“动物福利”

畜禽养殖场应当为其饲养的畜禽提供适当的繁殖条件和生存、生长环境。

（九）从事畜禽养殖禁止性行为

畜禽养殖的禁止性行为包括违反法律、行政法规的规定和国家技术规范的强制性要求使用饲料、饲料添加剂、兽药；使用未经高温处理的餐馆、食堂的泔水饲喂家畜；在垃圾场或者使用垃圾场中的物质饲养畜禽；法律、行政法规和国务院农业农村行政主管部门规定的危害人和畜禽健康的其他行为。

（十）畜禽养殖从业者应履行动物防疫的义务

从事畜禽养殖，应当依照《中华人民共和国动物防疫法》的规定，做好畜禽疫病的防治工作。

（十一）畜禽标识的管理

畜禽养殖者应当按照国家关于畜禽标识管理的规定，在应当加施标识的畜禽的指定部位加施标识。农业农村行政主管部门提供标识不得收费，所需费用列入省级人民政府财政预算。畜禽标识不得重复使用。

（十二）畜禽养殖场、养殖小区畜禽粪污处理的责任及综合利用

畜禽养殖场、养殖小区应当保证畜禽粪便、废水及其他固体废弃物综合利用或者无害化处理设施的正常运转，保证污染物达标排放，防止污染环境。畜禽养殖场、养殖小区违法排放畜禽粪便、废水及其他固体废弃物，造成环境污染危害的，应当排除危害，依法赔偿损失。国家支持畜禽养殖场、养殖小区建

设畜禽粪便、废水及其他固体废弃物的综合利用设施。

（十三）养蜂的管理

国家鼓励发展养蜂业，维护养蜂生产者的合法权益。有关部门应当积极宣传和推广蜜蜂授粉农艺措施。养蜂生产者在生产过程中，不得使用危害蜂产品质量安全的药品和容器，应确保蜂产品质量。养蜂器具应当符合国家技术规范的强制性要求。养蜂生产者在转地放蜂时，当地公安、交通运输、畜牧兽医等有关部门应当为其提供必要的便利。养蜂生产者在国内转地放蜂，需凭国务院农业农村行政主管部门统一格式印制的检疫合格证明运输蜂群，在检疫合格证明有效期内不得重复检疫。

二、《畜禽标识和养殖档案管理办法》

（一）《畜禽标识和养殖档案管理办法》概述

1. 编制目的和适用范围

目的在于规范畜牧业生产经营行为，加强畜禽标识和养殖档案管理，建立畜禽及畜禽产品可追溯制度，有效防控重大动物疫病，保障畜禽产品质量安全。适用于在中华人民共和国境内从事畜禽及畜禽产品生产、经营、运输等活动。猪、牛、羊以外其他畜禽标识实施时间和具体措施由农业农村部另行规定。

2. 畜禽标识

畜禽标识指经农业农村部批准使用的耳标、电子标签、脚环以及其他承载畜禽信息的标识物。

3. 畜禽标识和养殖档案管理工作的行政管理

农业农村部负责全国畜禽标识和养殖档案的监督管理工作。县级以上地方人民政府农业农村行政主管部门负责本行政区域内畜禽标识和养殖档案的监督管理工作。畜禽标识所需费用列入省级人民政府财政预算。

4. 畜禽标识制度

畜禽标识应遵循统一规划、分类指导、分步实施、稳步推进的原则。

（二）畜禽标识管理的有关规定

1. 畜禽标识制度

畜禽标识实行一畜一标，编码应当具有唯一性。省级人民政府农业农村行政主管部门应当建立畜禽标识及所需配套设备的采购、保管、发放、使用、登记、回收、销毁等制度。

2. 畜禽标识编码的组成

畜禽标识编码由畜禽种类代码、县级行政区域代码、标识顺序号共 15 位数字及专用条码组成。

猪、牛、羊的畜禽种类代码分别为 1、2、3。编码形式为：×（种类代码）-××××××（县级行政区域代码）-××××××××（标识顺序号）。

3. 畜禽标识的技术规范

农业农村部制定并公布畜禽标识技术规范，生产企业生产的畜禽标识应当符合该规范规定。省级动物疫病预防控制机构统一采购畜禽标识，逐级供应。

4. 畜禽标识的申领与佩带

（1）畜禽养殖者应当向当地县级动物疫病预防控制机构申领畜禽标识，并按照下列规定对畜禽加施畜禽标识：新出生畜禽，在出生后 30d 内加施畜禽标识；30d 内离开饲养地的，在离开饲养地前加施畜禽标识；从国外引进畜禽，在畜禽到达目的地 10d 内加施畜禽标识。

（2）猪、牛、羊在左耳中部加施畜禽标识，需要再次加施畜禽标识的，在右耳中部加施。

5. 畜禽标识的管理

畜禽标识生产企业不得向省级动物疫病预防控制机构以外的单位和个人提供畜禽标识。畜禽标识严重磨损、破损、脱落后，应当及时加施新的标识，并在养殖档案中记录新标识编码。畜禽标识不得重复使用。

6. 动物检疫时畜禽标识的查验、登记和回收

动物卫生监督机构实施产地检疫时，应当查验畜禽标识。没有加施畜禽标识的，不得出具检疫合格证明。动物卫生监督机构应当在畜禽屠宰前，查验、登记畜禽标识。畜禽屠宰经营者应当在畜禽屠宰时回收畜禽标识，由动物卫生监督机构保存、销毁。畜禽经屠宰检疫合格后，动物卫生监督机构应当在畜禽产品检疫标志中注明畜禽标识编码。

（三）养殖档案管理的有关规定

1. 畜禽养殖场建立养殖档案的内容

包括畜禽的品种、数量、繁殖记录、标识情况、来源和进出场日期；饲料、饲料添加剂等投入品和兽药的来源、名称、使用对象、时间和用量等有关情况；检疫、免疫、监测、消毒情况；畜禽发病、诊疗、死亡和无害化处理情况；畜禽养殖代码；农业农村部规定的其他内容。

2. 动物疫病预防控制机构建立畜禽防疫档案的内容

（1）畜禽养殖场　名称、地址、畜禽种类、数量、免疫日期、疫苗名称、畜禽养殖代码、畜禽标识顺序号、免疫人员以及用药记录等。

（2）畜禽散养户　户主姓名、地址、畜禽种类、数量、免疫日期、疫苗名称、畜禽标识顺序号、免疫人员以及用药记录等。

3. 畜禽养殖代码的申领

畜禽养殖场、养殖小区应当依法向所在地县级人民政府农业农村行政主管部门备案，取得畜禽养殖代码。畜禽养殖代码由县级人民政府农业农村行政主管部门按照备案顺序统一编号，每个畜禽养殖场、养殖小区只有一个畜禽养殖代码。畜禽养殖代码由6位县级行政区域代码和4位顺序号组成，作为养殖档案编号。

4. 种畜个体养殖档案的建立

饲养种畜应当建立个体养殖档案，注明标识编码、性别、出生日期、父系和母系品种类型、母本的标识编码等信息。种畜调运时应当在个体养殖档案上注明调出地和调入地，个体养殖档案应当随同调运。

5. 养殖档案和防疫档案的保存时限

保存时间：商品猪、禽为2年，商品牛为20年，商品羊为10年，种畜禽长期保存。

6. 养殖档案和防疫档案更新报告制度

从事畜禽经营的销售者和购买者应当向所在地县级动物疫病预防控制机构报告更新防疫档案相关内容。销售者或购买者属于养殖场的，应及时在畜禽养殖档案中登记畜禽标识编码及相关信息变化情况。

7. 养殖档案的格式

畜禽养殖场养殖档案及种畜个体养殖档案格式由农业农村部统一制定。

（四）信息管理的有关规定

1. 畜禽标识、养殖档案的信息化管理和可追溯制度

国家实施畜禽标识及养殖档案信息化管理，实现畜禽及畜禽产品可追溯。

2. 畜禽标识信息管理系统的建立

农业农村部建立包括国家畜禽标识信息中央数据库在内的国家畜禽标识信息管理系统。省级人民政府农业农村行政主管部门建立本行政区域畜禽标识信息数据库，并成为国家畜禽标识信息中央数据库的子数据库。县级以上人民政府农业农村行政主管部门根据数据采集要求，组织畜禽养殖相关信息的录入、上传和更新工作。

（五）监督管理的有关规定

1. 畜禽标识的监督管理

县级以上地方人民政府农业农村行政主管部门所属农业农村主管部门，具体承担本行政区域内畜禽标识的监督管理工作。

2. 畜禽、畜禽产品的可追溯性

（1）可追溯情形　有下列情形之一的，应当对畜禽、畜禽产品实施追溯：标识与畜禽、畜禽产品不符；畜禽、畜禽产品染疫；畜禽、畜禽产品没有检疫证明；违规使用兽药及其他有毒、有害物质；发生重大动物卫生安全事件；其他应当实施追溯的情形。

（2）可追溯管理　畜禽标识和养殖档案记载的信息应当连续、完整、真实。县级以上人民政府农业农村行政主管部门应当根据畜禽标识、养殖档案等信息对畜禽及畜禽产品实施追溯和处理。国外引进的畜禽在国内发生重大动物疫情，由农业农村部会同有关部门进行追溯。

3. 无畜禽标识的禁止性活动

任何单位和个人不得销售、收购、运输、屠宰应当加施标识而没有标识的畜禽。

任务五　畜禽交易与运输相关的法律法规

任务描述

本任务主要介绍了政府部门对市场的监管、公益性信息服务的提供、畜禽批发市场的建设、畜禽交易过程中需符合强制性的要求、运输中的畜禽防疫条件、“动物福利”及检查的要求和生鲜乳生产收购管理等内容。

一、《中华人民共和国畜牧法》关于畜禽交易与运输的有关规定

（一）政府部门进行市场监管和提供公益性信息服务

县级以上人民政府应当促进开放统一、竞争有序的畜禽交易市场建设。县级以上人民政府农业农村行政主管部门和其他有关主管部门应当组织搜集、整理、发布畜禽产销信息，为生产者提供信息服务。

（二）畜禽批发市场建设

1. 政府扶持畜禽批发市场建设

县级以上地方人民政府根据农产品批发市场发展规划，对在畜禽集散地建立畜禽批发市场给予扶持。

2. 畜禽批发市场选址和动物防疫条件的要求

畜禽批发市场选址，应当符合法律、行政法规和国务院农业农村行政主管部门规定的动物防疫条件，并距离种畜禽场和大型畜禽养殖场三公里以外。

（三）进行畜禽交易必须符合强制性的要求

进行交易的畜禽必须符合国家技术规范的强制性要求。国务院农业农村行政主管部门规定应当加施标识而没有标识的畜禽，不得销售和收购。

（四）运输中的畜禽防疫条件、“动物福利”及检查的要求

运输畜禽，必须符合法律、行政法规和国务院农业农村行政主管部门规定的动物防疫条件，采取措施保护畜禽安全，并为运输的畜禽提供必要的空间和饲喂饮水条件。有关部门对运输中的畜禽进行检查，应当有法律、行政法规的依据。

二、《生鲜乳生产收购管理办法》

（一）《生鲜乳生产收购管理办法》概述

1. 立法目的和适用范围

目的在于加强生鲜乳生产收购管理，保证生鲜乳质量安全，促进乳业健康发展。适用于在中国境内从事生鲜乳生产、收购、贮存、运输、出售的活动。

2. 生鲜乳质量安全责任制

奶畜养殖者、生鲜乳收购者、生鲜乳运输者对其生产、收购、运输和销售的生鲜乳质量安全负责，是生鲜乳质量安全的第一责任者。生产、收购、贮存、运输、销售的生鲜乳，应当符合乳品质量安全国家标准。禁止在生鲜乳生产、收购、贮存、运输、销售过程中添加任何物质。

3. 生鲜乳

生鲜乳指未经加工的奶畜原乳。

4. 生鲜乳生产收购工作的行政管理

县级以上人民政府农业农村主管部门负责奶畜饲养以及生鲜乳生产环节、收购环节的监督管理。县级以上人民政府其他有关部门在各自职责范围内负责生鲜乳质量安全监督管理的其他工作。乳业协会应当加强行业自律，推动行业诚信建设，引导、规范奶畜养殖者、生鲜乳收购者依法生产经营。

5. 乳业发展规划的制定

省级人民政府农业农村主管部门会同发展改革部门、工业和信息化部门、商务部门，制定本行政区域的乳业发展规划，加强乳源基地建设，鼓励和支持标准化规模养殖，完善服务体系，促进乳业健康发展。县级以上地方人民政府应当根据全国和省级乳业发展规划，合理确定本行政区域内奶畜养殖规模，科学安排生鲜乳的生产、收购布局。

（二）生鲜乳生产的有关规定

1. 相关单位为奶畜养殖者提供技术服务

地方畜牧兽医技术推广机构，应当结合当地奶畜发展需要，向奶畜养殖者提供奶畜品种登记、奶牛生产性能测定、青粗饲料生产与利用、标准化养殖、奶畜疫病防治、粪便无害化处理等技术服务，并开展相关技术培训。鼓励大专院校、科研院所、乳制品生产企业及其他相关生产经营者为养殖者提供所需的服务。

2. 奶畜养殖的备案

奶畜养殖场、养殖小区，应当符合法律、行政法规规定的条件，并向县级人民政府农业农村主管部门或者其委托的畜牧技术推广机构备案，获得奶畜养殖代码。鼓励乳制品生产企业建立自己的乳源基地，按照良好规范要求实施标准化生产和管理。

3. 养殖档案的建立

奶畜养殖场应当按照《乳品质量安全监督管理条例》第十三条规定建立养殖档案，准确填写有关信息，做好档案保存工作。奶畜养殖小区应当逐步建立养殖档案。县级人民政府农业农村主管部门应当督促和指导奶畜养殖场、奶畜养殖小区依法建立科学、规范的养殖档案。

4. 养殖过程中的禁止性行为

从事奶畜养殖，不得在饲料、饲料添加剂、兽药中添加动物源性成分（乳及乳制品除外），不得添加对动物和人体具有直接或者潜在危害的物质。

5. 挤乳的操作规程

奶畜养殖者应当遵守农业农村部制定的生鲜乳生产技术规程。直接从事挤乳工作的人员应当持有有效的健康证明。奶畜养殖者对挤乳设施、生鲜乳贮存设施等应当在使用前后及时进行清洗、消毒，避免对生鲜乳造成污染，并建立清洗、消毒记录。

6. 生鲜乳的保存

挤乳完成后，生鲜乳应当储存在密封的容器中，并及时做降温处理，使其温度保持在 0~4℃。超过 2h 未冷藏的，不得销售。

7. 生鲜乳的销售

奶畜养殖者可以向符合规定的生鲜乳收购站出售自养奶畜产的生鲜乳。

禁止出售下列生鲜乳：经检测不符合健康标准或者未经检疫合格的奶畜产的；奶畜产犊 7 日内的初乳，但以初乳为原料从事乳制品生产的除外；在规定用药期和休药期内的奶畜产的；添加其他物质和其他不符合乳品质量安全国家标准的。

（三）生鲜乳收购的有关规定

1. 生鲜乳收购站建立

省级人民政府农业农村主管部门应当根据当地乳源分布情况，按照方便奶畜养殖者、促进规模化养殖的原则，制定生鲜乳收购站建设规划，对生鲜乳收购站进行科学合理布局。

县级人民政府农业农村主管部门应当根据本省的生鲜乳收购站建设规划，结合本地区奶畜存栏量、日产乳量、运输半径等因素，确定生鲜乳收购站的建设数量和规模，并报省级人民政府农业农村主管部门批准。

2. 生鲜乳收购站开办的申请

（1）符合条件的单位提交申请材料　取得工商登记的乳制品生产企业、奶畜养殖场、奶农专业生产合作社开办生鲜乳收购站，应当符合法定条件，向所在地县级人民政府农业农村主管部门提出申请，并提交以下材料：开办生鲜乳收购站申请；生鲜乳收购站平面图和周围环境示意图；冷却、冷藏、保鲜设施和低温运输设备清单；化验、计量、检测仪器设备清单；开办者的营业执照复印件和法定代表人身份证明复印件；从业人员的培训证明和有效的健康证明；卫生管理和质量安全保障制度。

（2）审查　县级人民政府农业农村主管部门应当自受理申请材料之日起20日内，完成申请材料的审核和对生鲜乳收购站的现场核查。符合规定条件的，向申请人颁发《生鲜乳收购许可证》，并报省级人民政府农业农村主管部门备案。不符合条件的，书面通知当事人，并说明理由。

（3）《生鲜乳收购许可证》的时效　《生鲜乳收购许可证》有效期 2 年。有效期满后，需要继续从事生鲜乳收购的，应当在《生鲜乳收购许可证》有效期满 30 日前，持原证重新申请。重新申请的程序与原申请程序相同。

（4）《生鲜乳收购许可证》的变更　生鲜乳收购站的名称或者负责人变更的，应当向原发证机关申请换发生鲜乳收购许可证，并提供相应证明材料。

3. 生鲜乳收购站的消毒管理

生鲜乳收购站的挤乳设施和生鲜乳贮存设施使用前应当消毒并晾干，使用后 1h 内应当清洗、消毒并晾干；不用时，用防止污染的方法存放好，避免对生鲜乳造成污染。

生鲜乳收购站使用的洗涤剂、消毒剂、杀虫剂和其他控制害虫的产品应当确保不对生鲜乳造成污染。

4. 生鲜乳的质量检测

生鲜乳收购站应当按照乳品质量安全国家标准对收购的生鲜乳进行感官、酸度、密度、含碱等常规检测。检测费用由生鲜乳收购站自行承担，不得向奶畜养殖者收取，或者变相转嫁给奶畜养殖者。不符合乳品质量安全国家标准的生鲜乳，经检测无误后，应当在当地农业农村主管部门的监督下销毁或者采取其他无害化处理措施。贮存生鲜乳的容器，应当符合散装乳冷藏罐国家标准。

5. 生鲜乳收购、销售和检测的记录保管制度

生鲜乳收购站应当建立生鲜乳收购、销售和检测记录，并保存 2 年。生鲜乳收购记录应当载明生鲜乳收购站名称及《生鲜乳收购许可证》编号、畜主姓名、单次收购量、收购日期和时点。生鲜乳销售记录应当载明生鲜乳装载量、装运地、运输车辆牌照、承运人姓名、装运时间、装运时生鲜乳温度等内容。生鲜乳检测记录应当载明检测人员、检测项目、检测结果、检测时间。

（四）生鲜乳运输的有关规定

1. 生鲜乳准运证明的核发

运输生鲜乳的车辆应当取得所在地县级人民政府农业农村主管部门核发的生鲜乳准运证明。无生鲜乳准运证明的车辆，不得从事生鲜乳运输。生鲜乳运输车辆只能用于运送生鲜乳和饮用水，不得运输其他物品。生鲜乳运输车辆使用前后应当及时清洗消毒。

2. 生鲜乳运输车辆具备的条件

奶罐隔热、保温，内壁由防腐蚀材料制造，对生鲜乳质量安全没有影响；奶罐外壁用坚硬光滑、防腐、可冲洗的防水材料制造；奶罐设有乳样存放舱和装备隔离箱，保持清洁卫生，避免尘土污染；奶罐密封材料耐脂肪、无毒，在温度正常的情况下具有耐清洗剂的能力；奶车顶盖装置、通气和防尘罩设计合理，防止奶罐和生鲜乳受到污染。

3. 生鲜乳运输的申请

生鲜乳运输车辆的所有者，应当向所在地县级人民政府农业农村主管部门提出生鲜乳运输申请。县级人民政府农业农村主管部门应当自受理申请之日起 5 日内，对车辆进行检查，符合规定条件的，核发生鲜乳准运证明。不符合条件的，书面通知当事人，并说明理由。

4. 从事生鲜乳运输人员的要求

从事生鲜乳运输的驾驶员、押运员应当持有有效的健康证明，并具有保持生鲜乳质量安全的基本知识。

5. 生鲜乳交接单的管理

生鲜乳运输车辆应当随车携带生鲜乳交接单。生鲜乳交接单应当载明生鲜乳收购站名称、运输车辆牌照、装运数量、装运时间、装运时生鲜乳温度等内容，并由生鲜乳收购站经手人、押运员、驾驶员、收奶员签字。生鲜乳交接单一式两份，分别由生鲜乳收购站和乳品生产者保存，保存时间 2 年。

（五）监督检查的有关规定

1. 监督检查制度

县级以上人民政府农业农村主管部门应当加强对奶畜饲养以及生鲜乳生产、收购环节的监督检查，定期开展生鲜乳质量检测抽查，并记录监督抽查的情况和处理结果。需要对生鲜乳进行抽样检查的，不得收取任何费用。

2. 县级以上人民政府农业农村主管部门的职权

县级以上人民政府农业农村主管部门在进行监督检查时，行使下列职权：对奶畜养殖场所、生鲜乳收购站、生鲜乳运输车辆实施现场检查；向有关人员调查、了解有关情况；查阅、复制养殖档案、生鲜乳收购记录、购销合同、检验报告、生鲜乳交接单等资料；查封、扣押有证据证明不符合乳品质量安全标准的生鲜乳；查封涉嫌违法从事生鲜乳生产经营活动的场所，扣押用于违法生产、收购、贮存、运输生鲜乳的车辆、工具、设备；法律、行政法规规定的其他职权。

3. 生鲜乳质量安全监督管理信息的公布

省级以上人民政府农业农村主管部门应当依法公布生鲜乳质量安全监督管理信息，并及时向同级卫生主管部门通报生鲜乳质量安全事故信息。

4. 相关违法行为的处理

农业农村主管部门应当建立生鲜乳生产者、收购者、运输者违法行为记录，及时提供给中国人民银行，由中国人民银行纳入企业信用信息基础数据库。县级以上人民政府农业农村主管部门发现奶畜养殖者和生鲜乳收购者、运输者、销售者涉嫌犯罪的，应当及时移送公安机关立案侦查。其他违反《生鲜乳生产收购管理办法》规定的行为，依照《中华人民共和国畜牧法》《乳品质量安全监督管理条例》的有关规定进行处罚。

5. 相关违法行为的举报制度

任何单位和个人有权向农业农村主管部门举报生鲜乳生产经营中的违法行为。各级农业农村主管部门应当公布本单位的电子邮件地址或者举报电话；对接到的举报，应当完整地记录、保存。各级农业农村主管部门收到举报的，对属于本部门职责范围内的事项，应当及时依法查处，对于实名举报，应当及时答复；对不属于本部门职责范围内的事项，应当及时移交有权处理的部门。

6. 生鲜乳准运证明的收回

县级人民政府农业农村主管部门在监督检查中发现生鲜乳运输车辆不符合规定条件的，应当收回生鲜乳准运证明，或者通报核发生鲜乳准运证明的农业农村主管部门收回，同时通报有关乳制品加工企业。

（六）奶畜养殖和生鲜乳收购运输环节违法行为依法从重处罚的有关规定

（1）在奶畜养殖过程中使用违禁药品和其他化合物的，依照《国务院关于加强食品等产品安全监督管理的特别规定》第四条第二款的规定，没收违法所得，货值金额不足五千元的，并处二万元罚款；货值金额五千元以上不足一万元的，并处五万元罚款；货值金额一万元以上的，并处货值金额10倍的罚款。对饲喂了违禁药品和其他化合物的奶畜所产的生鲜乳，依照《兽药管理条例》第六十二条的规定，责令违法行为人进行无害化处理。对违禁药品，依照《饲料和饲料添加剂管理条例》第二十九条第二款的规定予以没收。

（2）生鲜乳收购者在生鲜乳收购过程中，加入非食品用化学物质或者其他可能危害人体健康的物质，依照《乳品质量安全监督管理条例》第五十四条的规定，没收违法所得和违法生产的生鲜乳，以及相关的工具、设备等物品，并处违法生鲜乳货值金额30倍罚款。

（3）生产、销售的生鲜乳含有违禁物质，不符合国家限量标准的，依照《乳品质量安全监督管理条例》第五十五条的规定，没收违法所得、违法生鲜乳和相关的工具、设备等物品，并处违法生鲜乳货值金额20倍罚款。

（4）未取得生鲜乳收购许可证收购生鲜乳的，或者收购《乳品质量安全监督管理条例》第二十四条规定禁止收购的生鲜乳的，依照《乳品质量安全监督管理条例》第六十条的规定，没收违法所得、违法收购的生鲜乳和相关的设备、设施等物品，并处违法收购的生鲜乳货值金额8倍以上10倍以下罚款；有生鲜乳收购许可证的，由发证机关吊销许可证。

（5）生鲜乳运输车辆未取得生鲜乳准运证明的，依照《国务院关于加强食品等产品安全监督管理的特别规定》第三条第四款的规定，没收违法所得、违法运输的生鲜乳和运输工具、设备等物品，货值金额不足一万元的，并处十万元罚款；货值金额一万元以上的，并处货值金额15倍以上20倍以下的罚款。

（6）法律、行政法规对奶畜养殖和生鲜乳收购运输环节中的违法行为有新的处罚规定的，对相关违法行为在新的处罚幅度内从重处罚。

（7）奶畜养殖和生鲜乳收购、运输环节违法行为涉嫌犯罪的，应当依照《行政执法机关移送涉嫌犯罪案件的规定》，移送公安机关依法追究刑事责任。

任务六　质量安全保障相关的法律法规

任务描述

本任务主要介绍了畜禽养殖所有环节的监督管理、畜禽标识和养殖档案管理办法及畜禽产品质量责任追究制度的制定、畜禽质量安全监督检查计划的制定和畜禽生产规范制定的主体等内容。

一、加强畜禽养殖各环节监督的管理

县级以上人民政府应当组织农业农村行政主管部门和其他有关主管部门，依照《中华人民共和国畜牧法》和有关法律、行政法规的规定，加强对畜禽饲养环境、种畜禽质量、饲料和兽药等投入品的使用以及畜禽交易与运输的监督管理。

监督管理的主体首先落实到县级以上人民政府，由人民政府组织农业农村行政主管部门和其他行政主管部门进行监督管理，其他有关主管部门主要包括市场监督、商务、环保、交通、公安、海关等部门。

二、制定畜禽标识和养殖档案管理办法及落实畜禽产品质量责任追究制度

国务院农业农村行政主管部门应当制定畜禽标识和养殖档案管理办法，采取措施落实畜禽产品质量责任追究制度。

畜禽标识和养殖档案管理涉及畜禽繁育、饲养、屠宰、加工、流通等环节的全程监管系统，基本做法是对畜禽个体或群体进行标识，对有关饲养、屠宰加工等场所进行登记，全程记录畜禽及畜禽产品生产、经营等环节的相关信息，以便在发生疫情或出现卫生安全事件时能及时溯源。实施畜禽标识和养殖档案管理，建立畜禽产品可追溯监管制度，对于规范畜牧业生产经营行为，有效防控重大动物疫病，落实畜禽产品质量安全责任追究制度，促进畜牧业持续健康发展具有重要意义。根据世界贸易组织《关于实施动植物卫生措施的协定》（WTO/SPS 协定）有关规定，对畜禽标识和养殖档案管理以及可追溯性的要求正成为国际畜产品市场新的技术壁垒措施。

三、畜禽质量安全监督检查计划的制定

县级以上人民政府农业农村行政主管部门应当制定畜禽质量安全监督检查计划，按计划开展监督抽查工作。

四、畜禽生产规范制定的主体

省级以上人民政府农业农村行政主管部门应当组织制定畜禽生产规范，指导畜禽的安全生产。

任务七　违反《中华人民共和国畜牧法》的法律责任

任务描述

本任务主要介绍了违反畜牧法的各种违法行为，规定了严厉的处罚措施。强化了政府、政府部门和饲养者、经营者的法律责任，加大了对各种违法行为的处罚力度，提高了法律威慑力。

一、行政管理部门的违法行为

农业农村行政主管部门的工作人员利用职务上的便利，收受他人财物或者谋取其他利益，对不符合法定条件的单位、个人核发许可证或者有关批准文件，不履行监督职责，或者发现违法行为不予查处的，依法给予行政处分。

按照规定，农业农村行政主管部门的工作人员有三种行为的，应当承担相应的法律责任：一是利用职务上的便利，收受他人财物或者谋取其他利益；二是对不符合法定条件的单位、个人核发许可证或者有关批准文件；三是不履行监督职责或者发现违法行为不予查处的。

二、行政相对人的违法行为

（一）擅自处理受保护的畜禽遗传资源，造成畜禽遗传资源损失的违法行为

违反规定的，擅自处理受保护的畜禽遗传资源，造成畜禽遗传资源损失的，由省级以上人民政府农业农村行政主管部门处五万元以上五十万元以下罚款。

（二）未经审核批准，从境外引进畜禽遗传资源的或在境内与境外机构、个人合作研究利用列入保护名录的畜禽遗传资源的和在境内与境外机构、个人合作研究利用未经国家畜禽遗传资源委员会鉴定的新发现的畜禽遗传资源的违法行为

违反规定的，由省级以上人民政府农业农村行政主管部门责令停止违法行

为，没收畜禽遗传资源和违法所得，并处一万元以上五万元以下罚款：未经审核批准，从境外引进畜禽遗传资源的；未经审核批准，在境内与境外机构、个人合作研究利用列入保护名录的畜禽遗传资源的：在境内与境外机构、个人合作研究利用未经国家畜禽遗传资源委员会鉴定的新发现的畜禽遗传资源的。

（三）未经国务院农业农村行政主管部门批准，向境外输出畜禽遗传资源的违法行为

未经国务院农业农村行政主管部门批准向境外输出畜禽遗传资源的，依照有关规定追究法律责任。海关应当将扣留的畜禽遗传资源移送省级人民政府农业农村行政主管部门处理。

（四）违法销售、推广未经审定或者鉴定的畜禽品种的违法行为

违反规定的，销售、推广未经审定或者鉴定的畜禽品种的。由县级以上人民政府农业农村行政主管部门责令停止违法行为，没收畜禽和违法所得；违法所得在五万元以上的，并处违法所得 1 倍以上 3 倍以下罚款；没有违法所得或者违法所得不足五万元的。并处五千元以上五万元以下罚款。

（五）无种畜禽生产经营许可证或者违反种畜禽生产经营许可证的规定生产经营种畜禽，或者转让、租借种畜禽生产经营许可证的违法行为

违反规定的，无种畜禽生产经营许可证或者违反种畜禽生产经营许可证的规定生产经营种畜禽的，转让、租借种畜禽生产经营许可证的，由县级以上人民政府农业农村行政主管部门责令停止违法行为，没收违法所得；违法所得在三万元以上的，并处违法所得 1 倍以上 3 倍以下罚款；没有违法所得或者违法所得不足三万元的，并处三千元以上三万元以下罚款。违反种畜禽生产经营许可证的规定生产经营种畜禽或者转让、租借种畜禽生产经营许可证，情节严重的，并处吊销种畜禽生产经营许可证。

（六）不按规定发布畜禽广告的违法行为

违反规定的，发布种畜禽广告的，广告主未提供种畜禽生产经营许可证和营业执照。广告内容不符合有关法律、行政法规的规定，且未注明种畜禽品种、配套系的审定或者鉴定名称；对主要性状的描述不符合该品种、配套系的标准。依照《中华人民共和国广告法》的有关规定追究法律责任。

（1）广告主提供虚假证明文件的，由广告监督管理机关处以一万元以上十万元以下的罚款。伪造、变造或者转让广告审查决定文件的，由广告监督管理机关没收违法所得，并处一万元以上十万元以下的罚款。构成犯罪的，依法追

究刑事责任。因此，违反畜牧法规定，广告主未提供种畜禽生产经营许可证和营业执照发布种畜禽广告时，就应当依照以上规定处罚。

（2）广告内容不符合有关法律、行政法规的规定，并未注明种畜禽品种、配套系的审定或者鉴定名称；对主要性状的描述不符合该品种、配套系的标准的，依照广告法的规定，可能受到的处罚主要是由广告监督管理机关责令负有责任的广告主、广告经营者、广告发布者停止发布、公开更正，没收广告费用，并处广告费用 1 倍以上 5 倍以下的罚款；情节严重的，依法停止其广告业务。构成犯罪的，依法追究其刑事责任。对违反有关广告应当具有可识别性，能够使消费者辨明其为广告，以及大众传播媒介以新闻报道形式发布广告等规定的，由广告监督管理机关责令广告发布者改正，处以一千元以上一万元以下的罚款。

（七）使用的种畜禽不符合种用标准的违法行为

违反规定的，使用的种畜禽不符合种用标准的，由县级以上地方人民政府农业农村行政主管部门责令停止违法行为，没收违法所得；违法所得在五千元以上的，并处违法所得 1 倍以上 2 倍以下罚款；没有违法所得或者违法所得不足五千元的，并处一千元以上五千元以下罚款。

（八）违规销售种畜禽的违法行为

违反规定销售种畜禽的，由县级以上人民政府农业农村行政主管部门或者市场监督主管部门责令停止销售，没收违法销售的畜禽和违法所得；违法所得在五万元以上的，并处违法所得 1 倍以上 5 倍以下罚款；没有违法所得或者违法所得不足五万元的，并处五千元以上五万元以下罚款；情节严重的，并吊销种畜禽生产经营许可证或者营业执照：以其他畜禽品种、配套系冒充所销售的种畜禽品种、配套系；以低代别种畜禽冒充高代别种畜禽；以不符合种用标准的畜禽冒充种畜禽；销售未经批准进口的种畜禽。

（九）畜禽养殖场未建立养殖档案的违法行为

违反规定的，畜禽养殖场未建立养殖档案的，或者未按照规定保存养殖档案的，由县级以上人民政府农业农村行政主管部门责令限期改正，可以处一万元以下罚款。

（十）养殖畜禽过程中的违法行为

违反养殖畜禽的有关规定的，依照有关法律、行政法规的规定处罚：违反法律、行政法规的规定和国家技术规范的强制性要求使用饲料、饲料添加剂、兽药；使用未经高温处理的餐馆、食堂的泔水饲喂家畜；在垃圾场或者使用垃圾场中的物质饲养畜禽；法律、行政法规和国务院农业农村行政主管部门规定的危害人和畜禽健康的其他行为。

（十一）销售的种畜禽未附有关证明、标识方面的违法行为

违反规定的，销售的种畜禽未附具种畜禽合格证明、检疫合格证明、家畜系谱的，销售、收购国务院农业农村行政主管部门规定应当加施标识而没有标识的畜禽的，或重复使用畜禽标识的，由县级以上地方人民政府农业农村行政主管部门或市场监督主管部门责令改正，可处二千元以下罚款。违反规定的，使用伪造、变造的畜禽标识的，由县级以上人民政府农业农村行政主管部门没收伪造、变造的畜禽标识和违法所得，并处三千元以上三万元以下罚款。

（十二）销售不符合国家技术规范的强制性要求的畜禽的违法行为

销售不符合国家技术规范的强制性要求的畜禽的。由县级以上地方人民政府农业农村行政主管部门或者市场监督主管部门责令停止违法行为，没收违法销售的畜禽和违法所得并处违法所得 1 倍以上 3 倍以下罚款；情节严重的，由市场监督主管部门并处吊销营业执照。

三、刑事法律责任

违反规定的，构成犯罪的，依法追究刑事责任。按照《中华人民共和国畜牧法》规定的违法行为，须承担的刑事责任主要有以下两类：一是畜牧兽医行政工作人员因渎职行为所应承担的刑事责任；二是畜牧生产经营者有违反畜牧法的行为，构成犯罪，所应承担的刑事责任。

项目思考

一、简答题

1. 从境外引进畜禽遗产资源的合法程序是什么？
2. 申请畜禽生产经营许可证需具备哪些条件？
3. 开办畜禽养殖场、养殖小区应具备哪些条件？
4. 生鲜乳运输车辆应具备哪些条件？
5. 我们应从哪些方面保证畜产品的安全？

二、案例分析

1. 某种牛场在 3 年前为该场一批西门塔尔牛申请优良种畜登记，并通过审定发放了优良种畜证书，其中一只牛今年因为疾病死亡，该牛死亡后种牛场未

向该省畜牧技术推广机构报告，而是将该牛的优良种畜登记卡用于其长相基本一致的后代牛，经了解该场是为了减少优良种畜登记过程的麻烦和费用。将学生分为每组5人，以小组为单位对案例进行分析讨论，并归纳总结（格式参照附录）。

2. 某生鲜乳收购站工作人员张某，一直从事生鲜乳运输的工作。为了更多盈利，张某和生鲜乳收购站协商自己购买两辆运输车帮助收购站从事生鲜乳的运输。在一次监督检查过程中监督人员发现其所有的两辆运输车没有办理相关的生鲜乳准运证明。将学生分为每组5人，以小组为单位对案例进行分析讨论，并归纳总结（格式参照附录）。

3. 某日，徐某从某县一种牛场引进10头西门塔尔牛，该种牛场在出售时提供牛的检疫合格证明，结果在引进牛的第4天发生1头西门塔尔牛死亡，经相关部门诊断为口蹄疫病毒感染。徐某将该种牛场出具的检疫合格证明及死亡牛的耳标拿到该县动物卫生监督所核查，检疫合格证明存在违规开具的行为，同时在核查过程中发现死亡牛的耳标并非该县动物卫生监督所核发的且在国家畜禽标识信息管理系统也没有查到相关信息。将学生分为每组5人，以小组为单位对案例进行分析讨论，并归纳总结（格式参照附录）。

项目三　兽药相关法律法规

本项目主要介绍兽药管理的相关内容，兽药的作用是防治动物疾病，主要通过兽药研制、生产、经营、使用的管理来促进畜牧业的发展从而保证食用动物产品的安全。以《兽药管理条例》为横向导向进行纵向阐述。

任务一　《兽药管理条例》概述

任务描述

本任务主要介绍了兽药管理条例的立法目的、适用范围、兽药分类管理和兽药储备等内容。

一、立法目的和适用范围

《兽药管理条例》的立法目的在于加强兽药管理，保证兽药质量，防治动物疾病，促进养殖业的发展，维护人体健康。适用于在中国境内从事兽药的研制、生产、经营、进出口、使用和监督管理。

二、兽用处方药和非处方药分类管理制度

国家实行兽用处方药和非处方药分类管理制度。兽用处方药和非处方药分类管理的办法和具体实施步骤，由国务院农业农村主管部门规定。

三、兽药储备制度和调用制度

国家实行兽药储备制度。发生重大动物疫情、灾情或者其他突发事件时，国务院农业农村主管部门可以紧急调用国家储备的兽药；必要时，也可以调用国家储备以外的兽药。

四、特殊药品的管理制度

兽用麻醉药品、精神药品、毒性药品和放射性药品等特殊药品，依照国家有关规定管理。

五、相关术语

1. 兽药

兽药指用于预防、治疗、诊断动物疾病或者有目的地调节动物生理机能的物质（含药物饲料添加剂），主要包括：血清制品、疫苗、诊断制品、微生态制品、中药材、中成药、化学药品、抗生素、生化药品、放射性药品及外用杀虫剂、消毒剂等。

2. 兽用处方药

兽用处方药指凭兽医处方方可购买和使用的兽药。

3. 兽用非处方药

兽用非处方药指由国务院农业农村主管部门公布的、不需要凭兽医处方就可以自行购买并按照说明书使用的兽药。

4. 兽药生产企业

兽药生产企业指专门生产兽药的企业和兼产兽药的企业，包括从事兽药分装的企业。

5. 兽药经营企业

兽药经营企业指经营兽药的专营企业或者兼营企业。

6. 新兽药

新兽药指未曾在中国境内上市销售的兽用药品。

7. 兽药批准证明文件

兽药批准证明文件指兽药产品批准文号、《进口兽药注册证书》、出口兽药证明文件、《新兽药注册证书》等文件。

六、兽药管理工作的行政管理

国务院农业农村主管部门负责全国的兽药监督管理工作。县级以上地方人民政府农业农村主管部门负责本行政区域内的兽药监督管理工作。

水产养殖中的兽药使用、兽药残留检测和监督管理以及水产养殖过程中违法用药的行政处罚，由县级以上人民政府渔业主管部门及其所属的渔政监督管理机构负责。

历年执业兽医资格考试真题

（2013 年真题）不属于《兽药管理条例》立法目的是（　　）

A. 加强兽药管理　　B. 保证兽药质量
C. 保护动物福利　　D. 防治动物疾病
E. 促进养殖业的发展

任务二　新兽药研制相关的法律法规

任务描述

本任务主要介绍了研制新兽药的基本要求，新兽药临床试验管理，新兽药注册申报和审评、质量复核、批准管理，对新兽药注册申报所用的资料进行保护管理等内容。

一、研制新兽药的国家鼓励政策和保护措施

国家鼓励研制新兽药，依法保护研制者的合法权益。《中华人民共和国专利法》从1993年开始受理对药品的专利保护申请，保护药品品种专利发明人的专利权。作为知识产权保护的法律制度之一，《中华人民共和国专利法》在1993年修改时规定对药品品种可以授予专利权，这是我国《中华人民共和国专利法》第一次规定对药品品种可以申请专利保护。

二、研制新兽药的基本要求

（一）研制新兽药必备的基本条件

研制新兽药应具有相应的场所、仪器设备、专业技术人员、安全管理规范和措施。

（二）新兽药安全性评价

研制新兽药，应当进行安全性评价。从事兽药安全性评价的单位，应当经国务院农业农村主管部门认定，并遵守兽药非临床研究质量管理规范和兽药临床试验质量管理规范。

三、新兽药的临床试验管理

（一）一般申请

研制新兽药，应当在临床试验前向临床试验场所所在地省、自治区、直辖市人民政府农业农村主管部门备案，并附具该新兽药实验室阶段安全性评价报

告及其他临床前研究资料。

（二）生物制品的申请

研制的新兽药属于生物制品的应当在临床试验前向国务院农业农村主管部门提出申请，国务院农业农村主管部门应当自收到申请之日起 60 个工作日内进行审核，并将审查结果书面通知申请人。

（三）一类病原微生物的申请

研制新兽药需要使用一类病原微生物的，还应当具备国务院农业农村主管部门规定的条件，并在实验室阶段前报国务院农业农村主管部门批准。

四、新兽药注册的申报和审评、质量复核、批准管理

（一）新兽药注册申请材料

临床试验完成后，新兽药研制者向国务院农业农村主管部门提出新兽药注册申请时，应当提交该新兽药的样品和下列资料：名称、主要成分、理化性质；研制方法、生产工艺、质量标准和检测方法；药理和毒理试验结果、临床试验报告和稳定性试验报告；环境影响报告和污染防治措施。

（二）新兽药注册申请的特殊要求

研制的新兽药属于生物制品的，还应当提供菌（毒、虫）种、细胞等有关材料和资料。菌（毒、虫）种、细胞由国务院农业农村主管部门指定的机构保藏。

研制用于食用动物的新兽药，还应当按照国务院农业农村主管部门的规定进行兽药残留试验并提供休药期、最高残留限量标准、残留检测方法及其制定依据等资料。

（三）审查

国务院农业农村主管部门应当自收到申请之日起 10 个工作日内，将决定受理的新兽药资料送其设立的兽药评审机构进行评审，将新兽药样品送其指定的检验机构复核检验，并自收到评审和复核检验结论之日起 60 个工作日内完成审查。审查合格的，发给新兽药注册证书，并发布该兽药的质量标准；不合格的，应当书面通知申请人。

五、对新兽药注册申报使所用资料实行保护

国家对依法获得注册的、含有新化合物的兽药的申请人提交的其自己所取得且未披露的试验数据和其他数据实施保护。自注册之日起6年内，对其他申请人未经已获得注册兽药的申请人同意，使用前款规定的数据申请兽药注册的，兽药注册机关不予注册；但是，其他申请人提交其自己所取得的数据的除外。除下列情况外，兽药注册机关不得披露申请注册兽药试验数据的数据：公共利益需要；已采取措施确保该类信息不会被不正当地进行商业使用。

任务三　兽药生产相关的法律法规

任务描述

本任务主要介绍了开办兽药生产企业的基本条件和审批程序，企业生产兽药，兽药质量检验，兽药产品批准文号，兽药国家标准和生产工艺，兽用生物制品批签发管理，新兽药知识产权保护，兽药的标签和说明书等内容。

一、《兽药管理条例》关于兽药生产的有关规定

（一）从事兽药生产企业的审批

1. 从事条件

从事兽药生产企业，应当符合国家兽药行业发展规划和产业政策，并具备下列条件：与所生产的兽药相适应的兽医学、药学或者相关专业的技术人员；与所生产的兽药相适应的厂房、设施；与所生产的兽药相适应的兽药质量管理和质量检验的机构、人员、仪器设备；符合安全、卫生要求的生产环境；兽药生产质量管理规范规定的其他生产条件。

2. 申请

自2015年2月24日起符合条件的，申请人方可向省、自治区、直辖市人民政府农业农村主管部门提出申请，并附具符合前款规定条件的证明材料；省、自治区、直辖市人民政府农业农村主管部门应当自收到申请之日起40个工作日内完成审查。经审查合格的，发给兽药生产许可证；不合格的，应当书面通知申请人。

（二）《兽药生产许可证》的内容及有效期

1. 兽药生产许可证

兽药生产许可证的内容应当载明生产范围、生产地点、有效期和法定代表人姓名、住址等事项。

2. 兽药生产许可证

兽药生产许可证的有效期为 5 年。有效期届满，需要继续生产兽药的，应当在许可证有效期届满前 6 个月到发证机关申请换发兽药生产许可证。

（三）兽药生产许可证的变更

兽药生产企业变更生产范围、生产地点的，应当依照兽药管理条例中从事兽药生产企业的相关规定申请换发兽药生产许可证；变更企业名称、法定代表人的，应当在办理工商变更登记手续后 15 个工作日内，到发证机关申请换发兽药生产许可证。

（四）兽药生产质量的规范

1. 规范标准

兽药生产企业应当按照国务院农业农村主管部门制定的兽药生产质量管理规范组织生产。省级以上人民政府农业农村主管部门，应当对兽药生产企业是否符合兽药生产质量管理规范的要求进行监督检查，并公布检查结果。

2. 生产材料的质量要求

生产兽药所需的原料、辅料，应当符合国家标准或者所生产兽药的质量要求。直接接触兽药的包装材料和容器应当符合药用要求。

3. 产品出厂的质量要求

兽药出厂前应当经过质量检验，不符合质量标准的不得出厂。兽药出厂应当附有产品质量合格证。禁止生产假、劣兽药。

4. 兽用产品包装的要求

兽药包装应当按照规定印有或者贴有标签，附具说明书，并在显著位置注明“兽用”字样。兽药的标签和说明书经国务院农业农村主管部门批准并公布后，方可使用。兽药的标签或者说明书，应当以中文注明兽药的通用名称、成分及其含量、规格、生产企业、产品批准文号（进口兽药注册证号）、产品批号、生产日期、有效期、适应证或者功能主治、用法、用量、休药期、禁忌、不良反应、注意事项、运输贮存保管条件及其他应当说明的内容；有商品名称的，还应当注明商品名称。兽用处方药的标签或者说明书还应当印有国务院农业农村主管部门规定的警示内容，其中兽用麻醉药品、精神药品、毒性药品和放射性药品还应当印有国务院农业农村主管部门规定的特殊标志；兽用非处方药的标签或者说明书还应当印有国务院农业农村主管部门规定的非处方药标志。

（五）兽药产品的批准文号

兽药生产企业生产兽药，应当取得国务院农业农村主管部门核发的产品批准文号，产品批准文号的有效期为5年。兽药产品批准文号的核发办法由国务院农业农村主管部门制定。

（六）兽药国家标准和生产工艺

兽药生产企业应当按照兽药国家标准和国务院农业农村主管部门批准的生产工艺进行生产。兽药生产企业改变影响兽药质量的生产工艺的，应当报原批准部门审核批准。兽药生产企业应当建立生产记录，生产记录应当完整、准确。

（七）兽用生物制品生产的管理

兽药生产企业生产的每批兽用生物制品，在出厂前应当由国务院农业农村主管部门指定的检验机构审查核对，并在必要时进行抽查检验；未经审查核对或者抽查检验不合格的，不得销售。强制免疫所需兽用生物制品，由国务院农业农村主管部门指定的企业生产。

（八）新兽药知识产权的保护

国务院农业农村主管部门，根据保证动物产品质量安全和人体健康的需要，可以对新兽药设立不超过5年的监测期；在监测期内，不得批准其他企业生产或者进口该新兽药。生产企业应当在监测期内收集新兽药的疗效、不良反应等资料，并及时报送国务院农业农村主管部门。

二、《兽药标签和说明书管理办法》及编写细则

（一）《兽药标签和说明书管理办法》概述

1. 立法目的和适用范围

目的在于加强兽药监督管理，规范兽药标签和说明书的内容、印制、使用活动，保障兽药使的安全有效。适用于在中国境内生产、经营、使用的兽药的标签和说明书。

2. 兽药标签和说明书管理工作的行政管理

农业农村部主管全国的兽药标签和说明书的管理工作，县级以上地方人民政府农业农村主管部门主管所辖地区的兽药标签和说明书的管理工作。

3. 兽药标签和说明书的依据

《中国兽药典》（2020 年版）分一部、二部、三部，总计收载凡例 3 个、正文品种 1621 个和附录 302 个。《兽药产品说明书范本》（简称《范本》）分为化学药品卷、中药卷、生物制品卷，是兽药产品标签和说明书编制、审批和监督执法的依据。

4. 相关用语的定义

（1）兽药通用名　指国家标准、农业农村部行业标准、地方标准及进口兽药注册的正式品名。

（2）兽药商品名　指某一兽药产品的专有商品名称。

（3）内包装标签　指直接接触兽药的包装上的标签。

（4）外包装标签　指直接接触内包装的外包装上的标签。

（5）兽药最小销售单元　指直接供上市销售的兽药最小包装。

（6）兽药说明书　指包含兽药有效成分、疗效、使用以及注意事项等基本信息的技术资料。

（7）生产企业信息　包括企业名称、邮编、地址、电话、传真、电子邮址、网址等。

（二）兽药标签基本要求的有关规定

1. 兽药产品标签制度

兽药产品（原料药除外）必须同时使用内包装标签和外包装标签。

2. 内包装标签注明的内容

内包装标签必须注明兽用标识、兽药名称、适应证（或功能与主治）、含量/包装规格、批准文号或《进口兽药登记许可证》证号、生产日期、生产批号、有效期、生产企业信息等内容。安瓿、西林瓶等注射或内服产品由于包装尺寸的限制而无法注明上述全部内容的，可适当减少项目，但至少须标明兽药名称、含量规格、生产批号。

3. 外包装标签注明的内容

外包装标签必须注明兽用标识、兽药名称、主要成分、适应证（或功能与主治）、用法与用量、含量/包装规格、批准文号或《进口兽药登记许可证》证号、生产日期、生产批号、有效期、停药期、贮藏、包装数量、生产企业信息等内容。

4. 兽用原料药标签注明的内容

兽用原料药的标签必须注明兽药名称、包装规格、生产批号、生产日期、有效期、贮藏、批准文号、运输注意事项或其他标记、生产企业信息等内容。

5. 贮藏特殊要求的标明

对贮藏有特殊要求的必须在标签的醒目位置标明。

6. 兽药有效期的标注顺序

兽药有效期按年月顺序标注。年份用四位数表示，月份用两位数表示，如“有效期至 2002 年 09 月”或“有效期至 2002. 09”。

（三）兽药说明书基本要求的有关规定

1. 兽用化学药品、抗生素产品的单方、复方及中西复方制剂说明书注明的内容

兽用化学药品、抗生素品的单方、复方及中西复方制剂说明书注明的内容包括兽用标识、兽药名称、主要成分、性状、药理作用、适应证（或功能与主治）、用法与用量、不良反应、注意事项、停药期、外用杀虫药及其他对人体或环境有毒有害的废弃包装的处理措施、有效期、含量/包装规格、贮藏、批准文号、生产企业信息等。

2. 中兽药说明书注明的内容

中兽药说明书注明的内容包括兽用标识、兽药名称、主要成分、性状、功能与主治、用法与用量、不良反应、注意事项、有效期、规格、贮藏、批准文号、生产企业信息等。

3. 兽用生物制品说明书注明的内容

兽用生物制品说明书注明的内容包括兽用标识、兽药名称、主要成分及含量（型、株及活疫苗的最低活菌数或病毒滴度）、性状、接种对象、用法与用量（冻干疫苗须标明稀释方法）、注意事项（包括不良反应与急救措施）、有效期、规格（容量和头份）、包装、贮藏、废弃包装处理措施、批准文号、生产企业信息等。

（四）兽药标签和说明书管理的有关规定

1. 兽药说明书的审批

兽药标签和说明书应当经农业农村部批准后方可使用。农业农村部制定兽药标签和说明书编写细则、范本，作为兽药标签和说明书编制、审批和监督执法的依据。

2. 兽药标签和说明书的印制

兽药标签和说明书必须按照《兽药标签和说明书管理办法》规定的统一要

求印制，其文字及图案不得擅自加入任何未经批准的内容。兽药标签和说明书的字迹必须清晰易辨，兽用标识及外用药标识应清楚醒目，不得有印字脱落或粘贴不牢等现象，并不得用粘贴、剪切的方式进行修改或补充。兽药最小销售单元的包装必须印有或贴有符合外包装标签规定内容的标签并附有说明书。兽药外包装箱上必须印有或粘贴有外包装标签。

3. 兽药标签和说明书的内容的要求

兽药标签和说明书的内容必须真实、准确，不得虚假和夸大，也不得印有任何带有宣传、广告色彩的文字和标识。兽药标签和说明书的内容不得超出或删减规定的项目内容；不得印有未获批准的专利、兽药 GMP、商标等标识。兽药标签和说明书所用文字必须是中文，并使用国家语言文字工作委员会公布的现行规范化汉字，根据需要可有外文对照。兽药标签和说明书内容对产品作用与用途项目的表述不得违反法定兽药标准的规定，并不得有扩大疗效和应用范围的内容；其用法与用量、停药期、有效期等项目内容必须与法定兽药标准一致，并使用符合兽药国家标准要求的规范性用语。兽药标签或最小销售包装上应当按照农业农村部的规定印制兽药产品电子追溯码，电子追溯码以二维码标注；已获批准的专利产品，可标注专利标记和专利号，并标明专利许可种类；注册商标应印制在标签和说明书的左上角或右上角；已获兽药 GMP 合格证的，必须按照兽药 GMP 标识使用有关规定正确地使用兽药 GMP 标识。

4. 兽药名称的规定

兽药标签和说明书上必须标识兽药通用名称，可同时标识商品名称。商品名称不得与通用名称连写，两者之间应有一定空隙并分行。通用名称与商品名称用字的比例不得小于 1∶2（面积），并不得小于注册商标用字。

兽药商品名称命名原则：由汉字组成，不得使用图形、字母、数字、符号等标志；不得使用同中华人民共和国国家名称相同或者近似的，以及同中央国家机关所在地特定地点名称或者标志性建筑物名称相同的文字；不得使用同外国国家名称相同或者近似的文字，但该国政府同意的除外；不得使用同政府间国际组织名称相同或者近似的文字，但经该组织同意或者不易误导公众的除外；不得使用带有民族歧视性的文字；不得使用夸大宣传或带有欺骗性的文字；不得使用有害于社会主义道德风尚或者有其他不良影响的文字；不得使用国际非专利药名（INN）中文译名及其主要字词的文字；不得使用不科学地表示功效、扩大或者夸大产品疗效的文字；不得使用明示或暗示适应所有病症的文字；不得使用直接表示产品剂型、原料的文字；不得使用与兽药通用名称音似或者形似的文字；不得使用兽药习用名称或者曾用名称；不得使用人名、地名或者其他有特定含义的文字；不同品种兽药不得使用同一商品名称；同一兽药生产企业生产的同一种兽药，成分相同但剂量或规格不同的，应当使用同一商品名称。

5. 违法行为的处理

凡违反标签和说明书管理办法规定的，按照《兽药管理条例》的有关规定进行处罚。兽药产品标签未按要求使用电子追溯码的，按照《兽药管理条例》第六十条第二款处罚。

（五）兽药标签和说明书编写细则的有关规定

1. 有关标识

（1）兽用标识 所有兽药（包括蚕用、水产用、蜂用等）必须标识汉字“兽用”，其字体应与兽药通用名相仿。

（2）外用药标识 所有外用兽药（包括消毒防腐剂、杀虫剂等）必须标识汉字“外用药”，字体应与兽药通用名相仿。

（3）专利标识 已获专利的，可标识专利标记、专利号、专利许可种类，其字体不得大于兽药通用名。

（4）兽药 GMP 标识 已取得《兽药 GMP 合格证》的，可在产品标签或说明书上标识“兽药 GMP 验收通过企业”或“兽药 GMP 验收通过车间”字样，并标注合格证证号，其字体不得大于兽药通用名。

2. 兽药名称

（1）兽药通用名 兽药通用名必须采用法定兽药质量标准（兽药国家标准、专业标准、地方标准）名称，剂型名称应与现行《中华人民共和国兽药典》一致。

（2）商品名 指兽药管理部门批准的某一兽药产品的专有商品名称，其命名原则按照《关于加强兽药名称管理的通知》执行。商品名实行企业自愿原则，一个产品仅准予使用一个商品名，不得同时使用两个或两个以上商品名。

3. 性状

性状是记载兽药产品的色泽和外表的感官描述，所有产品性状的描述方式必须严格按照兽药国家标准、专业标准、地方标准的有关规定执行。

4. 药理作用

（1）药效学 包括药理作用和主要作用机制。

（2）药动学 包括吸收、分布、蛋白结合率、代谢、作用开始时间、血药峰值、达峰时间、峰值持续时间、时效、T1/2（半衰期）及排泄（包括透析时的排泄概况）等。

（3）药物相互作用 列出具有兽医临床意义的药物相互作用，包括药剂学、药效学和药动学方面的药物相互作用。

5. 适应证（功能与主治）

依照法定兽药质量标准或兽药管理部门批准的适应证（或功能与主治）书写，不得擅自扩大应用范围。含有同一有效成分的地方兽药标准产品，以兽药国家标准和专业标准有关内容为准，编制时要注意其疾病、病理学、症状的文字规范化，并注意区分“治疗××疾病”“缓解××疾病”或“作为××疾病的辅助治疗”的不同。

6. 用法与用量

必须依照法定兽药质量标准编写，含有同一有效成分的地方兽药标准产品，以兽药国家标准和专业标准有关内容为准，须明确、详细地列出该药的给药方法及给药剂量。

常用给药方法（依序）为：内服、混饲、混饮、皮下注射、肌肉注射、静脉滴注、外用、喷雾吸入等。

动物排列顺序为：马、牛、羊、猪、犬、猫、兔、禽（鸡、鸭、鹅等）、野生动物、水生动物、蚕、蜂等。

幼畜表述方式：驹、犊、羔羊、仔猪、雏鸡（鸭、鹅等）。

用药剂量：应准确地列出用药的剂量、计量方法、用药次数以及疗程期限，并特别注意与制剂规格的关系。

用量在0.1g以上的，用“g”表示，用量在“0.1g”以下的，用“mg”表示，溶液以“L”“mL”表示。同一品种项下，不宜出现两种计量单位。

按体重计算给药剂量时，以“××动物（或其他动物）每1kg体重××g（或mg）”表示。

通过混饲、混饮给药时，以“每1000kg饲料（或1L水）××g（或mg）表示”。必要时，用法与用量除单位含量外，还应使用“一次×片”；“一次×支”；“一日×次”等表示方式。

7. 不良反应（目前本项目尚不明确的，可暂不标注）

不良反应指靶动物在常规剂量下出现的与治疗无关的副作用、毒性和过敏反应，可按其严重程度、发生的频率或症状的系统性列出。如明确无影响，应注明“无”。

8. 注意

注意指使用该兽药时必须注意的问题，如影响兽药疗效的因素；需要慎用的情况；用药对于临床检验指标的影响等。以“1，2，3，……”表示排列次序。内容及排列次序依此为：使用兽药前，需特殊处理的事项；禁忌证；禁用、慎用畜种；中毒与解救；使用者注意事项；外用杀虫剂及其他对人体或环境有毒有害的废弃包装的处理措施等。

9. 停药期

以法定兽药质量标准规定的停药期为准，法定兽药质量标准未规定的，食品动物的肉、脂肪和内脏执行 28d 停药期；乳执行 7d 停药期；蛋执行 7d 停药期；水产品执行 500℃日（水温×天数=500）停药期。

10. 有效期

指该兽药被批准的使用期限，以法定质量标准规定的有效期为准。法定兽药质量标准未规定的品种，企业可根据产品稳定性试验结果确定临时有效期，最长时间不得超过 2 年。

11. 规格

应列出经批准生产的本产品的含量规格。制剂的含量规格是指每片（针剂为每支、预混剂为每个包装）含主药的量，液体制剂应注明每支的容量。

主要成分标注要求：化学药品及抗生素制剂产品，必须标注所有有效成分及含量；纯中兽药制剂产品，必须标注成方中前五味主药成分，含量表示方法按照现行《中华人民共和国兽药典》执行；中西复方制剂产品，必须标注成方中前五味主药成分和西药成分、含量。

12. 包装

包装指每个包装内所含产品的片数、支数、千克数或包数、盒数等。

13. 贮藏

贮藏指产品的保存条件（如温度、干湿、明暗），其表示方法按现行《中华人民共和国兽药典》要求摘抄。对有特殊要求的，须在醒目位置上标明。

（1）由于包装材料或尺寸的原因，致使产品最小销售单元的包装不宜分别标识标签和说明书内容的，可以将外包装标签和说明书内容进行合并，但项目及内容不得少于合并前的所有项目内容。

（2）标签和说明书中同一项目的表述内容须一致。

历年执业兽医资格考试真题

1.（2009 年真题）兽药外包装标签必须注明的内容可以不包括（　　）

A. 适应证　　B. 主要成分　　C. 兽药名称　　D. 生产批号

E. 销售企业信息

2.（2010 年真题）兽药内包装标签应注明的事项不包括（　　）

A. 有效期　　B. 兽药名称　　C. 生产批号　　D. 含量/规格

E. 销售企业信息

3.（2011 年真题）兽用生物制品说明书必须注明的内容不包括（　　）

A. 兽用标识　　B. 兽药名称　　C. 接种对象　　*D. 药理作用*

E. 批准文号

4.（2012年真题）兽药产品的内包装标签必须注明的事项不包括（　　）

A. 兽药名称　　B. 生产批号　　C. 有效期　　*D. 主要成分*

E. 生产日期

5.（2013年真题）兽用原材料标签必须注明的事项不包括（　　）

A. 兽药名称　　B. 标准文号　　*C. 功能与主治*　　D. 有效期

E. 生产日期

6.（2016年真题）不属于兽用原料药标签必须注明的内容的是（　　）

A. 兽药名称　　*B. 兽用标识*　　C. 生产批号　　D. 有效期

E. 生产企业信息

7.（2018年真题）不属于中兽药说明书必须注明的内容是（　　）

A. 兽用标识　　B. 主要成分　　*C. 药理作用*　　D. 不良反应

E. 注意事项

8.（2019年真题）《兽药管理条例》规定，兽药经营企业变更企业名称的，到发证机关申请换发兽药经营许可证的时限是办理工商登记变更手续后（　　）

A. 5个工作日　　B. 7个工作日

C. 10个工作日　　*D. 15个工作日*

E. 20个工作日

任务四　兽药经营相关的法律法规

任务描述

本任务主要介绍了兽药经营企业应具备的条件、申请程序、批准机关、批准方式、批准程序、购进兽药、销售兽药、购销兽药记录、保管条件和出入库等规定，以及兽药经营质量管理规范的制定和监督检查规定，强制免疫所需兽用生物制品经营规定，兽药广告等内容。

一、《兽药管理条例》关于兽药经营的有关规定

（一）兽药经营许可证的申办

1. 申办条件

经营兽药的企业，应当具备下列条件：与所经营的兽药相适应的兽药技术人员；与所经营的兽药相适应的营业场所、设备、仓库设施；与所经营的兽药相适应的质量管理机构或者人员；兽药经营质量管理规范规定的其他经营条件。

2. 申请

符合申报条件的，申请人方可向市、县人民政府农业农村主管部门提出申请，并附具符合前款规定条件的证明材料；经营兽用生物制品的，应当向省、自治区、直辖市人民政府农业农村主管部门提出申请，并附具申报条件的证明材料。

3. 审查

县级以上地方人民政府农业农村主管部门，应当自收到申请之日起 30 个工作日内完成审查。审查合格的，发给兽药经营许可证；不合格的，应当书面通知申请人。

（二）兽药经营许可证的具体规定

1. 记载内容

兽药经营许可证应当载明经营范围、经营地点、有效期和法定代表人姓名、住址等事项。

2. 有效时限

兽药经营许可证有效期为 5 年。有效期届满，需要继续经营兽药的，应当在许可证有效期届满前 6 个月到发证机关申请换发兽药经营许可证。

（三）兽药经营许可证的变更

兽药经营企业变更经营范围、经营地点的，应当依照本条例相关规定申请换发兽药经营许可证；变更企业名称、法定代表人的，应当在办理工商变更登记手续后 15 个工作日内，到发证机关申请换发兽药经营许可证。

（四）兽药经营质量管理规范的要求

兽药经营企业，应当遵守国务院农业农村主管部门制定的兽药经营质量管理规范。

县级以上地方人民政府农业农村主管部门，应当对兽药经营企业是否符合兽药经营质量管理规范的要求进行监督检查，并公布检查结果。

（五）兽药经营企业购进兽药的质量要求

兽药经营企业购进兽药，应当将兽药产品与产品标签或者说明书、产品质量合格证核对无误。

（六）兽药经营企业销售兽药的规定

兽药经营企业，应当向购买者说明兽药的功能主治、用法、用量和注意事项。销售兽用处方药的，应当遵守兽用处方药管理办法。兽药经营企业销售兽用中药材的，应当注明产地。禁止兽药经营企业经营人用药品和假、劣兽药。

（七）兽药经营企业购销兽药须建立购销记录

兽药经营企业购销兽药，应当建立购销记录。购销记录应当载明兽药的商品名称、通用名称、剂型、规格、批号、有效期、生产厂商、购销单位、购销数量、购销日期和国务院农业农村主管部门规定的其他事项。

（八）兽药经营企业必须制定和执行兽药保管制度、检查验收制度，保持兽药的质量

兽药经营企业，应当建立兽药保管制度，采取必要的冷藏、防冻、防潮、防虫、防鼠等措施，保持所经营兽药的质量。兽药入库、出库，应当执行检查验收制度，并有准确记录。

（九）强制免疫所需兽用生物制品的供应

强制免疫所需兽用生物制品的经营，应当符合国务院农业农村主管部门的规定。

（十）兽药广告内容和审批

兽药广告的内容应当与兽药说明书内容相一致，在全国重点媒体发布兽药广告的，应当经国务院农业农村主管部门审查批准，取得兽药广告审查批准文号。在地方媒体发布兽药广告的，应当经省、自治区、直辖市人民政府农业农村主管部门审查批准，取得兽药广告审查批准文号；未经批准的，不得发布。

二、《兽药经营质量管理规范》

（一）《兽药经营质量管理规范》概述

制定目的在于加强兽药经营质量管理，保证兽药质量。适用于在中国境内的兽药经营企业。兽药经营企业经营兽用麻醉药品、精神药品、易制毒化学药品、毒性药品、放射性药品等特殊药品，还应当遵守国家其他有关规定。动物防疫机构依法从事兽药经营活动的，应当遵守《兽药经营质量管理规范》。

（二）场所与设施的有关规定

1. 兽药经营企业应具备的条件

（1）经营场所和仓库的条件　兽药经营企业应当具有固定的经营场所和仓

库，其面积应当符合省、自治区、直辖市人民政府农业农村主管部门的规定。经营场所和仓库应当布局合理，相对独立。经营场所的面积、设施和设备应当与经营的兽药品种、经营规模相适应。兽药经营区域与生活区域、动物诊疗区域应当分别独立设置，避免交叉污染。

（2）设施、设备的条件　兽药经营企业的经营场所和仓库应当具有下列设施设备：与经营兽药相适应的货架、柜台；避光、通风、照明的设施设备；与贮存兽药相适应的控制温度、湿度的设施设备；防尘、防潮、防霉、防污染和防虫、防鼠、防鸟的设施设备；进行卫生清洁的设施设备；实施兽药电子追溯管理的相关设备。

2. 兽药经营许可证的公示与变更

兽药经营企业的经营地点应当与《兽药经营许可证》载明的地点一致。《兽药经营许可证》应当悬挂在经营场所的显著位置。变更经营地点的，应当申请换发兽药经营许可证。变更经营场所面积的，应当在变更后 30 个工作日内向发证机关备案。

3. 兽药经营企业仓库的区域划分及变更

兽药经营企业应当具有与经营的兽药品种、经营规模适应并能够保证兽药质量的常温库、阴凉库（柜）、冷库（柜）等仓库和相关设施、设备。仓库面积和相关设施、设备应当满足合格兽药区、不合格兽药区、待验兽药区、退货兽药区等不同区域划分和不同兽药品种分区、分类保管、储存的要求。变更仓库位置，增加、减少仓库数量、面积以及相关设施、设备的，应当在变更后 30 个工作日内向发证机关备案。

4. 连锁经营企业的仓储配置

兽药直营连锁经营企业在同一县（市）内有多家经营门店的，可以统一配置仓储和相关设施、设备。

5. 经营场所和仓库的卫生及标志要求

兽药经营企业的经营场所和仓库的地面、墙壁、顶棚等应当平整、光洁，门窗应当严密、易清洁。兽药经营企业经营场所和仓库的设施、设备应当齐备、整洁、完好，并根据兽药品种、类别、用途等设立醒目标志。

（三）机构与人员的有关规定

1. 质量管理人员的配备

兽药经营企业应当配备与经营兽药相适应的质量管理人员。有条件的，可以建立质量管理机构。

2. 兽药经营企业相关人员的要求

（1）兽药经营企业直接负责人的要求　兽药经营企业直接负责的主管人员

应当熟悉兽药管理法律、法规及政策规定，具备相应兽药专业知识。

（2）兽药经营企业主管质量和质量管理机构负责人的要求　兽药经营企业主管质量的负责人和质量管理机构的负责人应当具备相应兽药专业知识，且其专业学历或技术职称应当符合省、自治区、直辖市人民政府农业农村主管部门的规定。

（3）兽药质量管理人员的要求　兽药质量管理人员应当具有兽药、兽医等相关专业中专以上学历，或者具有兽药、兽医等相关专业初级以上专业技术职称。经营兽用生物制品的，兽药质量管理人员应当具有兽药、兽医等相关专业大专以上学历，或者具有兽药、兽医等相关专业中级以上专业技术职称，并具备兽用生物制品专业知识。兽药质量管理人员不得在本企业以外的其他单位兼职。主管质量的负责人、质量管理机构的负责人、质量管理人员发生变更的，应当在变更后30个工作日内向发证机关备案。

（4）从事兽药采购、保管、销售、技术服务等工作人员的要求　兽药经营企业从事兽药采购、保管、销售、技术服务等工作的人员，应当具有高中以上学历，并具有相应兽药、兽医等专业知识，熟悉兽药管理法律、法规及政策规定。

3. 员工的定期培训及考核管理

兽药经营企业应当制定培训计划，定期对员工进行兽药管理法律、法规、政策规定和相关专业知识、职业道德培训、考核，并建立培训、考核档案。

（四）规章制度的有关规定

1. 质量管理体系的建立

兽药经营企业应当建立质量管理体系，制定管理制度、操作程序等质量管理文件。

质量管理文件应当包括下列内容：企业质量管理目标；企业组织机构、岗位和人员职责；对供货单位和所购兽药的质量评估制度；兽药采购、验收、入库、陈列、储存、运输、销售、出库等环节的管理制度；环境卫生的管理制度；兽药不良反应报告制度；不合格兽药和退货兽药的管理制度；质量事故、质量查询和质量投诉的管理制度；企业记录、档案和凭证的管理制度；质量管理培训、考核制度；兽药产品追溯管理制度。

2. 相关记录的建立

兽药经营企业应当建立下列记录：人员培训、考核记录；控制温度、湿度的设施、设备的维护、保养、清洁、运行状态记录；兽药质量评估记录；兽药采购、验收、入库、储存、销售、出库等记录；兽药清查记录；兽药质量投诉、质量纠纷、质量事故、不良反应等记录；不合格兽药和退货兽药的处理记录；农业农村主管部门的监督检查情况记录；兽药产品追溯记录。

记录应当真实、准确、完整、清晰，不得随意涂改、伪造和变造。确需修改的，应当签名、注明日期，原数据应当清晰可辨。

3. 兽药质量管理档案的建立

兽药经营企业应当建立兽药质量管理档案，设置档案管理室或者档案柜，并由专人负责。质量管理档案应当包括人员档案、培训档案、设备设施档案、供应商质量评估档案、产品质量档案；开具的处方、进货及销售凭证；购销记录及本规范规定的其他记录。质量管理档案不得涂改，保存期限不得少于2年；购销等记录和凭证应当保存至产品有效期后1年。

（五）采购与入库的有关规定

1. 采购合法的兽药产品

兽药经营企业应当采购合法兽药产品。兽药经营企业应当对供货单位的资质、质量保证能力、质量信誉和产品批准证明文件进行审核，并与供货单位签订采购合同。

2. 购进兽药的质量保证

兽药经营企业购进兽药时，应当依照国家兽药管理规定、兽药标准和合同约定，对每批兽药的包装、标签、说明书、质量合格证等内容进行检查，符合要求的方可购进。必要时，应当对购进兽药进行检验或者委托兽药检验机构进行检验，检验报告应当与产品质量档案一起保存。

3. 兽药采购凭证及采购记录

兽药经营企业应当保存采购兽药的有效凭证，建立真实、完整的采购记录，做到有效凭证、账、货相符。采购记录应当载明兽药的通用名称、商品名称、批准文号、批号、剂型、规格、有效期、生产单位、供货单位、购入数量、购入日期、经手人或者负责人等内容。

4. 兽药入库验收及记录

兽药入库时，应当进行检查验收，将兽药入库的信息上传兽药产品追溯系统，并做好记录。兽用生物制品入库，应当由两人以上进行检查验收。

有下列情形之一的兽药，不得入库：与进货单不符的；内、外包装破损可能影响产品质量的；没有标识或者标识模糊不清的；质量异常的；其他不符合规定的。

（六）陈列与储存的有关规定

1. 陈列、储存兽药的要求

按照品种、类别、用途以及温度、湿度等储存要求，分类、分区或者专库存放；按照兽药外包装图示标志的要求搬运和存放；与仓库地面、墙顶等之间保持一定间距；内用兽药与外用兽药分开存放，兽用处方药与非处方药分开存放；易串味兽药、危险药品等特殊兽药与其他兽药分库存放；待验兽药、合格兽药、不合格兽药、退货兽药分区存放；同一企业的同一批号的产品集中存放。

2. 识别标识的要求

不同区域、不同类型的兽药应当具有明显的识别标识。标识应当放置准确、字迹清楚。不合格兽药以红色字体标识；待验和退货兽药以黄色字体标识；合格兽药以绿色字体标识。

3. 定期检查并记录

兽药经营企业应当定期对兽药及其陈列、储存的条件和设施、设备的运行状态进行检查，并做好记录。

4. 假劣兽药的清查

兽药经营企业应当及时清查农业农村主管部门公布的假劣兽药，并做好记录。

（七）销售与运输的有关规定

1. 销售兽药的原则及出库记录

兽药经营企业销售兽药，应当遵循先产先出和按批号出库的原则。兽药出库时，应当进行检查、核对，建立出库记录，并将出库信息上传兽药产品追溯系统。兽药出库记录应当包括兽药通用名称、商品名称、批号、剂型、规格、生产厂商、数量、日期、经手人或者负责人等内容。

有下列情形之一的兽药，不得出库销售：标识模糊不清或者脱落的；外包装出现破损、封口不牢、封条严重损坏的；超出有效期限的；其他不符合规定的。

2. 销售记录的建立

兽药经营企业应当建立销售记录。销售记录应当载明兽药通用名称、商品名称、批准文号、批号、有效期、剂型、规格、生产厂商、购货单位、销售数量、销售日期、经手人或者负责人等内容。

3. 销售凭证的开具

兽药经营企业销售兽药，应当开具有效凭证，做到有效凭证、账、货、记录相符。

4. 兽用处方药及中药的销售管理

兽药经营企业销售兽用处方药的，应当遵守兽用处方药管理规定；销售兽用中药材、中药饮片的，应当注明产地。

5. 最小销售单元的限制

兽药拆零销售时，不得拆开最小销售单元。

6. 兽药的运输管理

兽药经营企业应当按照兽药外包装图示标志的要求运输兽药。有温度控制要求的兽药，在运输时应当采取必要的温度控制措施，并建立详细记录。

（八）售后服务的有关规定

（1）兽药经营企业应当按照农业农村主管部门批准的兽药标签、说明书及其他规定进行宣传，不得误导购买者。

（2）兽药经营企业应当向购买者提供技术咨询服务，在经营场所明示服务公约和质量承诺，指导购买者科学、安全、合理使用兽药。

（3）兽药经营企业应当注意收集兽药使用信息，发现假、劣兽药和质量可疑兽药以及严重兽药不良反应时，应当及时向所在地农业农村主管部门报告，并根据规定做好相关工作。

三、《兽用生物制品经营管理办法》

（一）《兽用生物制品经营管理办法》概述

1. 立法目的和适用范围

目的在于加强兽用生物制品经营管理，保证兽用生物制品质量。适用于在中华人民共和国境内从事兽用生物制品的分发、经营和监督管理。进口兽用生物制品的经营适用《兽药进口管理办法》。

2. 兽用生物制品的分类

兽用生物制品分为国家强制免疫计划所需兽用生物制品（简称国家强制免疫用生物制品，名录由农业农村部确定并公布）和非国家强制免疫计划所需兽用生物制品（简称非国家强制免疫用生物制品）。

3. 相关用语的定义

（1）兽用生物制品　指以天然或者人工改造的微生物、寄生虫、生物毒素或者生物组织及代谢产物等为材料，采用生物学、分子生物学或者生物化学、生物工程等相应技术制成的，用于预防、治疗、诊断动物疫病或者有目的地调节动物生理机能的兽药，主要包括血清制品、疫苗、诊断制品和微生态制品等。

（2）非国家强制免疫用生物制品　指农业农村部确定的强制免疫用生物制品以外的兽用生物制品。

4. 兽用生物制品监督工作的行政管理

农业农村部负责全国兽用生物制品的监督管理工作。县级以上地方人民政府畜牧兽医主管部门负责本行政区域内兽用生物制品的监督管理工作。

（二）生产与采购的有关规定

1. 生物制品生产企业的管理

兽用生物制品生产企业可以将本企业生产的兽用生物制品销售给各级人民政府畜牧兽医主管部门或养殖场（户）、动物诊疗机构等使用者，也可以委托经销商销售。发生重大动物疫情、灾情或其他突发事件时，根据工作需要，国家强制免疫用生物制品由农业农村部统一调用，生产企业不得自行销售。

2. 国家强制免疫用生物制品贮存、运输、分发等管理制度的建立

省级人民政府畜牧兽医主管部门对国家强制免疫用生物制品可以依法组织实行政府采购、分发。承担国家强制免疫用生物制品政府采购、分发任务的单位，应当建立国家强制免疫用生物制品贮存、运输、分发等管理制度，建立真实、完整的分发和冷链运输记录，记录应当保存至制品有效期满 2 年后。

3. 养殖场自用的国家强制免疫用生物制品的采购补助

向国家强制免疫用生物制品生产企业或其委托的经销商采购自用的国家强制免疫用生物制品的养殖场（户），在申请强制免疫补助经费时，应当按要求将采购的品种、数量、生产企业及经销商等信息提供给所在地县级地方人民政府畜牧兽医主管部门。养殖场（户）应当建立真实、完整的采购、贮存、使用记录，并保存至制品有效期满后 2 年。

4. 免疫用生物制品的追溯管理

兽用生物制品生产、经营企业以及承担国家强制免疫用生物制品政府采购、分发任务的单位，应当按照兽药产品追溯要求及时、准确、完整地上传制品入库、出库追溯数据至国家兽药追溯系统。

5. 兽用生物制品生产、经营企业贮存、销售、冷链运输记录的建立

兽用生物制品生产、经营企业应当遵守兽药生产质量管理规范和兽药经营质量管理规范各项规定，建立真实、完整的贮存、销售、冷链运输记录，经营企业还应当建立真实、完整的采购记录。贮存记录应当每日记录贮存设施设备温度；销售记录和采购记录应当载明产品名称、产品批号、产品规格、产品数量、生产日期、有效期、供货单位或收货单位和地址、发货日期等内容；冷链运输记录应当记录起运和到达时的温度。

6. 兽用生物制品生产、经营企业自行配送兽用生物制品的条件

兽用生物制品生产、经营企业自行配送兽用生物制品的，应当具备相应的冷链贮存、运输条件，也可以委托具备相应冷链贮存、运输条件的配送单位配

送，并对委托配送的产品质量负责。冷链贮存、运输全过程应当处于规定的贮藏温度环境下。

7. 生物制品经销商的管理

（1）经销商具备的条件　从事兽用生物制品经营的企业，应当依法取得《兽药经营许可证》。《兽药经营许可证》的经营范围应当具体载明国家强制免疫用生物制品、非国家强制免疫用生物制品等产品类别和委托的兽用生物制品生产企业名称。经营范围发生变化的，应当办理变更手续。

（2）经销商的确定　兽用生物制品生产企业可以自主确定、调整经销商，并与经销商签订销售代理合同，明确代理范围等事项。

（3）经销商的销售范围　经销商只能经营所代理兽用生物制品生产企业生产的兽用生物制品，不得经营未经委托的其他企业生产的兽用生物制品。经销商只能将所代理的产品销售给使用者和获得生产企业委托的其他经销商。

8. 使用者采购或政府分发获得的兽用生物制品不得转销

养殖场（户）、动物诊疗机构等使用者采购的或者经政府分发获得的兽用生物制品只限自用，不得转手销售。

（三）法律责任的有关规定

（1）县级以上地方人民政府畜牧兽医主管部门应当依法加强对兽用生物制品生产、经营企业和使用者监督检查，发现有违反《兽药管理条例》和《兽用生物制品经营管理办法》规定情形的，应当依法做出处理决者报告上级畜牧兽医主管部门。

（2）各级畜牧兽医主管部门、兽药检验机构、动物卫生监督机构、动物疫病预防控制机构及其工作人员，不得参与兽用生物制品的生产、经营活动，不得以其名义推荐或者监制、监销兽用生物制品和进行广告宣传。

（3）养殖场（户）、动物诊疗机构等使用者转手销售兽用生物制品的，或者兽用生物制品经营企业超出《兽药经营许可证》载明的经营范围经营兽用生物制品的，属于无证经营，按照《兽药管理条例》第五十六条的规定处罚；属于国家强制免疫用生物制品的，依法从重处罚。

（4）兽用生物制品生产、经营企业未按照要求实施兽药产品追溯，以及未按照要求建立真实、完整的贮存、销售、冷链运输记录或未实施冷链贮存、运输的，按照《兽药管理条例》第五十九条的规定处罚。

历年执业兽医资格考试真题

1.（2010 年真题）《兽药经营质量管理规范》规定的兽药质量管理档案不包括（　　）

A. 人员档案
B. 设备设施档案
C. 进货及销售凭证
D. 动物诊疗病历档案
E. 供应商质量评估档案

2.（2011年真题）《兽药经营质量管理规范》规定，兽药经营企业经营的特殊兽药不包括（　　）

A. 麻醉药品
B. 精神药品
C. 毒性药品
D. 放射性药品
E. 助消化药品

3.（2012年真题）不符合兽药经营企业规定条件的是（　　）

A. 有与所经营的兽药相适应的设备
B. 有与所经营的兽药相适应的仓库设备
C. 有与所经营的兽药相适应的营业场所
D. 有与所经营的兽药相适应的质量管理机构或者人员
E. 有与所经营的兽药相适应且经过资格认定的兽药技术人员

4.（2013年真题）根据《兽药经营质量管理规范》，禁止出库销售的兽药不包括（　　）

A. 标识模糊不清
B. 外包装出现破损
C. 外包装封条严重损坏
D. 外包装标识销售企业信息
E. 超出有效期限

5.（2014年真题）根据《兽药经营质量管理规范》，应当申请换发兽药经营许可证的是（　　）

A. 变更经营地点
B. 增加仓库面积
C. 增加仓库数量
D. 变更仓库位置
E. 变更经营场所面积

6.（2015年真题）兽药经营企业应当建立质量管理档案，该档案的法定内容不包括（　　）

A. 动物诊疗病历档案
B. 人员档案
C. 设备设施档案
D. 供应商质量评估档案
E. 进货及销售凭证

7.（2016年真题）依据《兽药经营质量管理规范》，兽药营企业的经营场所和仓库应当具有的设施、设备不包括（　　）

A. 与经营兽药相适应的货架
B. 具有布局合理的动物诊疗室
C. 通风设施、设备
D. 防污染设施、设备
E. 照明设施、设备

8. （2017 年真题）兽药经营企业销售兽药时，必须向购买者说明的事项不包括（　　）

A. 功能主治　B. 用法　C. 用量　*D. 生产企业信息*

E. 注意事项

9. （2017 年真题）兽药经营企业变更主管质量的负责人，应当向原发放《兽药经营许可证》的机关备案。备案的期限为变更后（　　）

A. 30 个工作日　B. 45 个工作日

C. 60 个工作日　D. 80 个工作日

E. 90 个工作日

10. （2018 年真题）《兽药经营质量管理规范》规定，待验、合格、不合格以及退货兽药应当区分存放且有明显识别标识，其中退货兽药的识别标识字体颜色为（　　）

A. 红色　B. 绿色　C. 蓝色　D. 黄色

E. 黑色

11. （2010 年真题）兽用生物制品不包括（　　）

A. 抗生素　B. 灭活疫苗　C. 弱毒疫苗　D. 高免血清

E. 高免卵黄

12. （2011 年真题）可以销售非国家强制免疫用生物制品的单位为（　　）

A. 养殖场　B. 兽药检验机构

C. 农业农村主管部门　D. 动物卫生监督机构

E. 兽用生物制品生产企业

13. （2012 年真题）可以向农业农村部指定的生产企业采购自用的国家强制免疫用生物制品的养殖场，应当具备条件不包括（　　）

A. 必须是种畜禽养殖场　B. 具有相应的兽医技术人员

C. 具有相应的储藏条件　D. 具有完善的使用核对管理制度

E. 具有完善的储藏保管管理制度

14. （2013 年真题）具备条件的养殖场采购自用的国家强制免疫用生物制品必须进行备案，实施备案的是养殖场所在地的（　　）

A. 省动物疫病预防控制机构

B. 县级人民政府农业农村主管部门

C. 县动物疫病预防控制机构

D. 县动物卫生监督机构

E. 乡镇畜牧兽医站

15. （2014 年真题）农业农村部指定的国家强制免疫用生物制品生产企业，只能将该生物制品销售给（　　）

A. 县级动物疫病预防控制机构

B. 地市级动物疫病预防控制机构

C. 省级动物疫病预防控制机构

D. 地市级人民政府农业农村主管部门

E. 省级人民政府农业农村主管部门和符合规定条件的养殖场

16. （2018 年真题）兽药经营企业发现与兽药使用有关的严重不良反应，应当报告给（　　）

A. 食品药品监督管理机构　　*B. 农业农村主管部门*

C. 动物卫生监督机构　　D. 动物疫病预防控制机构

E. 兽药检验机构

任务五　兽药进出口相关的法律法规

任务描述

本任务主要介绍了进口兽药的注册要求、审查程序、兽药入关程序、禁止进口的兽药和国产兽药出口时证明文件的办理等内容。

一、《兽药管理条例》关于兽药进出口的有关规定

（一）进口兽药审查注册

1. 注册制度

首次向中国出口的兽药，由出口方驻中国境内的办事机构或者其委托的中国境内代理机构向国务院农业农村主管部门申请注册。

2. 申报材料

申请注册时需提交下列资料和物品：生产企业所在国家（地区）兽药管理部门批准生产、销售的证明文件；生产企业所在国家（地区）兽药管理部门颁发的符合兽药生产质量管理规范的证明文件；兽药的制造方法、生产工艺、质量标准、检测方法、药理和毒理试验结果、临床试验报告、稳定性试验报告及其他相关资料；用于食用动物的兽药的休药期、最高残留限量标准、残留检测方法及其制定依据等资料；兽药的标签和说明书样本；兽药的样品、对照品、标准品；环境影响报告和污染防治措施；涉及兽药安全性的其他资料。

申请向中国出口兽用生物制品的，还应当提供菌（毒、虫）种、细胞等有关材料和资料。

（二）进口兽药评审程序

1. 审查

国务院农业农村主管部门，应当自收到申请之日起 10 个工作日内组织初步审查。经初步审查合格的，应当将决定受理的兽药资料送其设立的兽药评审机构进行评审，将该兽药样品送其指定的检验机构复核检验，并自收到评审和复核检验结论之日起 60 个工作日内完成审查。经审查合格的，发给进口兽药注册证书，并发布该兽药的质量标准；不合格的，应当书面通知申请人。

2. 进口兽药条件考查

在审查过程中，国务院农业农村主管部门可以对向中国出口兽药的企业是否符合兽药生产质量管理规范的要求进行考查，并有权要求该企业在国务院农业农村主管部门指定的机构进行该兽药的安全性和有效性试验。

3. 进口兽药特殊情况的审批

国内急需兽药、少量科研用兽药或者注册兽药的样品、对照品、标准品的进口，按照国务院农业农村主管部门的规定办理。

（三）注册许可的有效期和续展申请

进口兽药注册证书的有效期为 5 年。有效期届满，需要继续向中国出口兽药的，应当在有效期届满前 6 个月到原发证机关申请再注册。

（四）进口兽药销售主体、报验程序和监督检查

1. 进口兽药销售主体

境外企业不得在中国直接销售兽药。境外企业在中国销售兽药，应当依法在中国境内设立销售机构或者委托符合条件的中国境内代理机构。

2. 进口兽药报验程序

在中国已取得《进口兽药注册证书》的进口兽药，中国境内代理机构凭《进口兽药注册证书》到口岸所在地人民政府农业农村主管部门办理进口兽药通关单。海关凭进口兽药通关单放行。兽药进口管理办法由国务院农业农村主管部门会同海关总署制定。

3. 进口兽药进口后的监督检查

兽用生物制品进口后，应当依照《兽药管理条例》第十九条的规定进行审查核对和抽查检验。其他兽药进口后，由当地农业农村主管部门通知兽药检验机构进行抽查检验。

（五）禁止进口的兽药

禁止进口的兽药包括药效不确定、不良反应大以及可能对养殖业、人体健康造成危害或者存在潜在风险的；来自疫区可能造成疫病在中国境内传播的兽用生物制品；经考查生产条件不符合规定的；国务院农业农村主管部门禁止生产、经营和使用的。

（六）出口兽药的证明文件

向中国境外出口兽药，进口方要求提供兽药出口证明文件的，国务院农业农村行政管理门或者企业所在地的省、自治区、直辖市人民政府农业农村主管部门可以出具出口兽药证明文件。国内防疫急需的疫苗，国务院农业农村主管部门可以限制或者禁止出口。

二、《兽药进口管理办法》

（一）《兽药进口管理办法》概述

1. 立法目的和适用范围

目的在于加强进口兽药的监督管理，规范兽药进口行为，保证进口兽药质量。适用于在中国境内从事兽药进口、进口兽药的经营和监督管理。进口兽药实行目录管理，《进口兽药管理目录》由农业农村部会同海关总署制定、调整并公布。兽用麻醉药品、精神药品、毒性药品和放射性药品等特殊药品的进口管理，除遵守《兽药进口管理办法》的规定外，还应当遵守国家关于麻醉药品、精神药品、毒性药品和放射性药品的管理规定。

2. 兽药进口工作的行政管理

农业农村部负责全国进口兽药的监督管理工作。县级以上地方人民政府农业农村主管部门负责本行政区域内进口兽药的监督管理工作。兽药应当从具备检验能力的兽药检验机构所在地口岸进口（简称兽药进口口岸）。兽药检验机构名单由农业农村部确定并公布。

（二）兽药进口申请的有关规定

1. 兽药进出口制度

兽药进口应当办理《进口兽药通关单》。

2.《进口兽药通关单》的审办

《进口兽药通关单》由中国境内代理商向兽药进口口岸所在地省级人民政府农业农村主管部门申请。

（1）申请材料

①普通兽药：《进口兽药通关单》申请应提交的材料：兽药进口申请表；代理合同（授权书）和购货合同复印件；工商营业执照复印件；兽药生产企业申请进口本企业生产所需原料药的，提交工商营业执照复印件；产品出厂检验报告；装箱单、提运单和货运发票复印件；产品中文标签、说明书式样。

②兽用生物制品：申请兽用生物制品《进口兽药通关单》的，还应当向兽药进口口岸所在地省级人民政府农业农村主管部门提交下列材料：农业农村部依据《兽药进口管理办法》核发的《兽用生物制品进口许可证》复印件；生产企业所在国家（地区）兽药管理部门出具的批签发证明。

（2）审查　兽药进口口岸所在地省级人民政府农业农村主管部门应当自收到申请之日起 2 个工作日内完成审查。审查合格的，发给《进口兽药通关单》；不合格的，书面通知申请人，并说明理由。兽药进口口岸所在地省级人民政府农业农村主管部门应当在每月上旬将上月核发的《进口兽药通关单》报农业农村部备案。

（3）《进口兽药通关单》记载的内容　主要载明代理商名称、有效期限、兽药进口口岸、海关商品编码、商品名称、生产企业名称、进口数量、包装规格等内容。

3. 兽用生物制品进口许可证的申请

（1）申请材料　代理商申请兽用生物制品进口许可证，应当向农业农村部提交下列材料：《兽用生物制品进口申请表》；代理合同（授权书）复印件；《兽药经营许可证》、工商营业执照复印件；《进口兽药注册证书》或者《兽药注册证书》复印件。

（2）审查　农业农村部自收到申请之日起 20 个工作日内完成审查。审查合格的，发给《兽用生物制品进口许可证》；不合格的，书面通知申请人，并说明理由。

（3）《兽用生物制品进口许可证》记载的内容　兽用生物制品进口许可证主要载明代理商名称、兽药进口口岸、海关商品编码、商品名称、生产企业名称、进口数量、包装规格等事项，有效期为 1 年。

4. 科研用兽药的申请

（1）申请材料　进口少量科研用兽药，应当向农业农村部申请，并提交兽药进口申请表和科研项目的立项报告、试验方案等材料。进口注册用兽药样品、对照品、标准品、菌（毒、虫）种、细胞的，应当向农业农村部申请，并提交兽药进口申请表。

（2）审查　农业农村部受理申请后组织风险评估，并自收到评估结论之日起 5 个工作日内完成审查。审查合格的，发给《进口兽药通关单》；不合格的，书面通知申请人，并说明理由。

5. 特殊兽药的申请

国内急需的兽药，由农业农村部指定单位进口，并发给《进口兽药通关单》。

6.《进口兽药通关单》的时效

《进口兽药通关单》实行一单一关，在30日有效期内只能一次性使用，内容不得更改，过期应当重新办理。

（三）进口兽药经营的有关规定

1. 进口兽药的销售制度

境外企业不得在中国境内直接销售兽药。进口的兽用生物制品，由中国境内的兽药经营企业作为代理商销售，但外商独资、中外合资和合作经营企业不得销售进口的兽用生物制品。兽用生物制品以外的其他进口兽药，由境外企业依法在中国境内设立的销售机构或者符合条件的中国境内兽药经营企业作为代理商销售。

2. 销售进口兽药相关机构《兽药经营许可证》的申请

境外企业在中国境内设立的销售机构、委托的代理商及代理商确定的经销商，应当取得《兽药经营许可证》，并遵守农业农村部制定的兽药经营质量管理规范。销售进口兽用生物制品的《兽药经营许可证》，应当载明委托的境外企业名称及委托销售的产品类别等内容。

3. 进口兽药销售代理商的确定

进口兽药销售代理商由境外企业确定、调整，并报农业农村部备案。境外企业应当与代理商签订进口兽药销售代理合同，明确代理范围等事项。

4. 进口兽用生物制品的销售

境外企业在中国境内确定两家以上代理商销售进口兽用生物制品的，代理商只能将进口兽用生物制品直接销售给养殖户、养殖场、动物诊疗机构等使用者，不得再确定经销商进行销售。境外企业在中国境内确定一家代理商销售进口兽用生物制品的，代理商可以将代理产品直接销售给使用者，也可以确定经销商销售代理的产品。但经销商只能将进口兽用生物制品直接销售给使用者，不得销售给其他兽药经营者。代理商应当将经销商名单报农业农村部备案。进口兽用生物制品，除境外企业确定的代理商及代理商确定的经销商外，其他兽药经营企业不得经营。

5. 进口兽药的标签和说明书的要求

进口的兽药标签和说明书应当用中文标注。

6. 相关使用者采购的进口兽药禁止转销

养殖户、养殖场、动物诊疗机构等使用者采购的进口兽药只限自用，不得转手销售。

（四）监督管理的有关规定

1. 进口兽药通关手续的办理

列入《进口兽药管理目录》的进口兽药，进口单位进口时，需持《进口兽药通关单》向海关申报，海关按货物进口管理的相关规定办理通关手续。进口单位办理报关手续时，因企业申报不实或者伪报用途所产生的后果，由进口单位承担相应的法律责任。

2. 进口兽药的监管

（1）以加工贸易方式进口兽药的监管　经批准以加工贸易方式进口兽药的，海关按照有关规定实施监管。进口料件或加工制成品属于兽药且无法出口的，应当按照《兽药进口管理办法》规定办理《进口兽药通关单》，海关凭《进口兽药通关单》办理内销手续。未取得《进口兽药通关单》的，由加工贸易企业所在地省级人民政府农业农村主管部门监督销毁，海关凭有关证明材料办理核销手续。销毁所需费用由加工贸易企业承担。

（2）以暂时进口方式进口不在中国境内销售兽药的监管　以暂时进口方式进口的不在中国境内销售的兽药，不需要办理《进口兽药通关单》。暂时进口期满后应当全部复运出境，因特殊原因确需进口的，依照《兽药进口管理办法》和相关规定办理进口手续后方可在境内销售。无法复运出境又无法办理进口手续的，经进口单位所在地省级人民政府农业农村主管部门批准，并商进境地直属海关同意，由所在地省级人民政府农业农村主管部门监督销毁，海关凭有关证明材料办理核销手续。销毁所需费用由进口单位承担。

（3）从境外进入保税区、出口加工区、海关特殊监管区域和保税监管场所兽药的监管　从境外进入保税区、出口加工区及其他海关特殊监管区域和保税监管场所的兽药及海关特殊监管区域、保税监管场所之间进出的兽药，免予办理《进口兽药通关单》，由海关按照有关规定实施监管。从保税区、出口加工区及其他海关特殊监管区域和保税监管场所进入境内外区的兽药，应当办理《进口兽药通关单》。

3. 进口兽用生物制品的审查核对和抽查检验

兽用生物制品进口后，代理商应当向农业农村部指定的检验机构申请办理审查核对和抽查检验手续。未经审查核对或者抽查检验不合格的，不得销售。其他兽药进口后，由兽药进口口岸所在地省级人民政府农业农村主管部门通知兽药检验机构进行抽查检验。

4. 制订进口兽药的监督抽检计划

县级以上地方人民政府农业农村主管部门应当将进口兽药纳入兽药监督抽检计划，加强对进口兽药的监督检查，发现违反《兽药管理条例》和《兽药进口管理办法》规定情形的，应当依法做出处理决定。

5. 禁止进口的兽药

包括经风险评估可能对养殖业、人体健康造成危害或者存在潜在风险的；疗效不确定、不良反应大的；来自疫区可能造成疫病在中国境内传播的兽用生物制品；生产条件不符合规定的；标签和说明书不符合规定的；被撤销、吊销《进口兽药注册证书》的；《进口兽药注册证书》有效期届满的；未取得《进口兽药通关单》的；农业农村部禁止生产、经营和使用的。

6. 相关违法行为的处理

（1）提供虚假资料或者采取其他欺骗手段取得进口兽药证明文件的违法行为　提供虚假资料或者采取其他欺骗手段取得进口兽药证明文件，如《进口兽药注册证书》《进口兽药通关单》《兽用生物制品进口许可证》等的，按照《兽药管理条例》第五十七条的规定处罚。

（2）伪造、涂改进口兽药证明文件的违法行为　伪造、涂改进口兽药证明文件进口兽药的，按照《兽药管理条例》第四十七条、第五十六条的规定处理。

（3）买卖、出租、出借《进口兽药通关单》的违法行为　买卖、出租、出借《进口兽药通关单》的，按照《兽药管理条例》第五十八条的规定处罚。

（4）相关使用者将采购的进口兽药转手销售或者代理商、经销商超出《兽药经营许可证》范围经营进口兽用生物制品的违法行为　养殖户、养殖场、动物诊疗机构等使用者将采购的进口兽药转手销售的，或者代理商、经销商超出《兽药经营许可证》范围经营进口兽用生物制品的，属于无证经营，按照《兽药管理条例》第五十六条的规定处罚。

（5）兽药进口构成走私或者违反海关监管规定的违法行为　兽药进口构成走私或者违反海关监管规定的，由海关根据《中华人民共和国海关法》及其相关法律、法规的规定处理。

三、《进口兽药管理目录》

根据《兽药管理条例》和《兽药进口管理办法》规定，农业农村部会同海关总署修订了《进口兽药管理目录》（表 3-1），自 2021 年 1 月 1 日起施行。

兽药进口单位进口兽药时，应向农业农村部或省级人民政府农业农村主管部门申请《进口兽药通关单》。进口单位凭《进口兽药通关单》向海关办理进口手续。2020 年 12 月 31 日（含）前办理的《进口兽药通关单》在有效期内可继续使用。

表 3-1　　进口兽药管理目录

兽药名称	税则号列	商品编号
兽用血清制品	3002. 1200	30021200. 30
兽用诊断制品	3002. 1500	30021500. 40
兽用疫苗	3002. 3000	30023000. 00
兽用已配剂量的阿莫西林制剂	3004. 1012	30041012. 10
兽用已配剂量的普鲁卡因青霉素制剂、奈夫西林钠制剂、苄星氯唑西林制剂	3004. 1019	30041019. 10
兽用已配剂量的头孢氨苄制剂、头孢噻呋钠制剂、头孢噻呋晶体制剂、盐酸头孢噻呋制剂、硫酸头孢喹肟制剂、头孢维星钠制剂	3004. 2019	30042019. 20
兽用已配剂量的土霉素制剂、延胡索酸泰妙菌素制剂、泰拉霉素制剂、替米考星制剂、泰乐菌素制剂、泰万菌素制剂、氟苯尼考制剂、硫酸双羟链霉素制剂、硫酸庆大霉素制剂、阿维拉霉素制剂、维吉尼亚霉素制剂、莫能菌素制剂、盐霉素制剂、拉沙洛西钠制剂、甲基盐霉素制剂	3004. 2090	30042090. 20
兽用已配剂量的倍他米松戊酸酯制剂、氢化可的松醋丙酯制剂	3004. 3200	30043200. 61
兽用已配剂量的醋酸曲普瑞林制剂、乙酸地洛瑞林制剂、氨基丁三醇前列腺素制剂（不用于人体）、氯前列醇钠制剂、烯丙孕素制剂，兽用血促性素、绒促性素制剂，兽用黄体酮制剂、垂体促卵泡素制剂	3004. 3900	30043900. 40
兽用已配剂量的吡虫啉制剂	3004. 4900	30044900. 80
兽用已配剂量的磺胺嘧啶制剂	3004. 9010	30049010. 10
兽用已配剂量的马来酸奥拉替尼制剂、二嗪农制剂、双甲脒制剂、辛硫磷制剂、溴氰菊酯制剂、氟氯苯氰菊酯制剂、烯啶虫胺制剂、非泼罗尼制剂、米尔贝肟制剂、双羟萘酸噻嘧啶制剂、非班太尔制剂、吡喹酮制剂、芬苯达唑制剂、伊维菌素制剂、莫昔克丁制剂、赛拉菌素制剂、多杀霉素制剂、加米霉素制剂、多拉菌素制剂、恩诺沙星制剂、马波沙星制剂、右旋糖酐铁制剂、布他磷制剂、盐酸替来他明制剂、盐酸阿替美唑制剂、枸橼酸马罗匹坦制剂、西米考昔制剂非罗考昔制剂、替米沙坦制剂、匹莫苯丹制剂、硝碘酚腈制剂、氟尼辛葡甲胺制剂、美洛昔康制剂、托芬那酸制剂、卡洛芬制剂、氟雷拉纳制剂、阿福拉纳制剂、尼卡巴嗪制剂、托曲珠利制剂	3004. 9090	30049090. 84
兽用已配剂量的碘，戊二醛，癸甲溴铵，甲醛，过硫酸氢钾复合物消毒剂；兽用已配剂量的氯已定制剂	3808. 9400	38089400. 40
兽用诊断试剂（附于衬背上的）	3822. 0010	38220010. 10
兽用其他诊断试剂	3822. 0090	38220090. 10

任务六 兽药使用相关的法律法规

任务描述

本任务主要介绍了兽药使用和建立用药记录制度，禁止使用假、劣兽药和违禁兽药，如何使用有休药期规定的兽药，通过饲料和饮水使用兽药，动物及动物产品中兽药残留监控，兽用处方药和非处方药管理，兽用处方药品种目录等内容。

一、《兽药管理条例》关于兽药使用的有关规定

（一）兽药安全使用及建立用药记录制度

兽药使用单位，应当遵守国务院农业农村主管部门制定的兽药安全使用规定，并建立用药记录。

（二）禁止使用假、劣兽药和违禁兽药

禁止使用假、劣兽药以及国务院农业农村主管部门规定禁止使用的药品和其他化合物。禁止使用的药品和其他化合物目录由国务院农业农村主管部门制定公布。

（三）有关兽药休药期的规定

有休药期规定的兽药用于食用动物时，饲养者应当向购买者或者屠宰者提供准确、真实的用药记录；购买者或者屠宰者应当确保动物及其产品在用药期、休药期内不被用于食品消费。

（四）通过饲料和饮水使用兽药和禁止将人用药品用于动物的规定

国务院农业农村主管部门负责制定公布在饲料中允许添加的药物饲料添加剂品种目录。禁止在饲料和动物饮用水中添加激素类药品和其他禁用药品。经批准可以在饲料中添加的兽药，应当由兽药生产企业制成药物饲料添加剂后方可添加。禁止将原料药直接添加到饲料及动物饮用水中或者直接饲喂动物。禁止将人用药品用于动物。

（五）动物及动物产品中兽药残留监控的规定

国务院农业农村主管部门，应当制定并组织实施国家动物及动物产品兽药

残留监控计划。县级以上人民政府农业农村主管部门，负责组织对动物产品中兽药残留量的检测。兽药残留检测结果，由国务院农业农村主管部门或者省、自治区、直辖市人民政府农业农村主管部门按照权限予以公布。动物产品的生产者、销售者对检测结果有异议的，可以自收到检测结果之日起 7 个工作日内向组织实施兽药残留检测的农业农村主管部门或者其上级农业农村主管部门提出申请，由受理申请的农业农村主管部门指定检验机构进行复检。兽药残留限量标准和残留检测方法，由国务院农业农村主管部门制定发布。

（六）有关动物产品销售的规定

禁止销售含有违禁药物或者兽药残留量超过标准的食用动物产品。

二、《兽用处方药和非处方药管理办法》

（一）《兽用处方药和非处方药管理办法》概述

1. 立法目的

加强兽药监督管理，促进兽医临床合理用药，保障动物产品安全。

2. 兽药使用分类管理制度

国家对兽药实行分类管理，根据兽药的安全性和使用风险程度，将兽药分为兽用处方药和非处方药。兽用处方药是指凭兽医处方笺方可购买和使用的兽药。兽用非处方药是指不需要兽医处方笺即可自行购买并按照说明书使用的兽药。兽用处方药目录由农业农村部制定并公布。兽用处方药目录以外的兽药为兽用非处方药。

3. 兽用处方药和非处方药工作的行政管理

农业农村部主管全国兽用处方药和非处方药管理工作。县级以上地方人民政府农业农村主管部门负责本行政区域内兽用处方药和非处方药的监督管理，具体工作可以委托所属执法机构承担。

（二）兽用处方药和非处方药使用的有关规定

1. 兽用处方药与兽用非处方药标签和说明书的要求

兽用处方药的标签和说明书应当标注“兽用处方药”字样，兽用非处方药的标签和说明书应当标注“兽用非处方药”字样。标注字样应当在标签和说明书的右上角以宋体红色标注，背景应当为白色，字体大小根据实际需要设定，但必须醒目、清晰。

2. 兽用非处方药安全性和有效性的管理

兽药生产企业应当跟踪本企业所生产兽药的安全性和有效性，发现不适用于兽用非处方药管理的，应当及时向农业农村部报告。兽药经营者、动物诊疗机构、行业协会或者其他组织和个人发现不适用于兽用非处方药管理的，应当向当地农业农村主管部门报告。

3. 兽药经营者销售兽用处方药与兽用非处方药的要求

兽药经营者应当在经营场所显著位置悬挂或者张贴“兽用处方药必须凭兽医处方购买”的提示语。兽药经营者对兽用处方药、兽用非处方药应当分区或分柜摆放。兽用处方药不得采用开架自选方式销售。

4. 兽用处方药的销售管理

兽用处方药凭兽医处方笺方可买卖，但下列情形除外：进出口兽用处方药的；向动物诊疗机构、科研单位、动物疫病预防控制机构和其他兽药生产企业、经营者销售兽用处方药的；向聘有依照《执业兽医管理办法》规定注册的专职执业兽医的动物饲养场（养殖小区）、动物园、实验动物饲育场等销售兽用处方药的。

5. 兽医处方笺的管理

（1）兽医处方笺开具权限　兽医处方笺由依法注册的执业兽医按照其注册的执业范围开具。

（2）兽医处方笺记载内容　包括畜主姓名或动物饲养场名称；动物种类、年（日）龄、体重及数量；诊断结果；兽药通用名称、规格、数量、用法、用量及休药期；开具处方日期及开具处方执业兽医备案号和签章。

（3）兽医处方笺格式　处方笺一式三联，第一联由开具处方药的动物诊疗机构或执业兽医保存，第二联由兽药经营者保存，第三联由畜主或动物饲养场保存。动物饲养场（养殖小区）、动物园、实验动物饲育场等单位专职执业兽医开具的处方签由专职执业兽医所在单位保存。

（4）兽医处方笺保存年限　处方笺应当保存 2 年以上。兽药经营者应当对兽医处方笺进行查验，单独建立兽用处方药的购销记录，并保存 2 年以上。

6. 兽用处方药的使用

兽用处方药应当依照处方笺所载事项使用。

7. 乡村兽医的用药管理

从事动物诊疗服务活动的乡村兽医应当按照农业农村部制定、公布的《乡村兽医基本用药目录》（以下简称《目录》）使用兽药。凭乡村兽医登记证购买《目录》第二项所列兽药。兽药经营者向乡村兽医销售《目录》第二项所列兽药的，应当单独建立销售记录，并载明兽药通用名称、规格、数量、乡村兽医的姓名及登记证号，以资核查。

8. 特殊药品的管理

兽用麻醉药品、精神药品、毒性药品等特殊药品的生产、销售和使用，还应当遵守国家有关规定。

（三）法律责任的有关规定

（1）违反《兽用处方药和非处方药管理办法》规定，兽用处方药的标签和说明书未标注“兽用处方药”字样，兽用非处方药的标签和说明书未标注“兽用非处方药”字样的，依照《兽药管理条例》第六十条第二款的规定进行处罚。

（2）违反《兽用处方药和非处方药管理办法》规定，未经注册执业兽医开具处方销售、购买、使用兽用处方药的，依照《兽药管理条例》第六十六条的规定进行处罚。

（3）违反《兽用处方药和非处方药管理办法》规定，有下列情形之一的，依照《兽药管理条例》第五十九条第一款的规定进行处罚：兽药经营者未在经营场所明显位置悬挂或者张贴提示语的；兽用处方药与兽用非处方药未分区或分柜摆放的；兽用处方药采用开架自选方式销售的；兽医处方笺和兽用处方药购销记录未按规定保存的。

（4）违反《兽用处方药和非处方药管理办法》其他规定的，依照《中华人民共和国动物防疫法》、《兽药管理条例》有关规定进行处罚。

（四）兽用麻醉药品的供应、使用与管理

1. 麻醉药品的供应

（1）兽用麻醉药品的供应，由国家指定的中国医药公司的麻醉药品供应点统一供应，每季度限购一次。

（2）县级以上兽医医疗单位和科研大专院校等部门，可向当地畜牧局办理申请手续，经地区畜牧局批准，核定供应级别后，发给“麻醉药品购用印鉴卡”，购用时需填写与印鉴卡相符的《麻醉药品订购单》一式三份。教学、科研临时需用的麻醉药品，由需用单位填写《科研、教学单位申请购用麻醉药品审批单》一式三份，报经地区以上畜牧局批准后，向麻醉药品供应点购用。

（3）每季购用麻醉药品的数量，按《兽用麻醉药品品种范围及每季购用限量表》的规定办理，每季的储存量，不得超过限量标准。有特殊需要（如接羔等）者，应专项报请地区畜牧（农业）局，说明原因和数量，经核实确属需要后，再行批准，由指定的麻醉药品供应点供应。购用单位在使用完时，应向批准单位列表报销备查。

2. 麻醉药品的使用

（1）兽用麻醉药品，只能用于畜、禽医疗、教学和科研上的正当需要，严禁以兽用名义，给人使用。

（2）使用麻醉药品的人员，必须是经本单位领导审查批准的有一定临床经验的兽医（大专院校毕业有2年以上临床经验的、中专毕业有5年以上临床经验和相当学历的兽医）。必须直接使用于病畜，严禁交给畜主使用。

（3）麻醉药品的每张处方用量，不能超过1日量。麻醉药品必须用单独处方，并应书写完整，签全名，以资核查。

（4）兽医医疗队携带的麻醉药品，应由所在地的畜牧（农业）局指定兽医医疗单位供应。

3. 麻醉药品的管理

（1）购用麻醉药品的单位，要指定专人负责，加强质量管理，严格保管并建立领发制度。

（2）麻醉药品要有专柜加锁、专用账册、单独处方，专册登记。处方应保存5年。

（3）对霉变坏损的麻醉药品，使用单位每年报损一次，由本单位领导审核批准，报上级主管部门监督就地销毁，并向当地畜牧（农业）局报销备查。

（4）对违反兽用麻醉药品的供应、使用与管理者，应严肃处理，并根据情节轻重，进行行政处分，经济制裁或依法惩处。

（五）兽用安钠咖管理规定

（1）安钠咖属国家严格控制管理的精神药品，同时也是治疗动物疫病的兽药产品，必须加强管理，防止滥用，保护人体健康。

（2）兽用安钠咖由农业部指定的生产单位按计划生产，其他任何单位和个人不得从事生产活动。根据兽医临床需求，该产品仅限于生产注射液，其他剂型的产品及含有安钠咖成分的制剂产品一律不得生产。

（3）农业部负责制订、修订兽用安钠咖生产、经营、使用管理规定和制订产销计划工作，负责与有关部门协调兽用安钠咖原料药供应及下达制剂生产、调拨工作，并负责核发产品批准文号及全国兽用安钠咖的监督管理工作。

（4）各省、自治区、直辖市畜牧（农牧、农业）厅（局）负责本辖区兽用安钠咖的监督管理工作，并确定省级总经销单位和基层定点经销单位、定点使用单位，负责核发兽用安钠咖注射液经销、使用卡。并于每年十月底前将下年度需求计划上报农业部。

（5）定点生产厂必须严格按农业部下达的生产和销售计划组织生产和销售，从指定的原料药生产厂按计划采购原料药。并于年底前向农业部上报实际生产数量、销售记录及库存情况，凡未按规定上报材料或擅自改变生产、销售计划的，将取消其生产资格。

（6）各省畜牧（农牧、农业）厅（局）指定或变更省级兽用安钠咖总经销单位时，需报农业部备案。

（7）省级总经销单位凭兽用安钠咖注射液经销、使用卡负责本辖区定点经销单位的产品供应，不得擅自扩大供应范围，严禁跨省、跨区域供应。各兽用安钠咖注射液定点经销单位需严格凭兽用安钠咖注射液经销、使用卡向本辖区兽医医疗单位供应产品，并建立相应账卡，凭当年销售记录于九月底前向省、自治区、直辖市畜牧厅（局）申报下年度需求计划。

（8）兽用安钠咖注射液仅限量供应乡以上畜牧兽医站（个体兽医医疗站除外）、家畜饲养场兽医室以及农业科研教学单位所属的兽医院等兽医医疗单位临床使用，上述单位凭兽用安钠咖注射液经销、使用卡到本省指定的定点经销单位采购。各兽医医疗单位仅允许在临床医疗时使用该产品，必须建立相应的兽医处方制度和账目，并接受兽药管理部门的监督检查。

（9）各生产厂、各级经销单位在经销该产品时不得搭配其他产品，不得零售或转售，并严格执行国家规定的价格，严禁乱涨价，严禁将兽用安钠咖注射液供人使用。

（10）违反《兽用安钠咖管理规定》的，按照《兽药管理条例》和《麻醉药品和精神药品管理条例》的有关规定处罚。

（六）麻黄碱的监管

麻黄碱为人畜共用药品，列入易制毒化学品管理。为加强麻黄碱原料药供应和兽用盐酸麻黄碱制剂生产、经营和使用管理，保证动物疫病防治需要，防止相关产品流入非法渠道，根据《药品管理法》《兽药管理条例》和《易制毒化学品管理条例》有关规定进行管理。

（1）兽用盐酸麻黄碱注射液纳入国家管制品种。兽用盐酸麻黄碱注射液生产、经营、使用等活动参照兽用氯胺酮和兽用安钠咖的管理模式，实行定点供应生产、统一协调调拨、专营专供专用管理。具体要求按《兽用安钠咖管理规定》（农牧发〔1999〕5号）执行。

（2）自2009年起，农业农村部会同国家食品药品监督管理总局根据兽用盐酸麻黄碱注射液需求，下达年度兽用盐酸麻黄碱注射液生产计划。

（3）兽用麻黄碱原料药实行购买许可制度。兽药生产企业根据国家年度计划向企业所在地省级食品药品监督管理总局申请办理麻黄碱原料药购买许可证。国家年度计划下达前，兽药生产企业麻黄碱原料药购买申请不予受理。

（4）农业农村部停止受理兽用盐酸麻黄碱注射液产品批准文号申报，并于近期组织开展兽用盐酸麻黄碱注射液生产、使用状况及库存药品调查活动。已取得兽用盐酸麻黄碱注射液产品批准文号的企业应积极配合，真实报告和反映相关信息。对瞒报、漏报的，要追究有关企业责任。

（5）农业农村部和各级农业农村行政管理负责兽用盐酸麻黄碱注射液生产、经营、使用的监督管理工作。国家食品药品监督管理总局和各级食品药品监督管理部门负责麻黄碱原料药生产经营的监督管理。

（6）2009 年 1 月 1 日起，兽用盐酸麻黄碱注射液生产企业不得向非定点经销单位销售；非定点经营单位不得经营；定点兽药经营单位不得向非兽医医疗机构和非动物养殖场销售。生产、经营和使用单位必须建立相应管理制度，指定专人做好相应购销、使用记录和台账，接受农业农村主管部门的监督检查。

（7）目前，农业农村部未批准其他含有麻黄碱类物质的兽药制剂。各地农业农村主管部门、食品药品监督管理部门要按照药品、兽药管理有关法律法规的规定，切实做好麻黄碱原料药和兽用盐酸麻黄碱注射液的供应、生产、经营和使用的监督管理工作，对违反规定的要依法严厉查处；构成犯罪的，移交司法机关依法追究其刑事责任。

三、《兽用处方药品种目录》

（一）第一批兽用处方药品种目录

1. 抗微生物药

（1）抗生素类

①β-内酰胺类：注射用青霉素钠、注射用青霉素钾、氨苄西林混悬注射液、氨苄西林可溶性粉、注射用氨苄西林钠、注射用氯唑西林钠、阿莫西林注射液、注射用阿莫西林钠、阿莫西林片、阿莫西林可溶性粉、阿莫西林克拉维酸钾注射液、阿莫西林硫酸黏菌素注射液、注射用苯唑西林钠、注射用普鲁卡因青霉素、普鲁卡因青霉素注射液、注射用苄星青霉素。

②头孢菌素类：注射用头孢噻呋、盐酸头孢噻呋注射液、注射用头孢噻呋钠、头孢氨苄注射液、硫酸头孢喹肟注射液。

③氨基糖苷类：注射用硫酸链霉素、注射用硫酸双氢链霉素、硫酸双氢链霉素注射液、硫酸卡那霉素注射液、注射用硫酸卡那霉素、硫酸庆大霉素注射液、硫酸安普霉素注射液、硫酸安普霉素可溶性粉、硫酸安普霉素预混剂、硫酸新霉素溶液、硫酸新霉素粉（水产用）、硫酸新霉素预混剂、硫酸新霉素可溶性粉、盐酸大观霉素可溶性粉、盐酸大观霉素盐酸林可霉素可溶性粉。

④四环素类：土霉素注射液、长效土霉素注射液、盐酸土霉素注射液、注射用盐酸土霉素、长效盐酸土霉素注射液、四环素片、注射用盐酸四环素、盐酸多西环素粉（水产用）、盐酸多西环素可溶性粉、盐酸多西环素片、盐酸多西环素注射液。

⑤大环内酯类：红霉素片、注射用乳糖酸红霉素、硫氰酸红霉素可溶性粉、泰乐菌素注射液、注射用酒石酸泰乐菌素、酒石酸泰乐菌素可溶性粉、酒石酸泰乐菌素磺胺二甲嘧啶可溶性粉、磷酸泰乐菌素磺胺二甲嘧啶预混剂、替米考星注射液、替米考星可溶性粉、替米考星预混剂、替米考星溶液、磷酸替米考星预混剂、酒石酸吉他霉素可溶性粉。

⑥酰胺醇类：氟苯尼考粉、氟苯尼考粉（水产用）、氟苯尼考注射液、氟苯尼考可溶性粉、氟苯尼考预混剂、氟苯尼考预混剂（50%）、甲砜霉素注射液、甲砜霉素粉、甲砜霉素粉（水产用）、甲砜霉素可溶性粉、甲砜霉素片、甲砜霉素颗粒。

⑦林可胺类：盐酸林可霉素注射液、盐酸林可霉素片、盐酸林可霉素可溶性粉、盐酸林可霉素预混剂、盐酸林可霉素硫酸大观霉素预混剂。

⑧其他：延胡索酸泰妙菌素可溶性粉。

（2）合成抗菌药

①磺胺类药：复方磺胺嘧啶预混剂、复方磺胺嘧啶粉（水产用）、磺胺对甲氧嘧啶二甲氧苄啶预混剂、复方磺胺对甲氧嘧啶粉、磺胺间甲氧嘧啶粉、磺胺间甲氧嘧啶预混剂、复方磺胺间甲氧嘧啶可溶性粉、复方磺胺间甲氧嘧啶预混剂、磺胺间甲氧嘧啶钠粉（水产用）、磺胺间甲氧嘧啶钠可溶性粉、复方磺胺间甲氧嘧啶钠粉、复方磺胺间甲氧嘧啶钠可溶性粉、复方磺胺二甲嘧啶粉（水产用）、复方磺胺二甲嘧啶可溶性粉、复方磺胺甲噁唑粉、复方磺胺甲噁唑粉（水产用）、复方磺胺氯达嗪钠粉、磺胺氯吡嗪钠可溶性粉、复方磺胺氯吡嗪钠预混剂、磺胺喹噁啉二甲氧苄啶预混剂、磺胺喹噁啉钠可溶性粉。

②喹诺酮类药：恩诺沙星注射液、恩诺沙星粉（水产用）、恩诺沙星片、恩诺沙星溶液、恩诺沙星可溶性粉、恩诺沙星混悬液、盐酸恩诺沙星可溶性粉、乳酸环丙沙星可溶性粉、乳酸环丙沙星注射液、盐酸环丙沙星注射液、盐酸环丙沙星可溶性粉、盐酸环丙沙星盐酸小檗碱预混剂、维生素C磷酸酯镁盐酸环丙沙星预混剂、盐酸沙拉沙星注射液、盐酸沙拉沙星片、盐酸沙拉沙星可溶性粉、盐酸沙拉沙星溶液、甲磺酸达氟沙星注射液、甲磺酸达氟沙星溶液、甲磺酸达氟沙星粉、甲磺酸培氟沙星可溶性粉、甲磺酸培氟沙星注射液、甲磺酸培氟沙星颗粒、盐酸二氟沙星片、盐酸二氟沙星注射液、盐酸二氟沙星粉、盐酸二氟沙星溶液、诺氟沙星粉（水产用）、诺氟沙星盐酸小檗碱预混剂（水产用）、乳酸诺氟沙星可溶性粉（水产用）、乳酸诺氟沙星注射液、烟酸诺氟沙星注射液、烟酸诺氟沙星可溶性粉、烟酸诺氟沙星溶液、烟酸诺氟沙星预混剂（水产用）、噁喹酸散、噁喹酸混悬液、噁喹酸溶液、氟甲喹可溶性粉、氟甲喹粉、盐酸洛美沙星片、盐酸洛美沙星可溶性粉、盐酸洛美沙星注射液、氧氟沙星片、氧氟沙星可溶性粉、氧氟沙星注射液、氧氟沙星溶液（酸性）、氧氟沙

星溶液（碱性）。

③其他：乙酰甲喹片、乙酰甲喹注射液。

2. 抗寄生虫药

（1）抗蠕虫药　阿苯达唑硝氯酚片、甲苯咪唑溶液（水产用）、硝氯酚伊维菌素片、阿维菌素注射液、碘硝酚注射液、精制敌百虫片、精制敌百虫粉（水产用）。

（2）抗原虫药　注射用三氮脒、注射用喹嘧胺、盐酸吖啶黄注射液、甲硝唑片、地美硝唑预混剂。

（3）杀虫药　辛硫磷溶液（水产用）、氯氰菊酯溶液（水产用）、溴氰菊酯溶液（水产用）。

3. 中枢神经系统药物

（1）中枢兴奋药　安钠咖注射液、尼可刹米注射液、樟脑磺酸钠注射液、硝酸士的宁注射液、盐酸苯噁唑注射液。

（2）镇静药与抗惊厥药　盐酸氯丙嗪片、盐酸氯丙嗪注射液、地西泮片、地西泮注射液、苯巴比妥片、注射用苯巴比妥钠。

（3）麻醉性镇痛药　盐酸吗啡注射液、盐酸哌替啶注射液。

（4）全身麻醉药与化学保定药　注射用硫喷妥钠、注射用异戊巴比妥钠、盐酸氯胺酮注射液、复方氯胺酮注射液、盐酸赛拉嗪注射液、盐酸赛拉唑注射液、氯化琥珀胆碱注射液。

4. 外周神经系统药物

（1）拟胆碱药　氯化氨甲酰甲胆碱注射液、甲硫酸新斯的明注射液。

（2）抗胆碱药　硫酸阿托品片、硫酸阿托品注射液、氢溴酸东莨菪碱注射液。

（3）拟肾上腺素药　重酒石酸去甲肾上腺素注射液、盐酸肾上腺素注射液。

（4）局部麻醉药　盐酸普鲁卡因注射液、盐酸利多卡因注射液。

5. 抗炎药

抗炎药包括氢化可的松注射液、醋酸可的松注射液、醋酸氢化可的松注射液、醋酸泼尼松片、地塞米松磷酸钠注射液、醋酸地塞米松片、倍他米松片。

6. 泌尿生殖系统药物

泌尿生殖系统药物包括丙酸睾酮注射液、苯丙酸诺龙注射液、苯甲酸雌二醇注射液、黄体酮注射液、注射用促黄体素释放激素 A_2、注射用促黄体素释放激素 A_3、注射用复方鲑鱼促性腺激素释放激素类似物、注射用复方绒促性素 A 型、注射用复方绒促性素 B 型。

7. 抗过敏药

抗过敏药包括盐酸苯海拉明注射液、盐酸异丙嗪注射液、马来酸氯苯那敏注射液。

8. 局部用药

局部用药包括注射用氯唑西林钠、头孢氨苄乳剂、苄星氯唑西林注射液、氯唑西林钠氨苄西林钠乳剂（泌乳期）、氨苄西林钠氯唑西林钠乳房注入剂（泌乳期）、盐酸林可霉素硫酸新霉素乳房注入剂（泌乳期）、盐酸林可霉素乳房注入剂（泌乳期）、盐酸吡利霉素乳房注入剂（泌乳期）。

9. 解毒药

（1）金属络合剂　二巯丙醇注射液、二巯丙磺钠注射液。

（2）胆碱酯酶复活剂　碘解磷定注射液。

（3）高铁血红蛋白还原剂　亚甲蓝注射液。

（4）氰化物解毒剂　亚硝酸钠注射液。

（5）其他解毒剂　乙酰胺注射液。

（二）第二批兽用处方药品种目录

1. 抗生素类

抗生素类药物包括硫酸黏菌素预混剂、硫酸黏菌素预混剂（发酵）、硫酸黏菌素可溶性粉、复方阿莫西林粉、复方氨苄西林粉、氨苄西林钠可溶性粉、硫酸庆大-小诺霉素注射液、注射用硫酸头孢喹肟、乙酰氨基阿维菌素注射液。

2. 磺胺类药

磺胺类药物包括盐酸氨丙啉磺胺喹噁啉钠可溶性粉、复方磺胺二甲嘧啶钠可溶性粉、联磺甲氧苄啶预混剂、复方磺胺喹噁啉钠可溶性粉、磺胺氯达嗪钠乳酸甲氧苄啶可溶性粉。

3. 杀虫药

杀虫药包括高效氯氰菊酯溶液、精制敌百虫粉、敌百虫溶液（水产用）。

4. 泌尿生殖系统药物

泌尿生殖系统药物包括三合激素注射液。

5. 中枢神经系统药物

中枢神经系统药物包括复方水杨酸钠注射液（含巴比妥）。

（三）第三批兽用处方药品种目录

1. 抗生素类

抗生素类包括吉他霉素预混剂、金霉素预混剂、磷酸替米考星可溶性粉、亚甲基水杨酸杆菌肽可溶性粉、头孢氨苄片、头孢噻呋注射液、阿莫西林克拉维酸钾片、阿莫西林硫酸黏菌素可溶性粉、阿莫西林硫酸黏菌素注射液、盐酸沃尼妙林预混剂、阿维拉霉素预混剂。

2. 合成抗菌药

合成抗菌药包括马波沙星片、马波沙星注射液、注射用马波沙星、恩诺沙星混悬液。

3. 抗炎药

抗炎药包括美洛昔康注射液。

4. 泌尿生殖系统药物

泌尿生殖系统药物包括戈那瑞林注射液、注射用戈那瑞林。

5. 局部用药药物

局部用药药物包括土霉素子宫注入剂、复方阿莫西林乳房注入剂、硫酸头孢喹肟乳房注入剂（泌乳期）、硫酸头孢喹肟子宫注入剂。

四、《食品动物禁用的兽药及其他化合物清单》

（一）《食品动物禁用的兽药及其他化合物清单》概述

制定目的在于保证动物源性食品安全，维护人民身体健康。根据《兽药管理条例》制定。

（二）禁用药品的有关规定（表3-2）

表3-2 禁用药品清单

序号	药品及其他化合物名称
1	酒石酸锑钾
2	β-兴奋剂类及其盐、酯
3	汞制剂：氯化亚汞（甘汞）、醋酸汞、硝酸亚汞、吡啶基醋酸汞
4	毒杀芬（氯化烯）
5	卡巴氧及其盐、酯
6	呋喃丹（克百威）
7	氯霉素及其盐、酯
8	杀虫脒（克死螨）
9	氨苯砜
10	硝基呋喃类：呋喃西林、呋喃妥因、呋喃它酮、呋喃唑酮、呋喃苯烯酸钠
11	林丹

续表

序号	药品及其他化合物名称
12	孔雀石绿
13	类固醇激素：醋酸美仑孕酮、甲基睾丸酮、群勃龙（去甲雄三烯醇酮）、玉米赤霉醇
14	安眠酮
15	硝呋烯腙
16	五氯酚酸钠
17	硝基咪唑类：洛硝达唑、替硝唑
18	硝基酚钠
19	己二烯雌酚、己烯雌酚、己烷雌酚及其盐、酯
20	锥虫砷胺
21	万古霉素及其盐、酯

历年执业兽医资格考试真题

1. （2009 年真题）下列行为中违反兽药使用规定的是（　　）

A. 不使用禁用的药品　　B. 建立完整的用药记录

C. 将原料药直接用于动物　　D. 按停药期的规定使用兽药

E. 将饲喂了禁用药物的动物进行无害化处理

2. （2009 年真题）禁止在蛋鸡产蛋期使用的兽药不包括（　　）

A. 四环素片　　B. 吉他霉素片　　C. 恩诺沙星片　　*D. 维生素 B_1 片*

E. 盐酸氯苯胍片

3. （2011 年真题）兽用硫酸新霉素可溶性粉用于治疗鸡病，停药期为（　　）

A. 3d　　*B. 5d*　　C. 7d　　D. 14d

E. 28d

4. （2011 年真题）负责核准兽用安钠咖注射液定点经销单位的机关是（　　）

A. 省级畜牧兽医管理部门　　B. 县级畜牧兽医管理部门

C. 省级动物卫生监督机构　　D. 县级动物卫生监督机构

E. 地市级畜牧兽医管理部门

5. （2012 年真题）农业部第 278 号公告规定，用于治疗牛病的兽用盐酸赛拉嗪注射液的停药期为（　　）

A. 5d　　B. 6d　　C. 10d　　*D. 14d*

E. 28d

6.（2013 年真题）需要制定停药期的兽药是（　　）

A. 叶酸片　B. 呋塞米片　*C. 磺胺嘧啶片*　D. 碳酸氢钠片

E. 对乙酰氨基酚片

7.（2013 年真题）负责兽用安钠咖监督管理工作的主体是（　　）

A. 省级人民政府卫生行政管理部门

B. 省级人民政府农业农村主管部门

C. 省动物卫生监督机构

D. 省动物疫病预防控制机构

E. 省兽药检验机构

8.（2014 年真题）违反兽用处方药管理规定的是（　　）

A. 西林瓶上未标注"兽用处方药"标识

B. 未凭兽医处方笺，向聘有注册的专职执业兽医的动物饲养场销售兽用处方药

C. 未凭兽医处方笺向动物诊疗机构销售兽用处方药

D. 未经执业兽医再次开具处方笺，动物饲养场将剩余的兽用处方药用于动物

E. 在经营场所设专柜摆放兽用处方药

9.（2015 年真题）农业部第 278 号公告规定，用于治疗鱼类疾病的氟苯尼考粉的休药期（停药期）为（　　）

A. 100d　B. 200d　C. 275d　*D. 375d*

E. 500d

10.（2015 年真题）属于食品动物禁用的药物是（　　）

A. 硫酸链霉素　B. 硫酸卡那霉素

C. 土霉素　*D. 氯霉素*

E. 恩拉霉素

11.（2016 年真题）解毒药中，不属于兽用处方药的是（　　）

A. 氯磷定注射液　B. 二巯丙磺注射液

C. 二巯丙醇注射液　D. 亚甲蓝注射液

E. 亚硝酸钠注射液

12.（2016 年真题）属于抗过敏的兽用处方药是（　　）

A. 盐酸异丙嗪注射液　B. 盐酸异丙嗪片

C. 盐酸氯丙嗪片　D. 盐酸氯丙嗪注射液

E. 盐酸林可霉素注射液

13.（2017 年真题）下列解毒药不属于兽用处方药的是（　　）

A. 乙酰胺注射液　*B. 硫代硫酸钠注射液*

C. 碘解磷定注射液　　　　D. 亚甲蓝注射液

E. 二巯丙磺钠注射液

14. (2017年真题) 不属于兽用处方药的是 (　　)

A. 注射用三氮脒　　　　B. 注射用喹嘧胺

C. 地克珠利预混剂　　　　D. 盐酸吖啶黄注射液

E. 地美硝唑预混剂

15. (2017年真题) 农业部第278号公告规定，磺胺二甲嘧啶片治疗禽病时的休药期 (停药期) 为 (　　)

A. 1d　　B. 3d　　C. 7d　　*D. 10d*

E. 15d

16. (2017年真题) 下列对经销兽用安钠咖的表述不正确的是 (　　)

A. 严禁省级总经销单位跨省供应

B. 不得搭售其他兽药

C. 经销单位可以转售

D. 经销单位需严格凭经销，使用卡向本辖区内医疗单位供应

E. 严禁供人使用

17. (2018年真题) 兽用处方药不包括 (　　)

A. 替米考星预混剂　　　　B. 土霉素注射液

C. 盐酸林可霉素预混剂　　　　*D. 地美硝唑预混剂*

E. 阿美拉霉素预混剂

18. (2019年真题) 根据《兽用处方药和非处方药管理办法》，执业兽医发现不适合按兽用非处方药管理的 兽药应当报告，接受报告的法定主体是 (　　)

A. 该兽药的生产企业　　　　B. 该兽药的经营企业

C. 执业兽医师所在的动物诊疗机构　　　　D. 当地兽医行业协会

E. 当地农业农村主管部门

19. (2020年真题) 《兽医处方药和非处方药管理办法》规定，兽药经营者应当单独建立兽用处方药的购销记录，该记录的保存期至少为 (　　)

A. 9个月　　B. 3个月　　C. 6个月　　D. 1年

E. 2年

20. (2020年真题) 根据《兽用处方药品种目录 (第三批)》，下列不属于兽用处方药的是 (　　)

A. 金霉素预混剂　　　　*B. 甘露酶注射液*

C. 吉他霉素预混剂　　　　D. 戈那瑞林注射液

E. 注射用马坡沙星

任务七　兽药监督管理

任务描述

本任务主要介绍了兽药的监督管理权由谁行使、兽药的法定检验单位、兽药国家标准的制定、行政强制措施、假劣兽药的范围、兽药不良反应的报告制度、兽药生产许可证、兽药经营许可证的收回、兽药评审检验的收费、对兽药管理部门、检验机构及其工作人员的要求等内容。

一、《兽药管理条例》关于兽药监督管理的有关规定

（一）兽药监督管理、兽药检验及其复检的规定

1. 兽药监督管理的主体

县级以上人民政府农业农村主管部门具有兽药监督管理权。

2. 兽药检验工作的机构

兽药检验工作由国务院农业农村主管部门和省、自治区、直辖市人民政府农业农村主管部门设立的兽药检验机构承担。国务院农业农村主管部门，可以根据需要认定其他检验机构承担兽药检验工作。

3. 兽药检验异议的复检

当事人对兽药检验结果有异议的，可以自收到检验结果之日起 7 个工作日内向实施检验的机构或者上级农业农村主管部门设立的检验机构申请复检。

（二）兽药国家标准制度

兽药应当符合兽药国家标准。国家兽药典委员会拟定的、国务院农业农村主管部门发布的《中华人民共和国兽药典》和国务院农业农村主管部门发布的其他兽药质量标准为兽药国家标准。兽药国家标准的标准品和对照品的标定工作由国务院农业农村主管部门设立的兽药检验机构负责。

（三）对假、劣兽药应采取的行政强制措施

农业农村主管部门依法进行监督检查时，对有证据证明可能是假、劣兽药的，应当采取查封、扣押的行政强制措施，并自采取行政强制措施之日起 7 个工作日内做出是否立案的决定；需要检验的，应当自检验报告书发出之日起 15 个工作日内做出是否立案的决定；不符合立案条件的，应当解除行政强制措施；需要暂停生产的，由国务院农业农村主管部门或者省、自治区、直辖市人

民政府农业农村主管部门按照权限做出决定；需要暂停经营、使用的，由县级以上人民政府农业农村主管部门按照权限做出决定。

未经行政强制措施决定机关或者其上级机关批准，不得擅自转移、使用、销毁、销售被查封或者扣押的兽药及有关材料。

（四）假兽药的判断标准

1. 有下列情形之一的，为假兽药

以非兽药冒充兽药或者以他种兽药冒充此种兽药的；兽药所含成分的种类、名称与兽药国家标准不符合的。

2. 有下列情形之一的，按照假兽药处理

国务院农业农村主管部门规定禁止使用的；依照本条例规定应当经审查批准而未经审查批准即生产、进口的，或者依照本条例规定应当经抽查检验、审查核对而未经抽查检验、审查核对即销售、进口的；变质的；被污染的；所标明的适应证或者功能主治超出规定范围的。

（五）劣兽药的判断标准

成分含量不符合兽药国家标准或者不标明有效成分的；不标明或者更改有效期或者超过有效期的；不标明或者更改产品批号的；其他不符合兽药国家标准，但不属于假兽药的。

（六）兽用原料药和兽用处方药的禁止性规定

禁止将兽用原料药拆零销售或者销售给兽药生产企业以外的单位和个人。禁止未经兽医开具处方销售、购买、使用国务院农业农村主管部门规定实行处方药管理的兽药。

（七）兽药不良反应的报告制度

国家实行兽药不良反应报告制度。兽药生产企业、经营企业、兽药使用单位和开具处方的兽医人员发现可能与兽药使用有关的严重不良反应，应当立即向所在地人民政府农业农村主管部门报告。

（八）有关《兽药生产许可证》、《兽药经营许可证》和兽药批准证明文件的规定

兽药生产企业、经营企业停止生产、经营超过6个月或者关闭的，由发证机关责令其交回《兽药生产许可证》、《兽药经营许可证》。

禁止买卖、出租、出借《兽药生产许可证》、《兽药经营许可证》和兽药

批准证明文件。

（九）兽药评审和检验收费的规定

兽药评审检验的收费项目和标准，由国务院财政部门会同国务院市场监督主管部门制定，并予以公告。

（十）相关农业农村主管部门及其工作人员的禁止性行为

各级农业农村主管部门、兽药检验机构及其工作人员，不得参与兽药生产、经营活动，不得以其名义推荐或者监制、监销兽药。

二、《兽药质量监督抽样规定》

（一）《兽药质量监督抽样规定》概述

1. 立法目的

目的在于加强和规范兽药质量监督抽样工作，保证抽样工作的科学性和公正性。

2. 抽样人员的专业要求

抽样人员应熟悉兽药管理法规，具有专业技术知识，掌握抽样工作程序和抽样操作技术。

3. 兽药质量监督抽样工作的行政管理

（1）《兽药管理条例》第四十四条规定的兽药检验机构，根据省级以上农业农村行政主管部门制定的抽样规划或者执法监督的需要，实施兽药质量监督抽样工作。

（2）进口兽药的报验程序，依照《进口兽药管理办法》的规定执行；进口兽药的抽样依照《兽药质量监督抽样规定》执行。

（二）兽药检验机构抽样的有关规定

1. 抽样前出示抽样任务书

兽药检验机构抽样时，抽样人员不得少于 2 人，并应当主动向被抽样单位或者个人出示抽样任务书。兽药检验机构抽样时，被抽样的单位应当予以配合；抽样人员不能出示抽样任务书的，被抽样单位有权拒绝。

2. 被抽样单位应出具的资料

被抽样单位应根据抽样工作的需要出具以下资料：

（1）兽药生产企业提供《兽药生产许可证》及营业执照，被抽样兽药品种的批准证明文件、质量标准、生产记录、兽药检验报告书、批生产量、库存量、销售量和销售记录，以及主要原料进货证明（包括发票、合同、调拨单、检验报告书）等相关资料；有进口兽药原料药及用于分装的进口兽药的，还需提供《进口兽药许可证》、口岸兽药检验机构出具的检验报告或其复印件。

（2）兽药制剂室提供《兽药制剂许可证》、被抽样兽药制剂的批准证明文件、质量标准、生产记录、兽药检验报告书、批生产量、库存量和使用量，以及主要原料进货证明（包括发票、合同、调拨单、检验报告书）等相关资料；有进口兽药原料药的，还需提供《进口兽药许可证》、口岸兽药检验机构出具的检验报告或其复印件。

（3）兽药经营企业提供《兽药经营许可证》及营业执照，被抽样兽药品种的进货凭证（包括发票、合同、调拨单）、购销记录及库存量等相关资料；有进口兽药的，还需提供《进口兽药许可证》、口岸兽药检验机构出具的检验报告或其复印件。

3. 抽样的兽药是否符合相关要求

抽样人员应当检查兽药贮存条件是否符合要求；兽药包装是否按照规定印有或者贴有标签并附有说明书，字样是否清晰；标签或者说明书的内容是否与兽药管理部门核准的内容相符，并核实被抽样兽药品种的库存量。

4. 兽药抽样的原则

（1）现场抽样　兽药抽样应在被抽样单位存放兽药产品的现场进行，包括兽药生产企业成品仓库和药用原、辅料仓库；兽药经营企业的仓库或营业场所；兽医医疗机构的药房或药库；以及其他需要抽样的场所。抽样品种由下达抽样任务的单位确定。

（2）随机抽样　抽样人员应当根据随机抽样原则进行抽样，并遵循以下操作程序：

①启封兽药包装前应检查所抽样品的外观情况，确定品名、批号、批准文号、数量、包装状况等项无误后，方可进行下一步骤。发现异常情况时，包括如破损、受潮、受污染、混有其他品种、批号，或者有掺假、掺劣、假冒迹象等，应当作针对性抽样。

②用适当方法拆开抽样单元的包装，观察内容物的情况，确定无异常情况后，方可进行下一步骤。发现异常情况，应当作针对性抽样。

③将被拆包的抽样单元重新包封，贴上已被抽样的标记，注明品名、批号、生产单位、抽样数量、抽样日期及场所、抽样人姓名等。对有异常情况或做针对性抽检的产品可暂时封存以候检验结果的处理。

5. 兽药抽样的标准和数量

（1）同一企业相同品种抽样标准　对同一企业相同品种抽取的样品不超过三个批号的产品。相同批号的产品，依其库存数量，确定抽样件数，具体规定如下。

①原料药及大包装预混剂：兽药包装为25kg（含25kg）以上的，10件以内，抽样1件；11~50件抽样2件；15~00件抽样3件；101件以上每增加100件加抽样1件（增加不足100件按100件计）。兽药包装为2~24kg的，每200kg抽样1件，不足200kg者以200kg计。兽药包装为2kg以下的，每20kg抽样1件，不足20kg者以20kg计。

②注射剂：2万支（瓶）以下，抽样1件；2万~5万支（瓶），抽样2件；5万~10万支（瓶），抽样3件；10万支（瓶）以上，每增加10万支（瓶）加抽样1件，不足10万支（瓶）以10万支计。

③其他制剂：每2万盒（瓶），抽样1件，不足2万盒（瓶）以2万盒（瓶）计。

（2）抽样的数量

①注射用针剂（粉针）：抽样50瓶（支）。

②注射液（水针）：规格为1~5mL抽样100支（瓶）；规格为10~20mL抽样25支（瓶）；规格为50~100mL抽样6支（瓶）；规格为250~500mL抽样3瓶（注：该抽样数量不包括澄明度检查，需做该项检查的按实际需要抽取样品。）。

③片剂：片重0.5g、100片/瓶（袋、盒）以上（含100片）抽样2瓶（袋、盒）；片重0.5g以下、500片/瓶（袋、盒）以上（含500片）抽样2瓶（袋、盒）。

④原料药：抽样200g，分装成2瓶。

⑤预混剂：250g/袋（含250g以下）抽样10袋；250g/袋以上抽样10袋。

⑥兽用生物制品：灭活苗抽样10支（瓶）；弱毒苗抽样20支（瓶）。

6. 抽样药品签封

抽样结束后，抽样人员应当用兽药封签将所抽样品签封，据实填写《兽药抽样记录及凭证》。兽药封签和《兽药抽样记录及凭证》应当由抽样人员和被抽样单位负责人签字，并加盖抽样单位和被抽样单位公章；被抽样对象为个人的，由该个人签字。

《兽药抽样记录及凭证》一式三份，一份交被抽样单位或者个人作抽样凭证，一份封存于样品包装内和检验单位检品卡一同流转，一份由抽样单位保存备查。

7. 抽样的注意事项

（1）抽样操作应当规范、注意安全，不影响所抽样品和被拆包装药品的质量。

（2）取样工具和盛样器具应当洁净、干燥，必要时作灭菌处理。盛样容器在使用及贮存运输过程中，应能防止受潮及异物混入。

（3）原料药取样应当迅速，样品和被拆包的抽样单元应当尽快密封，防止吸潮、风化或氧化。

（4）无菌原料药应当按照无菌操作法取样。

（5）需要在真空或者氮气条件下保存的兽药，抽取样品后，应当对样品和被拆包的抽样单元加以密封。

（6）液体样品应先摇匀后再取样。含有结晶者，应在不影响品质的情况下溶化后取样。

（7）对毒性、腐蚀性或者易燃易爆药品，抽样时应当穿戴防护用具，小心搬运，样品应当标注“危险品”的标志；易燃易爆药品应远离热源，并不得震动；腐蚀性药品还应当避免接触金属制品。

（8）遇光易变质的兽药应当避光取样，置于有色玻瓶中，必要时加套黑纸。

8. 抽样过程中发现有下列情形之一的，应当及时报告农村农业行政管理机关

国家农村农业行政管理机关明文规定禁止使用的；未经批准生产、配制、经营、进口，或者须经口岸兽药检验机构检验而未经检验即生产、销售的；未取得兽药批准文号或人畜共用原料药未取得兽药或药品批准文号的；用途或用法用量超出规定范围的；应标明而未标明有效期或者更改有效期、超过有效期的；未注明或者更改生产批号的；超越许可范围生产、配制、经营或进口兽药的；未经登记或者质量检验不合格仍进口、销售或者使用的。

9. 抽样药品的保管与送检

抽样人员应当采取措施保证样品不失效、不变质、不破损、不泄漏，并及时将抽取的样品送达承担检验任务的兽药检验机构。经核查，对抽样人员送检的样品与《兽药抽样记录及凭证》所记录的内容相符、兽药封签完整的，兽药检验机构予以签收。

10. 兽药监督员的职责和义务

兽药监督员可以依照《兽药管理条例》和《兽药质量监督抽样规定》，开展兽药监督抽样工作。兽药监督员实施监督抽样时，应当向被抽查单位或者个人出示符合《兽药管理条例》规定的证件。

历年执业兽医资格考试真题

1.（2010、2013、2020 年真题）属于劣兽药的是（　　）

A. 以非兽药冒充兽药的

B. 以他种兽药冒充此种兽药的

C. 所含成分名称与兽药国家标准不符合的

D. 所含成分种类与兽药国家标准不符合的

E. 所含成分含量与兽药国家标准不符合的

2.（2011年真题）不属于劣兽药的是（　　）

A. 被污染的　　B. 更改有效期的

C. 不标明有效期的　　D. 不标明有效成分的

E. 兽药所含成分含量不符合兽药国家标准的

3.（2012年真题）发现与兽药使用有关的严重不良反应的法定报告义务主体不包括（　　）

A. 兽药生产企业　　B. 兽药经营企业

C. 兽药使用单位　　*D. 兽药使用个人*

E. 开具处方的兽医人员

4.（2014年真题）劣兽药不包括（　　）

A. 不标明有效成分的　　B. 不标明产品批号的

C. 变质的　　D. 不标明有效期的

E. 兽药所含成分含量不符合国家标准的

5.（2015年真题）不属于假兽药的是（　　）

A. 以非兽药冒充兽药的

B. 不标明有效期的

C. 以他种兽药冒充此种兽药的

D. 兽药所含成分的种类与兽药国家标准不符合的

E. 兽药所含成分的名称与兽药国家标准不符合的

6.（2018年真题）根据《兽药管理条例》，不属于假兽药的是（　　）

A. 以非兽药冒充兽药的

B. 以他种兽药冒充此种兽药的

C. 不标明有效成分的

D. 兽药所含成分的名称与兽药国家标准不符合的

E. 兽药所含成分的种类与兽药国家标准不符合的

7.（2019年真题）《兽药管理条例》规定，下列情形应当按照假兽药处理的是（　　）

A. 成分含量不符合兽药国家标准的

B. 不标明有效成分的

C. 超过有效期的

D. 所标明的适应证超过规定范围的

E. 更改产品批号的

任务八 违反《兽药管理条例》的法律责任

任务描述

本任务主要介绍了在兽药研制、兽药生产、兽药经营、兽药进出口贸易、兽药使用、兽药监督管理的过程中存在违反《兽药管理条例》行为的法律责任等内容。

一、行政管理部门的违法行为

农业农村主管部门及其工作人员利用职务上的便利收取他人财物或者谋取其他利益，对不符合法定条件的单位和个人核发许可证、签署审查同意意见，不履行监督职责，或者发现违法行为不予查处，造成严重后果，构成犯罪的，依法追究刑事责任；尚不构成犯罪的，依法给予行政处分。

二、行政相对人的违法行为

1. 无《兽药生产许可证》《兽药经营许可证》生产、经营兽药，或者虽有《兽药生产许可证》《兽药经营许可证》，生产、经营假、劣兽药或者经营人药的违法行为

违反规定的，无《兽药生产许可证》《兽药经营许可证》生产、经营兽药的，或者虽有《兽药生产许可证》《兽药经营许可证》，生产、经营假、劣兽药的，或者兽药经营企业经营人用药品的，责令其停止生产、经营，没收用于违法生产的原料、辅料、包装材料及生产、经营的兽药和违法所得，并处违法生产、经营的兽药货值金额 2 倍以上 5 倍以下罚款，货值金额无法查证核实的，处十万元以上二十万元以下罚款；无兽药生产许可证生产兽药，情节严重的，没收其生产设备；生产、经营假、劣兽药，情节严重的，吊销《兽药生产许可证》《兽药经营许可证》；构成犯罪的，依法追究刑事责任；给他人造成损失的，依法承担赔偿责任。生产、经营企业的主要负责人和直接负责的主管人员终身不得从事兽药的生产、经营活动。擅自生产强制免疫所需兽用生物制品的，按照无兽药生产许可证生产兽药处罚。

2. 提供虚假的资料、样品或者采取其他欺骗手段取得《兽药生产许可证》《兽药经营许可证》或者兽药批准证明文件的违法行为

违反规定的，提供虚假的资料、样品或者采取其他欺骗手段取得兽药生产许可证、兽药经营许可证或者兽药批准证明文件的，吊销《兽药生产许可证》《兽药经营许可证》或者撤销兽药批准证明文件，并处五万元以上十万元以下罚款；给他人造成损失的，依法承担赔偿责任。其主要负责人和直接负责的主

管人员终身不得从事兽药的生产、经营和进出口活动。

3. 买卖、出租、出借《兽药生产许可证》《兽药经营许可证》和兽药批准证明文件的违法行为

买卖、出租、出借《兽药生产许可证》《兽药经营许可证》和兽药批准证明文件的，没收违法所得，并处一万元以上十万元以下罚款；情节严重的，吊销《兽药生产许可证》《兽药经营许可证》或者撤销兽药批准证明文件；构成犯罪的，依法追究刑事责任；给他人造成损失的，依法承担赔偿责任。

4. 兽药安全性评价单位、临床试验单位、生产和经营企业未按照规定实施兽药研究试验、生产、经营质量管理规范的违法行为

违反规定的，兽药安全性评价单位、临床试验单位、生产和经营企业未按照规定实施兽药研究试验、生产、经营质量管理规范的，给予警告，责令其限期改正；逾期不改正的，责令停止兽药研究试验、生产、经营活动，并处五万元以下罚款；情节严重的，吊销《兽药生产许可证》《兽药经营许可证》；给他人造成损失的，依法承担赔偿责任。违反规定的，研制新兽药不具备规定的条件擅自使用一类病原微生物或者在实验室阶段前未经批准的，责令其停止实验，并处五万元以上十万元以下罚款；构成犯罪的，依法追究刑事责任；给他人造成损失的，依法承担赔偿责任。违反规定的，开展新兽药临床试验应当备案而未备案的，责令其立即改正，给予警告，并处五万元以上十万元以下罚款；给他人造成损失的，依法承担赔偿责任。

5. 兽药生产、经营企业生产、经营的兽药产品的标签和说明书未经批准、兽药包装上未附有标签和说明书或者标签和说明书与批准的内容不一致的违法行为

违反规定的，兽药的标签和说明书未经批准的，责令其限期改正；逾期不改正的，按照生产、经营假兽药处罚；有兽药产品批准文号的，撤销兽药产品批准文号；给他人造成损失的，依法承担赔偿责任。兽药包装上未附有标签和说明书，或者标签和说明书与批准的内容不一致的，责令其限期改正；情节严重的，依照前款规定处罚。

6. 境外企业在中国直接销售兽药的违法行为

违反规定的，境外企业在中国直接销售兽药的，责令其限期改正，没收直接销售的兽药和违法所得，并处五万元以上十万元以下罚款；情节严重的，吊销《进口兽药注册证书》；给他人造成损失的，依法承担赔偿责任。

7. 用药单位未按照国家有关兽药安全使用规定使用兽药的、未建立用药记录或者记录不完整真实的，或者使用禁止使用的药品和其他化合物，或者将人用药品用于动物的违法行为

违反规定的，未按照国家有关兽药安全使用规定使用兽药的、未建立用药

记录或者记录不完整真实的，或者使用禁止使用的药品和其他化合物的，或者将人用药品用于动物的，责令其立即改正，并对饲喂了违禁药物及其他化合物的动物及其产品进行无害化处理；对违法单位处一万元以上五万元以下罚款；给他人造成损失的，依法承担赔偿责任。

8. 违反兽药使用安全制度和食品卫生制度，销售不符合规定的动物及其产品的违法行为

违反规定的，销售尚在用药期、休药期内的动物及其产品用于食品消费的，或者销售含有违禁药物和兽药残留超标的动物产品用于食品消费的，责令其对含有违禁药物和兽药残留超标的动物产品进行无害化处理，没收违法所得，并处三万元以上十万元以下罚款；构成犯罪的，依法追究刑事责任；给他人造成损失的，依法承担赔偿责任。

9. 不遵守兽药查封、扣押决定的违法行为

违反规定的，擅自转移、使用、销毁、销售被查封或者扣押的兽药及有关材料的，责令其停止违法行为，给予警告，并处五万元以上十万元以下罚款。

10. 违反信息报告义务的违法行为

违反规定的，兽药生产企业、经营企业、兽药使用单位和开具处方的兽医人员发现可能与兽药使用有关的严重不良反应，不向所在地人民政府农业农村主管部门报告的，给予警告，并处五千元以上一万元以下罚款。生产企业在新兽药监测期内不收集或者不及时报送新兽药的疗效、不良反应等资料的，责令其限期改正，并处一万元以上五万元以下罚款；情节严重的，撤销该新兽药的产品批准文号。

11. 违反处方药管理制度的违法行为

违反规定的，未经兽医开具处方销售、购买、使用兽用处方药的，责令其限期改正，没收违法所得，并处五万元以下罚款；给他人造成损失的，依法承担赔偿责任。

12. 违反原料药管理制度的违法行为

违反规定的，兽药生产、经营企业把原料药销售给兽药生产企业以外的单位和个人的，或者兽药经营企业拆零销售原料药的，责令其立即改正，给予警告，没收违法所得，并处二万元以上五万元以下罚款；情节严重的，吊销《兽药生产许可证》《兽药经营许可证》；给他人造成损失的，依法承担赔偿责任。

13. 违反兽药使用管理规定，在饲喂动物过程中使用违禁药物的违法行为

违反规定的，在饲料和动物饮用水中添加激素类药品和国务院农业农村主管部门规定的其他禁用药品，依照《饲料和饲料添加剂管理条例》的有关规定处罚；直接将原料药添加到饲料及动物饮用水中，或者饲喂动物的，责令其立即改正，并处一万元以上三万元以下罚款；给他人造成损失的，依法承担赔偿

责任。

14. 有关撤销兽药产品批准文号、吊销进口兽药注册证书及其相应法律后果的违法行为

包括抽查检验连续 2 次不合格的；药效不确定、不良反应大以及可能对养殖业、人体健康造成危害或者存在潜在风险的；国务院农业农村主管部门禁止生产、经营和使用的兽药。被撤销产品批准文号或者被吊销进口兽药注册证书的兽药，不得继续生产、进口、经营和使用。已经生产、进口的，由所在地农业农村主管部门监督销毁，所需费用由违法行为人承担；给他人造成损失的，依法承担赔偿责任。

15. 行政处罚决定机关以及行政执法机关内部层级的监督管理

《兽药管理条例》规定的行政处罚由县级以上人民政府农业农村主管部门决定；其中吊销《兽药生产许可证》《兽药经营许可证》，撤销兽药批准证明文件或者责令停止兽药研究试验的，由发证、批准、备案部门决定。上级农业农村主管部门对下级农业农村主管部门违反《兽药管理条例》的行政行为，应当责令限期改正；逾期不改正的，有权予以改变或者撤销。

16. 行政执法过程中货值金额计算标准

《兽药管理条例》规定的货值金额以违法生产、经营兽药的标价计算；没有标价的，按照同类兽药的市场价格计算。

三、兽药严重违法行为从重处罚情形

（1）无兽药生产许可证生产兽药，有下列情形之一的，按照《兽药管理条例》第五十六条“情节严重的”规定处理，按上限罚款，并没收生产设备，生产、经营者主要负责人和直接负责的主管人员终身不得从事兽药的生产、经营活动：生产的兽药添加国家禁止使用的药品和其他化合物，或添加人用药品等农业农村部未批准使用的其他成分的；生产的兽药累计 2 批次以上或货值金额二万元以上的；生产兽用疫苗的；其他情节严重的情形。

（2）持有兽药生产、经营许可证的兽药生产、经营者有下列情形之一的，按照《兽药管理条例》第五十六条“情节严重的”规定处理，按上限罚款，并吊销兽药生产、经营许可证，生产、经营者主要负责人和直接负责的主管人员终身不得从事兽药的生产、经营活动：生产的兽药添加国家禁止使用的药品和其他化合物，或添加人用药品等农业农村部未批准使用的其他成分的；生产的兽药擅自改变组方添加其他兽药成分累计 2 批次以上的；生产未取得兽药产品批准文号兽用疫苗的，或生产未取得兽药产品批准文号的其他兽药产品累计 2 批次以上的；生产兽用疫苗擅自更换菌（毒、虫）种，或者非法添加其他菌（毒、虫）种的；生产主要成分含量在国家标准上限 150%以上或下限 50%以下

的劣兽药累计 3 个品种以上或 5 批次以上的；生产的兽用疫苗未经批签发或批签发不合格即销售累计 2 批次以上的；生产假兽药货值金额五万元以上的；兽药经营者未审核并保存兽药批准证明文件材料以及购买凭证，经营假、劣兽药货值金额二万元以上的。

（3）持有兽药生产、经营许可证的兽药生产、经营者有下列情形之一的，按照《兽药管理条例》第五十九条“情节严重的”规定处理，吊销兽药生产、经营许可证，生产、经营者主要负责人和直接负责的主管人员终身不得从事兽药的生产、经营活动：兽药生产者未在批准的兽药 GMP 车间生产兽药累计 2 批次以上的；未在批准的生产线生产兽药累计 2 批次以上的；兽药出厂前未按规定进行质量检验，或检验不合格即出厂销售累计 5 批次以上的；无兽药生产、检验记录或编造、伪造生产、检验记录累计 3 批次以上的；编造、伪造兽用疫苗批签发材料累计 3 批次以上的；监督检查和飞行检查发现兽药生产者有 2 个以上关键项不符合兽药 GMP 要求的。

（4）兽药生产、经营者将原料药销售给养殖场（户）的，按照《兽药管理条例》第六十七条“情节严重的”规定处理，没收违法所得，按上限罚款，并吊销兽药生产、经营许可证。

（5）生产或进口的兽药有下列情形之一的，按照《兽药管理条例》第六十九条规定处理，撤销兽药产品批准文号或者吊销进口兽药注册证书：抽查检验连续 2 次或累计 3 批次以上不合格的；改变组方添加其他兽药成分的；主要成分含量在国家标准上限 150%以上或下限 50%以下的；主要成分含量在国家标准上限 120%以上或下限 80%以下，累计 2 批次以上的；擅自改变工艺对产品质量产生严重不良影响的；进口兽用疫苗无进口兽药通关单、未经批签发或批签发不合格即销售的。生产的兽药同时存在 2 种情形以上的，按照《兽药管理条例》第五十六条“情节严重的”规定处理，按上限罚款，并依法吊销兽药生产许可证。

（6）兽药产品标签和说明书未经批准擅自修改，限期改正后再犯的，属于《兽药管理条例》第六十条“逾期不改正”的情形，按生产、经营假兽药处罚。

（7）兽药使用单位违反国家有关兽药安全使用规定，明知是假兽用疫苗或者应当经审查批准而未经审查批准即生产、进口的兽用疫苗，仍非法使用的，按照《兽药管理条例》第六十二条处理，按上限罚款；给他人造成损失的，依法承担赔偿责任。

（8）兽药违法行为涉嫌犯罪的，移送司法机关追究刑事责任。从重处罚的“兽药”不包括兽用诊断制品；所称的“累计”计算时间为 2 年内。

历年执业兽医资格考试真题

（2016年真题）某兽药经营企业擅自销售被查封的兽药，对该违法行为应当给予的行政处罚是（　　）

A. 吊销兽药经营许可证

B. 没收被查封的兽药

C. 没收销售被查封兽药的违法所得

D. 停止所有销售活动

E. 警告并处以一定数额的罚款

项目思考

一、简答题

1. 根据《兽药管理条例》规定，经营兽药的企业必须具备哪些条件？

2. 兽药内包装标签注明的内容有哪些？

3. 根据《兽药管理条例》规定，在哪些情形之下按照假兽药进行处理？

4. 国家针对强制免疫用生物制品的销售是如何规定的？

5. 简述兽药不良反应报告制度的主要内容。

二、案例分析

1. 2020年3月，广州市天河区农业农村局联合广州市农业农村局进行执法检查，在广州市某生物科技有限公司仓库发现6种兽药产品，但该公司不能提供《兽药生产许可证》及兽药产品批准文号。经立案调查，该公司自2018年1月起，在未取得《兽药生产许可证》和产品批准文号的情况下生产兽用诊断制品，共计6种176盒、4488头份，货值3.14万元。将学生分为每组5人，以小组为单位对案例进行分析讨论，并归纳总结（格式参照附录）。

2. 2019年8月14日，河南省新密市农业执法大队接新密市曲梁镇政府工作人员举报，该镇尚庄村九组有人在居民旧宅中私自生产兽药。接举报后，新密市农业执法人员即赶赴现场，查获兽药成品11个品种，原料药7个品种，包装材料标签3.6万张、包装盒900个、玻璃安瓿瓶92箱，生产设备6台，生产记录1份。经核算，当事人违法生产的假兽药货值金额214677元，违法所得180541元，且当事人赵某某无法提供《兽药生产许可证》。将学生分为每组5人，以小组为单位对案例进行分析讨论，并归纳总结（格式参照本书附录）。

3. 根据群众投诉，湖北省农业农村厅组成联合工作组于2019年5月4日赴仙桃市督办“杀青苔”类“非药品”导致农户养殖的小龙虾死亡事件时，在位于该市的武汉某水产生物技术有限公司成品间发现有“增效铜、车轮斜管净、败血停、弧菌必治”等4个产品涉嫌以非兽药冒充兽药的违法行为。执法人员随即对相关产品进行抽样并进行异地登记保存。经检测，4个样品均含有兽药成分。按照属地管理原则，湖北省农业农村厅将该案交由仙桃市农业农村局调查处理。经仙桃市农业执法人员调查，该公司生产的“增效铜、车轮斜管净、败血停、弧菌必治”4个产品的标签和包装上均标示为非药品，但标签说明书明确标明对水产动物有防治疾病作用，属于以非兽药冒充兽药。该公司共生产“弧菌必治”65件，“增效铜”4件，“车轮斜管净”178件，“败血停”48件，货值金额共计40565元。将学生分为每组5人，以小组为单位对案例进行分析讨论，并归纳总结（格式参照本书附录）。

4. 2020年6月3日，运城市农业农村局接群众举报，称位于盐湖区冯村乡某生物科技有限公司涉嫌从事生产假劣兽药活动。该局综合行政执法队立即赴现场进行突击检查，查获一批假兽药产品。经查证，该公司违法生产的假兽药产品货值达65.91万元。将学生分为每组5人，以小组为单位对案例进行分析讨论，并归纳总结（格式参照本书附录）。

5. 2020年3月13日，丰润区农业综合执法大队接举报，反映当事人任某某涉嫌无兽药经营许可证经营兽药。丰润区农业农村局决定予以立案调查。经查，当事人在未取得兽药经营许可证的情况下，2020年1月20日购进“阿莫西林可溶性粉”（1kg/袋）10袋、“阿莫西林可溶性粉”（100g/袋）60袋进行销售，“阿莫西林可溶性粉”（1kg/袋）售价为100元/袋，“阿莫西林可溶性粉”（100g/袋）售价为20元/袋，货值金额合计2200元。截至违法行为被发现时，“阿莫西林可溶性粉”（1kg/袋）销售1袋，“阿莫西林可溶性粉”（100g/袋）销售34袋，违法所得合计780元。将学生分为每组5人，以小组为单位对案例进行分析讨论，并归纳总结（格式参照本书附录）。

项目四　饲料和饲料添加剂相关法律法规

本项目主要介绍饲料和饲料添加剂管理的相关内容。随着近年来红心蛋事件、瘦肉精事件、三鹿奶粉事件等，食品的安全得不到保证从而威胁到人类的身体健康，为了防止因饲料和饲料添加剂造成的食品安全问题的发生，国家通过相关法律来调控饲料和饲料添加剂的生产、经营及使用来促进畜牧业的发展而保证食用动物产品的安全。以《饲料和饲料添加剂管理条例》为横向导向进行纵向阐述。

任务一　《饲料和饲料添加剂管理条例》概述

任务描述

本任务主要介绍了饲料和饲料添加剂管理条例立法宗旨、调整对象、饲料原料目录、饲料添加剂品种目录、饲料行政管理和监督管理体制等内容。

一、立法宗旨

目的在于加强对饲料、饲料添加剂的管理，提高饲料、饲料添加剂的质量，保障动物产品质量安全，维护公众健康。

二、调整对象

（一）饲料

饲料指经工业化加工、制作的供动物食用的产品，包括单一饲料、添加剂预混合饲料、浓缩饲料、配合饲料和精料补充料。

1. 单一饲料

单一饲料指来源于一种动物、植物、微生物或者矿物质，用于饲料产品生产的饲料。

2. 添加剂预混合饲料

添加剂预混合饲料指由两种（类）或者两种（类）以上营养性饲料添加剂为主，与载体或者稀释剂按照一定比例配制的饲料，包括复合预混合饲料、微量元素预混合饲料、维生素预混合饲料。

3. 浓缩饲料

浓缩饲料指主要由蛋白质、矿物质和饲料添加剂按照一定比例配制的饲料。

4. 配合饲料

配合饲料指根据养殖动物营养需要，将多种饲料原料和饲料添加剂按照一定比例配制的饲料。

5. 精料补充料

精料补充料指为补充草食动物的营养，将多种饲料原料和饲料添加剂按照一定比例配制的饲料。

（二）饲料添加剂

饲料添加剂指在饲料加工、制作、使用过程中添加的少量或者微量物质，包括营养性饲料添加剂、一般饲料添加剂和药物饲料添加剂。

1. 营养性饲料添加剂

营养性饲料添加剂指为补充饲料营养成分而掺入饲料中的少量或者微量物质，包括饲料级氨基酸、维生素、矿物质微量元素、酶制剂、非蛋白氮等。

2. 一般饲料添加剂

一般饲料添加剂指为保证或者改善饲料品质、提高饲料利用率而掺入饲料中的少量或者微量物质。

3. 药物饲料添加剂

药物饲料添加剂指为预防、治疗动物疾病而掺入载体或者稀释剂的兽药的预混合物质。

三、适用范围

饲料原料目录和饲料添加剂品种目录由国务院农业农村行政主管部门制定并公布。

（一）饲料原料目录

饲料原料指来源于动物、植物、微生物或者矿物质，用于加工制作饲料但不属于饲料添加剂的饲用物质。包括谷物及其加工产品、油料籽实及其加工产品、豆科作物籽实及其加工产品、块茎、块根及其加工产品、其他籽实、果实类产品及其加工产品、饲草、粗饲料及其加工产品、其他植物、藻类及其加工产品、乳制品及其副产品、陆生动物产品及其副产品、鱼、其他水生生物及其副产品、矿物质、微生物发酵产品及副产品和其他饲料原料。

（二）饲料添加剂品种目录

饲料添加剂品种目录包括氨基酸、氨基酸盐及其类似物、维生素及类维生素、矿物元素及其络（螯）合物、酶制剂、微生物、非蛋白氮、抗氧化剂、防腐剂、防霉剂和酸度调节剂、着色剂、调味和诱食物质、黏结剂、抗结块剂、稳定剂和乳化剂、多糖和寡糖及其他。

四、饲料行政管理的体制

国务院农业农村行政主管部门负责全国饲料、饲料添加剂的监督管理工作。县级以上地方人民政府负责饲料、饲料添加剂管理的部门（简称饲料管理部门），负责本行政区域饲料、饲料添加剂的监督管理工作。

饲料管理部门的主要职责有：草拟饲料管理法律、法规、规范并组织实施；制定、实施饲料行业发展政策、规划、计划；制定饲料管理规章、饲料行业标准；审定饲料、饲料添加剂新品种；颁发生产许可证、核发产品批准文号，颁发进口产品登记证；实施行业监督管理，组织监督抽查工作；开展国际交流与技术合作。

五、饲料工作监督管理的机制

县级以上地方人民政府统一领导本行政区域饲料、饲料添加剂的监督管理工作，建立健全监督管理机制，保障监督管理工作的开展。饲料、饲料添加剂生产企业、经营者应当建立健全质量安全制度，对其生产、经营的饲料、饲料添加剂的质量安全负责。任何组织或者个人有权举报在饲料、饲料添加剂生产、经营、使用过程中违反本条例的行为，有权对饲料、饲料添加剂监督管理工作提出意见和建议。

任务二　审定和登记相关的法律法规

任务描述

本任务主要介绍了饲料、饲料添加剂品种的创新和品种审定的制度，新饲料、新饲料添加剂产品的申报、质量标准、监测期，进口饲料、饲料添加剂的登记管理，新饲料、国产和进口新饲料添加剂相关试验数据的保护等内容。

一、《饲料和饲料添加剂管理条例》关于审定和登记的有关规定

（一）饲料、饲料添加剂品种的创新和品种审定的制度

国家鼓励研制新饲料、新饲料添加剂。研制新饲料、新饲料添加剂，应当遵循科学、安全、有效、环保的原则，保证新饲料、新饲料添加剂的质量安全。

（二）新饲料、新饲料添加剂产品的申报

1. 提交申报资料

研制的新饲料、新饲料添加剂投入生产前，研制者或者生产企业应当向国务院农业农村行政主管部门提出审定申请，并提供该新饲料、新饲料添加剂的样品和下列资料：名称、主要成分、理化性质、研制方法、生产工艺、质量标准、检测方法、检验报告、稳定性试验报告、环境影响报告和污染防治措施；国务院农业农村行政主管部门指定的试验机构出具的该新饲料、新饲料添加剂的饲喂效果、残留消解动态以及毒理学安全性评价报告。

申请新饲料添加剂审定的，还应当说明该新饲料添加剂的添加目的、使用方法，并提供该饲料添加剂残留可能对人体健康造成影响的分析评价报告。

2. 评审

国务院农业农村行政主管部门应当自受理申请之日起 5 个工作日内，将新饲料、新饲料添加剂的样品和申请资料交全国饲料评审委员会，对该新饲料、新饲料添加剂的安全性、有效性及其对环境的影响进行评审。

全国饲料评审委员会由养殖、饲料加工、动物营养、毒理、药理、代谢、卫生、化工合成、生物技术、质量标准、环境保护、食品安全风险评估等方面的专家组成。全国饲料评审委员会对新饲料、新饲料添加剂的评审采取评审会议的形式，评审会议应当有 9 名以上全国饲料评审委员会专家参加，根据需要也可以邀请 1~2 名全国饲料评审委员会专家以外的专家参加，参加评审的专家对评审事项具有表决权。评审会议应当形成评审意见和会议纪要，并由参加评审的专家审核签字；有不同意见的，应当注明。参加评审的专家应当依法公平、公正履行职责，对评审资料保密，存在回避事由的，应当主动回避。

3. 结果

全国饲料评审委员会应当自收到新饲料、新饲料添加剂的样品和申请资料之日起 9 个月内出具评审结果并提交国务院农业农村行政主管部门；但是，全国饲料评审委员会决定由申请人进行相关试验的，经国务院农业农村行政主管

部门同意，评审时间可以延长3个月。

国务院农业农村行政主管部门应当自收到评审结果之日起10个工作日内做出是否核发新饲料、新饲料添加剂证书的决定；决定不予核发的，应当书面通知申请人并说明理由。

（三）新饲料、新饲料添加剂产品的质量标准

国务院农业农村行政主管部门核发新饲料、新饲料添加剂证书，应当同时按照职责权限公布该新饲料、新饲料添加剂的产品质量标准。

（四）新饲料、新饲料添加剂的监测期

新饲料、新饲料添加剂的监测期为5年。新饲料、新饲料添加剂处于监测期的，不受理其他就该新饲料、新饲料添加剂的生产申请和进口登记申请，但超过3年不投入生产的除外。

生产企业应当收集处于监测期的新饲料、新饲料添加剂的质量稳定性及其对动物产品质量安全的影响等信息，并向国务院农业农村行政主管部门报告；国务院农业农村行政主管部门应当对新饲料、新饲料添加剂的质量安全状况组织跟踪监测，证实其存在安全问题的，应当撤销新饲料、新饲料添加剂证书并予以公告。

（五）进口饲料、饲料添加剂的登记管理

1. 登记申请并提交资料

向中国出口中国境内尚未使用但出口国已经批准生产和使用的饲料、饲料添加剂的，应当委托中国境内代理机构向国务院农业农村行政主管部门申请登记，并提供该饲料、饲料添加剂的样品和下列资料：商标、标签和推广应用情况；生产地批准生产、使用的证明和生产地以外其他国家、地区的登记资料；主要成分、理化性质、研制方法、生产工艺、质量标准、检测方法、检验报告、稳定性试验报告、环境影响报告和污染防治措施；国务院农业农村行政主管部门指定的试验机构出具的该饲料、饲料添加剂的饲喂效果、残留消解动态以及毒理学安全性评价报告。申请饲料添加剂进口登记的，还应当说明该饲料添加剂的添加目的、使用方法，并提供该饲料添加剂残留可能对人体健康造成影响的分析评价报告。

2. 评审

国务院农业农村行政主管部门应当依照《饲料和饲料添加剂管理条例》中第九条规定的新饲料、新饲料添加剂的评审程序组织评审，并决定是否核发饲料、饲料添加剂进口登记证。

首次向中国出口中国境内已经使用且出口国已经批准生产和使用的饲料、饲料添加剂的，应当依照《饲料和饲料添加剂管理条例》中第十二条第一款、第二款的规定申请登记。国务院农业农村行政主管部门应当自受理申请之日起10个工作日内对申请资料进行审查；审查合格的，将样品交由指定的机构进行复核检测；复核检测合格的，国务院农业农村行政主管部门应当在10个工作日内核发饲料、饲料添加剂进口登记证。

3. 饲料、饲料添加剂进口登记证的管理

饲料、饲料添加剂进口登记证有效期为5年。进口登记证有效期满需要继续向中国出口饲料、饲料添加剂的，应当在有效期届满6个月前申请续展。禁止进口未取得饲料、饲料添加剂进口登记证的饲料、饲料添加剂。

（六）已经取得新饲料、新饲料添加剂证书或者饲料、饲料添加剂进口登记证的、含有新化合物的饲料、饲料添加剂的试验数据和其他数据的保护措施

国家对已经取得新饲料、新饲料添加剂证书或者饲料、饲料添加剂进口登记证的、含有新化合物的饲料、饲料添加剂的申请人提交的其自己所取得且未披露的试验数据和其他数据实施保护。自核发证书之日起6年内，对其他申请人未经已取得新饲料、新饲料添加剂证书或者饲料、饲料添加剂进口登记证的申请人同意，使用已规定登记的数据申请新饲料、新饲料添加剂审定或者饲料、饲料添加剂进口登记的，国务院农业农村行政主管部门不予审定或者登记；但是，其他申请人提交其自己所取得的数据的除外。

除下列情形外，国务院农业农村行政主管部门不得披露已经取得新饲料、新饲料添加剂证书或者饲料、饲料添加剂进口登记证的、含有新化合物的饲料、饲料添加剂的试验数据和其他数据：公共利益需要；已采取措施确保该类信息不会被不正当地进行商业使用。

二、《新饲料和新饲料添加剂管理办法》

（一）《新饲料和新饲料添加剂管理办法》概述

1. 立法目的和适用范围

目的在于加强新饲料、新饲料添加剂管理，保障养殖动物产品质量安全。新饲料，指我国境内新研制开发的尚未批准使用的单一饲料；新饲料添加剂，指我国境内新研制开发的尚未批准使用的饲料添加剂。

2. 调整对象

有下列情形之一的，应当向农业农村部提出申请，参照《新饲料和新饲料

添加剂管理办法》规定的新饲料、新饲料添加剂审定程序进行评审，评审通过的，由农业农村部公告作为饲料、饲料添加剂生产和使用，但不发给新饲料、新饲料添加剂证书：饲料添加剂扩大适用范围的；饲料添加剂含量规格低于饲料添加剂安全使用规范要求的，但由饲料添加剂与载体或者稀释剂按照一定比例配制的除外；饲料添加剂生产工艺发生重大变化的；新饲料、新饲料添加剂自获证之日起超过3年未投入生产，其他企业申请生产的；农业农村部规定的其他情形。

3. 研制新饲料、新饲料添加剂的原则

新饲料、新饲料添加剂的研发应当遵循科学、安全、有效、环保的原则，保证新饲料、新饲料添加剂的质量安全。

4. 新饲料和新饲料添加剂审定工作的行政管理

农业农村部负责新饲料、新饲料添加剂审定。全国饲料评审委员会（简称评审委）组织对新饲料、新饲料添加剂的安全性、有效性及其对环境的影响进行评审。

（二）新饲料和新饲料添加剂评审的有关规定

1. 新饲料、新饲料添加剂的审定申请

（1）申请制度　新饲料、新饲料添加剂投入生产前，研制者或者生产企业（简称申请人）应当向农业农村部提出审定申请，并提交新饲料、新饲料添加剂的申请资料和样品。

（2）申请材料　包括新饲料、新饲料添加剂审定申请表；产品名称及命名依据、产品研制目的；有效组分、理化性质及有效组分化学结构的鉴定报告，或者动物、植物、微生物的分类（菌种）鉴定报告，微生物发酵制品还应当提供生产所用菌株的菌种鉴定报告；微生物产品或发酵制品，还应当提供农业农村部指定的国家级菌种保藏机构出具的菌株保藏编号；适用范围、使用方法、在配合饲料或全混合日粮中的推荐用量，必要时提供最高限量值；生产工艺、制造方法及产品稳定性试验报告；质量标准草案及其编制说明和产品检测报告；有最高限量要求的，还应提供有效组分在配合饲料、浓缩饲料、精料补充料、添加剂预混合饲料中的检测方法；农业农村部指定的试验机构出具的产品有效性评价试验报告、安全性评价试验报告；申请新饲料添加剂审定的，还应当提供该新饲料添加剂在养殖产品中的残留可能对人体健康造成影响的分析评价报告；标签式样、包装要求、贮存条件、保质期和注意事项；中试生产总结和“三废”处理报告；对他人的专利不构成侵权的声明。

（3）产品样品的要求　产品样品应当来自中试或工业化生产线；每个产品提供连续3个批次的样品，每个批次4份样品，每份样品不少于检测需要量的

5倍；必要时提供相关的标准品或化学对照品。

（4）评审 农业农村部自受理申请之日起5个工作日内，将申请资料和样品交评审委进行评审。新饲料、新饲料添加剂的评审采取评审会议的形式。评审会议应当有9名以上评审委专家参加，根据需要也可以邀请1至2名评审委专家以外的专家参加。参加评审的专家对评审事项具有表决权。评审会议应当形成评审意见和会议纪要，并由参加评审的专家审核签字；有不同意见的，应当注明。

（5）样品的质量复核 评审会议原则通过的，由评审委将样品交农业农村部指定的饲料质量检验机构进行质量复核。质量复核机构应当自收到样品之日起3个月内完成质量复核，并将质量复核报告和复核意见报评审委，同时送达申请人。需用特殊方法检测的，质量复核时间可以延长1个月。质量复核包括标准复核和样品检测，有最高限量要求的，还应当对申报产品有效组分在饲料产品中的检测方法进行验证。申请人对质量复核结果有异议的，可以在收到质量复核报告后15个工作日内申请复检。

（6）现场核查或验证 评审过程中，农业农村部可以组织对申请人的试验或生产条件进行现场核查，或者对试验数据进行核查或验证。

（7）评审结果 评审委应当自收到新饲料、新饲料添加剂申请资料和样品之日起9个月内向农业农村部提交评审结果；但是，评审委决定由申请人进行相关试验的，经农业农村部同意，评审时间可以延长3个月。

（8）新饲料、新饲料添加剂证书的核发 农业农村部自收到评审结果之日起10个工作日内做出是否核发新饲料、新饲料添加剂证书的决定。决定核发新饲料、新饲料添加剂证书的，由农业农村部予以公告，同时发布该产品的质量标准。新饲料、新饲料添加剂投入生产后，按照公告中的质量标准进行监测和监督抽查。决定不予核发的，书面通知申请人并说明理由。

2. 评审的原则

有效性和安全性评价试验机构应当按照农业农村部制定的技术指导文件或行业公认的技术标准，科学、客观、公正开展试验，不得与研制者、生产企业存在利害关系。承担试验的专家不得参与该新饲料、新饲料添加剂的评审工作。参加评审的专家应当依法履行职责，科学、客观、公正提出评审意见。评审专家与研制者、生产企业有利害关系的，应当回避。

3. 生产许可证和产品批准文号的申请

新饲料、新饲料添加剂在生产前，生产者应当按照农业农村部有关规定取得生产许可证。生产新饲料添加剂的，还应当取得相应的产品批准文号。

4. 新饲料、新饲料添加剂监测期的管理

新饲料、新饲料添加剂的监测期为5年，自新饲料、新饲料添加剂证书核发之日起计算。监测期内不受理其他就该新饲料、新饲料添加剂提出的生产申请和进口登记申请，但该新饲料、新饲料添加剂超过 3 年未投入生产的除外。新饲料、新饲料添加剂生产企业应当收集处于监测期内的产品质量、靶动物安全和养殖动物产品质量安全等相关信息，并向农业农村部报告。农业农村部对新饲料、新饲料添加剂的质量安全状况组织跟踪监测，必要时进行再评价，证实其存在安全问题的，撤销新饲料、新饲料添加剂证书并予以公告。

5. 新饲料、新饲料添加剂审定工作的保密原则

从事新饲料、新饲料添加剂审定工作的相关单位和人员，应当对申请人提交的需要保密的技术资料保密。

（三）法律责任的有关规定

1. 行政管理人员的违法行为

从事新饲料、新饲料添加剂审定工作的相关人员，不履行《新饲料和新饲料添加剂管理办法》规定的职责或者滥用职权、玩忽职守、徇私舞弊的，依法给予处分；构成犯罪的，依法追究刑事责任。

2. 行政相对人的违法行为

申请人隐瞒有关情况或者提供虚假材料申请新饲料、新饲料添加剂审定的，农业农村部不予受理或者不予许可，并给予警告；申请人在 1 年内不得再次申请新饲料、新饲料添加剂审定。以欺骗、贿赂等不正当手段取得新饲料、新饲料添加剂证书的，由农业农村部撤销新饲料、新饲料添加剂证书，申请人在 3 年内不得再次申请新饲料、新饲料添加剂审定；以欺骗方式取得新饲料、新饲料添加剂证书的，并处五万元以上十万元以下罚款；构成犯罪的，依法移送司法机关追究刑事责任。

3. 其他的违法行为

其他违反《新饲料和新饲料添加剂管理办法》规定的，依照《饲料和饲料添加剂管理条例》的有关规定进行处罚。

任务三　生产、经营和使用的相关法律法规

任务描述

本任务主要介绍了饲料、饲料添加剂生产企业设立条件、申请、原料的采购及管理、生产记录和产品留样观察制度、自检制度；饲料、饲料添加剂的包装、标签的制度、质量安全知识的宣传、加药说明和宣传、限用停用或者禁用的程序；饲料、饲料添加剂经营企业的条件、基本要求和禁止行为；进口饲

料、饲料添加剂的管理；养殖者应按规定使用饲料、饲料添加剂；饲料、饲料添加剂的质量安全监测和监督管理等内容。

一、《饲料和饲料添加剂管理条例》关于生产、经营和使用的有关规定

（一）饲料、饲料添加剂生产企业设立条件和申请

1. 设立条件

设立饲料、饲料添加剂生产企业，应当符合饲料工业发展规划和产业政策，并具备下列条件：有与生产饲料、饲料添加剂相适应的厂房、设备和仓储设施；有与生产饲料、饲料添加剂相适应的专职技术人员；有必要的产品质量检验机构、人员、设施和质量管理制度；有符合国家规定的安全、卫生要求的生产环境；有符合国家环境保护要求的污染防治措施；国务院农业农村行政主管部门制定的饲料、饲料添加剂质量安全管理规范规定的其他条件。

2. 生产许可证的申请

申请从事饲料、饲料添加剂生产企业，申请人应当向省、自治区、直辖市人民政府饲料管理部门提出申请。省、自治区、直辖市人民政府饲料管理部门应当自受理申请之日起 10 个工作日内进行书面审查；审查合格的，组织进行现场审核，并根据审核结果在 10 个工作日内做出是否核发生产许可证的决定。生产许可证有效期为 5 年。生产许可证有效期满需要继续生产饲料、饲料添加剂的，应当在有效期届满 6 个月前申请续展。

3. 产品批准文号的申请

饲料添加剂、添加剂预混合饲料生产企业取得国务院农业农村行政主管部门核发的生产许可证后，由省、自治区、直辖市人民政府饲料管理部门按照国务院农业农村行政主管部门的规定，核发相应的产品批准文号。

（二）原料的采购及管理

饲料、饲料添加剂生产企业应当按照国务院农业农村行政主管部门的规定和有关标准，对采购的饲料原料、单一饲料、饲料添加剂、药物饲料添加剂、添加剂预混合饲料和用于饲料添加剂生产的原料进行查验或者检验。

饲料生产企业使用限制使用的饲料原料、单一饲料、饲料添加剂、药物饲料添加剂、添加剂预混合饲料生产饲料的，应当遵守国务院农业农村行政主管部门的限制性规定。禁止使用国务院农业农村行政主管部门公布的饲料原料目录、饲料添加剂品种目录和药物饲料添加剂品种目录以外的任何物质生产饲料。

饲料、饲料添加剂生产企业应当如实记录采购的饲料原料、单一饲料、饲

料添加剂、药物饲料添加剂、添加剂预混合饲料和用于饲料添加剂生产的原料的名称、产地、数量、保质期、许可证明文件（新饲料、新饲料添加剂证书，饲料、饲料添加剂进口登记证，饲料、饲料添加剂生产许可证，饲料添加剂、添加剂预混合饲料产品批准文号）编号、质量检验信息、生产企业名称或者供货者名称及其联系方式、进货日期等。记录保存期限不得少于2年。

（三）生产企业的生产记录和产品留样观察制度

饲料、饲料添加剂生产企业，应当按照产品质量标准以及国务院农业农村行政主管部门制定的饲料、饲料添加剂质量安全管理规范和饲料添加剂安全使用规范组织生产，对生产过程实施有效控制并实行生产记录和产品留样观察制度。

（四）企业建立自检制度

饲料、饲料添加剂生产企业应当对生产的饲料、饲料添加剂进行产品质量检验；检验合格的，应当附具产品质量检验合格证。未经产品质量检验、检验不合格或者未附具产品质量检验合格证的，不得出厂销售。饲料、饲料添加剂生产企业应当如实记录出厂销售的饲料、饲料添加剂的名称、数量、生产日期、生产批次、质量检验信息、购货者名称及其联系方式、销售日期等。记录保存期限不得少于2年。

（五）饲料、饲料添加剂的包装

出厂销售的饲料、饲料添加剂应当包装，包装应当符合国家有关安全、卫生的规定。饲料生产企业直接销售给养殖者的饲料可以使用罐装车运输。罐装车应当符合国家有关安全、卫生的规定，并随罐装车附具符合标签制度。易燃或者其他特殊的饲料、饲料添加剂的包装应当有警示标志或者说明，并注明储运注意事项。

（六）饲料、饲料添加剂标签的制度

饲料、饲料添加剂的包装上应当附具标签。标签应当以中文或者适用符号标明产品名称、原料组成、产品成分分析保证值、净重或者净含量、贮存条件、使用说明、注意事项、生产日期、保质期、生产企业名称以及地址、许可证明文件编号和产品质量标准等。加入药物饲料添加剂的，还应当标明“加入药物饲料添加剂”字样，并标明其通用名称、含量和休药期。乳和乳制品以外的动物源性饲料，还应当标明“本产品不得饲喂反刍动物”字样。

（七）饲料、饲料添加剂经营企业的条件

饲料、饲料添加剂经营企业应包括有与经营饲料、饲料添加剂相适应的经营场所和仓储设施；有具备饲料、饲料添加剂使用、贮存等知识的技术人员；有必要的产品质量管理和安全管理制度。

（八）经营饲料、饲料添加剂的企业、单位和个人的基本要求

饲料、饲料添加剂经营者进货时应当查验产品标签、产品质量检验合格证和相应的许可证明文件。饲料、饲料添加剂经营者不得对饲料、饲料添加剂进行拆包、分装，不得对饲料、饲料添加剂进行再加工或者添加任何物质。禁止经营用国务院农业农村行政主管部门公布的饲料原料目录、饲料添加剂品种目录和药物饲料添加剂品种目录以外的任何物质生产的饲料。饲料、饲料添加剂经营者应当建立产品购销台账，如实记录购销产品的名称、许可证明文件编号、规格、数量、保质期、生产企业名称或者供货者名称及其联系方式、购销时间等。购销台账保存期限不得少于 2 年。

（九）进口饲料、饲料添加剂的管理

向中国出口的饲料、饲料添加剂应当包装，包装应当符合中国有关安全、卫生的规定，并附具符合《饲料和饲料添加剂管理条例》第二十一条规定的标签。向中国出口的饲料、饲料添加剂应当符合中国有关检验检疫的要求，由出入境检验检疫机构依法实施检验检疫，并对其包装和标签进行核查。包装和标签不符合要求的，不得入境。境外企业不得直接在中国销售饲料、饲料添加剂。境外企业在中国销售饲料、饲料添加剂的，应当依法在中国境内设立销售机构或者委托符合条件的中国境内代理机构销售。

（十）养殖者应按规定使用饲料、饲料添加剂

养殖者应当按照产品使用说明和注意事项使用饲料。在饲料或者动物饮用水中添加饲料添加剂的，应当符合饲料添加剂使用说明和注意事项的要求，遵守国务院农业农村行政主管部门制定的饲料添加剂安全使用规范。养殖者使用自行配制的饲料的，应当遵守国务院农业农村行政主管部门制定的自行配制饲料使用规范，并不得对外提供自行配制的饲料。

使用限制使用的物质养殖动物的，应当遵守国务院农业农村行政主管部门的限制性规定。禁止在饲料、动物饮用水中添加国务院农业农村行政主管部门公布禁用的物质以及对人体具有直接或者潜在危害的其他物质，或者直接使用上述物质养殖动物。禁止在反刍动物饲料中添加乳和乳制品以外的动物源性

成分。

（十一）有关饲料、饲料添加剂质量安全知识的宣传

国务院农业农村行政主管部门和县级以上地方人民政府饲料管理部门应当加强饲料、饲料添加剂质量安全知识的宣传，提高养殖者的质量安全意识，指导养殖者安全、合理使用饲料、饲料添加剂。

（十二）饲料、饲料添加剂的限用、停用或者禁用的程序

饲料、饲料添加剂在使用过程中被证实对养殖动物、人体健康或者环境有害的，由国务院农业农村行政主管部门决定禁用并予以公布。饲料、饲料添加剂生产企业发现其生产的饲料、饲料添加剂对养殖动物、人体健康有害或者存在其他安全隐患的，应当立即停止生产，通知经营者、使用者，向饲料管理部门报告，主动召回产品，并记录召回和通知情况。召回的产品应当在饲料管理部门监督下予以无害化处理或者销毁。饲料、饲料添加剂经营者发现其销售的饲料、饲料添加剂具有前款规定情形的，应当立即停止销售，通知生产企业、供货者和使用者，向饲料管理部门报告，并记录通知情况。养殖者发现其使用的饲料、饲料添加剂具有对养殖动物、人体健康或者环境造成有害的，应当立即停止使用，通知供货者，并向饲料管理部门报告。

三聚氰胺是一种化工原料，广泛应用于塑料、涂料、黏合剂、食品包装材料生产。农业农村部已明令禁止在饲料中人为添加三聚氰胺，对非法在饲料中添加三聚氰胺的，依法追究法律责任。三聚氰胺污染源调查显示，三聚氰胺可能通过环境、饲料包装材料等途径进入到饲料中，但含量极低。大量动物验证试验及风险评估表明，饲料中三聚氰胺含量低于 2. 5mg/kg 时，不会通过动物产品残留对食用者健康产生危害。为确保饲料产品质量安全，保证养殖动物及其产品安全，现将饲料原料和饲料产品中三聚氰胺限量值定为 2. 5mg/kg，高于 2. 5mg/kg 的饲料原料和饲料产品一律不得销售。

（十三）饲料生产经营者的禁止行为

禁止生产、经营、使用未取得新饲料、新饲料添加剂证书的新饲料、新饲料添加剂以及禁用的饲料、饲料添加剂。

禁止经营、使用无产品标签、无生产许可证、无产品质量标准、无产品质量检验合格证的饲料、饲料添加剂。禁止经营、使用无产品批准文号的饲料添加剂、添加剂预混合饲料。禁止经营、使用未取得饲料、饲料添加剂进口登记证的进口饲料、进口饲料添加剂。

（十四）饲料、饲料添加剂的加药说明和宣传

禁止对饲料、饲料添加剂作具有预防或者治疗动物疾病作用的说明或者宣传。但是，饲料中添加药物饲料添加剂的，可以对所添加的药物饲料添加剂的作用加以说明。药物饲料添加剂指为预防、治疗动物疾病而掺入载体或者稀释剂的兽药的预混合物质。

（十五）饲料、饲料添加剂的质量安全监测

国务院农业农村行政主管部门和省、自治区、直辖市人民政府饲料管理部门应当按照职责权限对全国或者本行政区域饲料、饲料添加剂的质量安全状况进行监测，并根据监测情况发布饲料、饲料添加剂质量安全预警信息。

（十六）饲料、饲料添加剂的监督管理

国务院农业农村行政主管部门和县级以上地方人民政府饲料管理部门，应当根据需要定期或者不定期组织实施饲料、饲料添加剂监督抽查；饲料、饲料添加剂监督抽查检测工作由国务院农业农村行政主管部门或者省、自治区、直辖市人民政府饲料管理部门指定的具有相应技术条件的机构承担。饲料、饲料添加剂监督抽查不得收费。国务院农业农村行政主管部门和省、自治区、直辖市人民政府饲料管理部门应当按照职责权限公布监督抽查结果，并可以公布具有不良记录的饲料、饲料添加剂生产企业、经营者名单。县级以上地方人民政府饲料管理部门应当建立饲料、饲料添加剂监督管理档案，记录日常监督检查、违法行为查处等情况。

国务院农业农村行政主管部门和县级以上地方人民政府饲料管理部门在监督检查中可以采取下列措施：对饲料、饲料添加剂生产、经营、使用场所实施现场检查；查阅、复制有关合同、票据、账簿和其他相关资料；查封、扣押有证据证明用于违法生产饲料的饲料原料、单一饲料、饲料添加剂、药物饲料添加剂、添加剂预混合饲料，用于违法生产饲料添加剂的原料，用于违法生产饲料、饲料添加剂的工具、设施，违法生产、经营、使用的饲料、饲料添加剂；查封违法生产、经营饲料、饲料添加剂的场所。

二、《饲料质量安全管理规范》

（一）《饲料质量安全管理规范》概述

1. 立法目的和适用范围

目的在于规范饲料企业生产行为，保障饲料产品质量安全。适用于添加剂

预混合饲料、浓缩饲料、配合饲料和精料补充料生产企业（以下简称企业）。

2. 生产企业的职责

企业应当按照《饲料质量安全管理规范》的要求组织生产，实现从原料采购到产品销售的全程质量安全控制。企业应当及时收集、整理、记录《饲料质量安全管理规范》执行情况和生产经营状况，认真履行饲料统计义务。有委托生产行为的，委托方和受托方应当分别向所在地省级人民政府饲料管理部门备案。

3. 饲料质量安全工作的行政管理

县级以上人民政府饲料管理部门应当制定年度监督检查计划，对企业实施本规范的情况进行监督检查。

（二）原料采购与管理的有关规定

1. 原料的采购记录

企业应当加强对饲料原料、单一饲料、饲料添加剂、药物饲料添加剂、添加剂预混合饲料和浓缩饲料（简称原料）的采购管理，全面评估原料生产企业和经销商（简称供应商）的资质和产品质量保障能力，建立供应商评价和再评价制度，编制合格供应商名录，填写并保存供应商评价记录：供应商评价和再评价制度应当规定供应商评价及再评价流程、评价内容、评价标准、评价记录等内容；从原料生产企业采购的，供应商评价记录应当包括生产企业名称及生产地址、联系方式、许可证明文件编号、原料通用名称及商品名称、评价内容、评价结论、评价日期、评价人等信息；从原料经销商采购的，供应商评价记录应当包括经销商名称及注册地址、联系方式、营业执照注册号、原料通用名称及商品名称、评价内容、评价结论、评价日期、评价人等信息；合格供应商名录应当包括供应商的名称、原料通用名称及商品名称、许可证明文件编号、评价日期等信息。企业统一采购原料供分支机构使用的，分支机构应当复制、保存相关规定的合格供应商名录和供应商评价记录。

2. 原料的质量检验

企业应当建立原料采购验收制度和原料验收标准，逐批对采购的原料进行查验或者检验。

（1）原料采购验收制度应当规定采购验收流程、查验要求、检验要求、原料验收标准、不合格原料处置、查验记录等内容。

（2）原料验收标准应当规定原料的通用名称、主成分指标验收值、卫生指标验收值等内容，卫生指标验收值应当符合有关法律法规和国家、行业标准的规定。

（3）企业采购实施行政许可的国产单一饲料、饲料添加剂、药物饲料添加剂、添加剂预混合饲料、浓缩饲料的，应当逐批查验许可证明文件编号和产品质量检验合格证，填写并保存查验记录；查验记录应当包括原料通用名称、生产企业、生产日期、查验内容、查验结果、查验人等信息；无许可证明文件编号和产品质量检验合格证的，或者经查验许可证明文件编号不实的，不得接收、使用。

（4）企业采购实施登记或者注册管理的进口单一饲料、饲料添加剂、药物饲料添加剂、添加剂预混合饲料、浓缩饲料的，应当逐批查验进口许可证明文件编号，填写并保存查验记录；查验记录应当包括原料通用名称、生产企业、生产日期、查验内容、查验结果、查验人等信息；无进口许可证明文件编号的，或者经查验进口许可证明文件编号不实的，不得接收、使用。

（5）企业采购不需行政许可的原料的，应当依据原料验收标准逐批查验供应商提供的该批原料的质量检验报告；无质量检验报告的，企业应当逐批对原料的主成分指标进行自行检验或者委托检验；不符合原料验收标准的，不得接收、使用；原料质量检验报告、自行检验结果、委托检验报告应当归档保存。

（6）企业应当每 3 个月至少选择 5 种原料，自行或者委托有资质的机构对其主要卫生指标进行检测，根据检测结果进行原料安全性评价，保存检测结果和评价报告；委托检测的，应当索取并保存受委托检测机构的计量认证或者实验室认可证书及附表复印件。

3. 原料进货台账的管理

企业应当填写并保存原料进货台账，进货台账应当包括原料通用名称及商品名称、生产企业或者供货者名称、联系方式、产地、数量、生产日期、保质期、查验或者检验信息、进货日期、经办人等信息。进货台账保存期限不得少于 2 年。

4. 原料仓储的管理

企业应当建立原料仓储管理制度，填写并保存出入库记录：原料仓储管理制度应当规定库位规划、堆放方式、垛位标识、库房盘点、环境要求、虫鼠防范、库房安全、出入库记录等内容；出入库记录应当包括原料名称、包装规格、生产日期、供应商简称或者代码、入库数量和日期、出库数量和日期、库存数量、保管人等信息。

5. 垛位标识卡的管理

企业应当按照“一垛一卡”的原则对原料实施垛位标识卡管理，垛位标识卡应当标明原料名称、供应商简称或者代码、垛位总量、已用数量、检验状态等信息。

6. 热敏物质的贮存管理

企业应当对维生素、微生物和酶制剂等热敏物质的贮存温度进行监控，填写并保存温度监控记录。监控记录应当包括设定温度、实际温度、监控时间、记录人等信息。监控中发现实际温度超出设定温度范围的，应当采取有效措施及时处置。

7. 特殊危险饲料添加剂的管理

按危险化学品管理的亚硒酸钠等饲料添加剂的贮存间或者贮存柜应当设立清晰的警示标识，采用双人双锁管理。

8. 建立原料质量监控制度

企业应当根据原料种类、库存时间、保质期、气候变化等因素建立长期库存原料质量监控制度，填写并保存监控记录：质量监控制度应当规定监控方式、监控内容、监控频次、异常情况界定、处置方式、处置权限、监控记录等内容；监控记录应当包括原料名称、监控内容、异常情况描述、处置方式、处置结果、监控日期、监控人等信息。

（三）生产过程控制的有关规定

1. 工艺设计文件的制定和生产工艺参数的设定

企业应当制定工艺设计文件，设定生产工艺参数。工艺设计文件应当包括生产工艺流程图、工艺说明和生产设备清单等内容。生产工艺应当至少设定以下参数：粉碎工艺设定筛片孔径，混合工艺设定混合时间，制粒工艺设定调质温度、蒸汽压力、环模规格、环模长径比、分级筛筛网孔径，膨化工艺设定调质温度、模板孔径。

2. 相关作业岗位的操作规程

（1）小料配料岗位操作规程　规定小料原料的领取与核实、小料原料的放置与标识、称重电子秤校准与核查、现场清洁卫生、小料原料领取记录、小料配料记录等内容。

（2）小料预混合岗位操作规程　规定载体或者稀释剂领取、投料顺序、预混合时间、预混合产品分装与标识、现场清洁卫生、小料预混合记录等内容。

（3）小料投料与复核岗位操作规程　规定小料投放指令、小料复核、现场清洁卫生、小料投料与复核记录等内容。

（4）大料投料岗位操作规程　规定投料指令、垛位取料、感官检查、现场清洁卫生、大料投料记录等内容。

（5）粉碎岗位操作规程　规定筛片锤片检查与更换、粉碎粒度、粉碎料入仓检查、喂料器和磁选设备清理、粉碎作业记录等内容。

（6）中控岗位操作规程　规定设备开启与关闭原则、微机配料软件启动与配方核对、混合时间设置、配料误差核查、进仓原料核实、中控作业记录等内容。

（7）制粒岗位操作规程　规定设备开启与关闭原则、环模与分级筛网更换、破碎机轧距调节、制粒机润滑、调质参数监视、设备（制粒室、调质器、冷却器）清理、感官检查、现场清洁卫生、制粒作业记录等内容。

（8）膨化岗位操作规程　规定设备开启与关闭原则、调质参数监视、设备（膨化室、调质器、冷却器、干燥器）清理、感官检查、现场清洁卫生、膨化作业记录等内容。

（9）包装岗位操作规程　规定标签与包装袋领取、标签与包装袋核对、感官检查、包重校验、现场清洁卫生、包装作业记录等内容。

（10）生产线清洗操作规程　规定清洗原则、清洗实施与效果评价、清洗料的放置与标识、清洗料使用、生产线清洗记录等内容。

3. 生产记录表单的制定

（1）小料原料领取记录　包括小料原料名称、领用数量、领取时间、领取人等信息。

（2）小料配料记录　包括小料名称、理论值、实际称重值、配料数量、作业时间、配料人等信息。

（3）小料预混合记录　包括小料名称、重量、批次、混合时间、作业时间、操作人等信息。

（4）小料投料与复核记录　包括产品名称、接收批数、投料批数、重量复核、剩余批数、作业时间、投料人等信息。

（5）大料投料记录　包括大料名称、投料数量、感官检查、作业时间、投料人等信息。

（6）粉碎作业记录　包括物料名称、粉碎机号、筛片规格、作业时间、操作人等信息。

（7）大料配料记录　包括配方编号、大料名称、配料仓号、理论值、实际值、作业时间、配料人等信息。

（8）中控作业记录　包括产品名称、配方编号、清洗料、理论产量、成品仓号、洗仓情况、作业时间、操作人等信息。

（9）制粒作业记录　包括产品名称、制粒机号、制粒仓号、调质温度、蒸汽压力、环模孔径、环模长径比、分级筛筛网孔径、感官检查、作业时间、操作人等信息。

（10）膨化作业记录　包括产品名称、调质温度、模板孔径、膨化温度、感官检查、作业时间、操作人等信息。

（11）包装作业记录　包括产品名称、实际产量、包装规格、包数、感官检查、头尾包数量、作业时间、操作人等信息。

（12）标签领用记录　包括产品名称、领用数量、班次用量、损毁数量、剩余数量、领取时间、领用人等信息。

（13）生产线清洗记录　包括班次、清洗料名称、清洗料重量、清洗过程描述、作业时间、清洗人等信息。

（14）清洗料使用记录　包括清洗料名称、生产班次、清洗料使用情况描述、使用时间、操作人等信息。

4. 生产过程中交叉污染的防治措施

企业应当采取有效措施防止生产过程中的交叉污染。

（1）按照“无药物的在先、有药物的在后”原则制订生产计划。

（2）生产含有药物饲料添加剂的产品后，生产不含药物饲料添加剂或者改变所用药物饲料添加剂品种的产品的，应当对生产线进行清洗；清洗料回用的，应当明确标识并回置于同品种产品中。

（3）盛放饲料添加剂、药物饲料添加剂、添加剂预混合饲料、含有药物饲料添加剂的产品及其中间产品的器具或者包装物应当明确标识，不得交叉混用。

（4）设备应当定期清理，及时清除残存料、粉尘积垢等残留物。

5. 外来污染的防治措施

企业应当采取有效措施防止外来污染。

（1）生产车间应当配备防鼠、防鸟等设施，地面平整，无污垢积存。

（2）生产现场的原料、中间产品、返工料、清洗料、不合格品等应当分类存放，清晰标识。

（3）保持生产现场清洁，及时清理杂物。

（4）按照产品说明书规范使用润滑油、清洗剂。

（5）不得使用易碎、易断裂、易生锈的器具作为称量或者盛放用具。

（6）不得在饲料生产过程中进行维修、焊接、气割等作业。

6. 企业配方管理制度的建立

企业应当建立配方管理制度，规定配方的设计、审核、批准、更改、传递、使用等内容。

7. 企业产品标签管理制度的建立

企业应当建立产品标签管理制度，规定标签的设计、审核、保管、使用、销毁等内容。产品标签应当专库（柜）存放，专人管理。

8. 原料的预混合及混合均匀度的确定

企业应当对生产配方中添加比例小于 0.2%的原料进行预混合。企业应当根据产品混合均匀度要求，确定产品的最佳混合时间，填写并保存最佳混合时间实验记录。实验记录应当包括混合机编号、混合物料名称、混合次数、混合时间、检验结果、最佳混合时间、检验日期、检验人等信息。企业应当每 6 个月按照产品类别进行至少一次混合均匀度验证，填写并保存混合均匀度验证记录。验证记录应当包括产品名称、混合机编号、混合时间、检验方法、检验结果、验证结论、检验日期、检验人等信息。混合机发生故障经修复投入生产前，应当按照有关规定进行混合均匀度验证。

9. 生产设备管理制度和档案的建立

企业应当建立生产设备管理制度和档案，制定粉碎机、混合机、制粒机、膨化机、空气压缩机等关键设备操作规程，填写并保存维护保养记录和维修记录：生产设备管理制度应当规定采购与验收、档案管理、使用操作、维护保养、备品备件管理、维护保养记录、维修记录等内容；设备操作规程应当规定开机前准备、启动与关闭、操作步骤、关机后整理、日常维护保养等内容；维护保养记录应当包括设备名称、设备编号、保养项目、保养日期、保养人等信息；维修记录应当包括设备名称、设备编号、维修部位、故障描述、维修方式及效果、维修日期、维修人等信息；关键设备应当实行“一机一档”管理，档案包括基本信息表（名称、编号、规格型号、制造厂家、联系方式、安装日期、投入使用日期）、使用说明书、操作规程、维护保养记录、维修记录等内容。

10. 国家安全生产相关法律法规的执行

企业应当严格执行国家安全生产相关法律法规。生产设备、辅助系统应当处于正常工作状态；锅炉、压力容器等特种设备应当通过安全检查；计量秤、地磅、压力表等测量设备应当定期检定或者校验。

（四）产品质量控制的有关规定

1. 现场质量巡查制度的建立

企业应当建立现场质量巡查制度，填写并保存现场质量巡查记录。

（1）现场质量巡查制度应当规定巡查位点、巡查内容、巡查频次、异常情况界定、处置方式、处置权限、巡查记录等内容；

（2）现场质量巡查记录应当包括巡查位点、巡查内容、异常情况描述、处置方式、处置结果、巡查时间、巡查人等信息。

2. 检验管理制度的建立

企业应当建立检验管理制度，规定人员资质与职责、样品抽取与检验、检验结果判定、检验报告编制与审核、产品质量检验合格证签发等内容。

3. 出厂检验的实施

企业应当根据产品质量标准实施出厂检验，填写并保存产品出厂检验记录；检验记录应当包括产品名称或者编号、检验项目、检验方法、计算公式中符号的含义和数值、检验结果、检验日期、检验人等信息。产品出厂检验记录保存期限不得少于2年。

4. 每周自行检验的制定

企业应当每周从其生产的产品中至少抽取5个批次的产品自行检验下列主成分指标。

（1）维生素预混合饲料　两种以上维生素。

（2）微量元素预混合饲料　两种以上微量元素。

（3）复合预混合饲料　两种以上维生素和两种以上微量元素。

（4）浓缩饲料、配合饲料、精料补充料　粗蛋白质、粗灰分、钙、总磷。

主成分指标检验记录保存期限不得少于2年。

5. 仪器设备管理制度的建立

企业应当根据仪器设备配置情况，建立分析天平、高温炉、干燥箱、酸度计、分光光度计、高效液相色谱仪、原子吸收分光光度计等主要仪器设备操作规程和档案，填写并保存仪器设备使用记录。

（1）仪器设备操作规程应当规定开机前准备、开机顺序、操作步骤、关机顺序、关机后整理、日常维护、使用记录等内容。

（2）仪器设备使用记录应当包括仪器设备名称、型号或者编号、使用日期、样品名称或者编号、检验项目、开始时间、完毕时间、仪器设备运行前后状态、使用人等信息。

（3）仪器设备应当实行“一机一档”管理，档案包括仪器基本信息表（名称、编号、型号、制造厂家、联系方式、安装日期、投入使用日期）、使用说明书、购置合同、操作规程、使用记录等内容。

6. 化学试剂和危险化学品管理制度的建立

企业应当建立化学试剂和危险化学品管理制度，规定采购、贮存要求、出入库、使用、处理等内容。化学试剂、危险化学品以及试验溶液的使用，应当遵循GB/T 601—2016《化学试剂　标准滴定溶液的制备》、GB/T 602—2002《化学试剂　杂质测定用标准溶液的制备》、GB/T 603—2002《化学试剂　试验方法中所有制剂及制品的制备》以及检验方法标准的要求。企业应当填写并保存危险化学品出入库记录，记录应当包括危险化学品名称、入库数量和日期、出库数量和日期、保管人等信息。

7. 检验能力验证和编制评价报告

企业应当每年选择5个检验项目，采取以下措施进行检验能力验证，对验证结果进行评价并编制评价报告：同具有法定资质的检验机构进行检验比对；利用购买的标准物质或者高纯度化学试剂进行检验验证；在实验室内部进行不同人员、不同仪器的检验比对；对曾经检验过的留存样品进行再检验；利用检验质量控制图等数理统计手段识别异常数据。

8. 产品留样观察制度的建立

企业应当建立产品留样观察制度，对每批次产品实施留样观察，填写并保存留样观察记录。

（1）留样观察制度应当规定留样数量、留样标识、贮存环境、观察内容、观察频次、异常情况界定、处置方式、处置权限、到期样品处理、留样观察记录等内容。

（2）留样观察记录应当包括产品名称或者编号、生产日期或者批号、保质截止日期、观察内容、异常情况描述、处置方式、处置结果、观察日期、观察人等信息。留样保存时间应当超过产品保质期 1 个月。

9. 不合格品管理制度的建立

企业应当建立不合格品管理制度，填写并保存不合格品处置记录：不合格品管理制度应当规定不合格品的界定、标识、贮存、处置方式、处置权限、处置记录等内容；不合格品处置记录应当包括不合格品的名称、数量、不合格原因、处置方式、处置结果、处置日期、处置人等信息。

（五）产品贮存与运输的有关规定

1. 产品仓储管理制度的建立

企业应当建立产品仓储管理制度，填写并保存出入库记录：仓储管理制度应当规定库位规划、堆放方式、垛位标识、库房盘点、环境要求、虫鼠防范、库房安全、出入库记录等内容；出入库记录应当包括产品名称、规格或者等级、生产日期、入库数量和日期、出库数量和日期、库存数量、保管人等信息；不同产品的垛位之间应当保持适当距离；不合格产品和过期产品应当隔离存放并有清晰标识。

2. 运输车辆的检查及要求

企业应当在产品装车前对运输车辆的安全、卫生状况实施检查。企业使用罐装车运输产品的，应当专车专用，并随车附具产品标签和产品质量检验合格证。装运不同产品时，应当对罐体进行清理。

3. 销售台账的管理

企业应当填写并保存产品销售台账。销售台账应当包括产品的名称、数量、生产日期、生产批次、质量检验信息、购货者名称及其联系方式、销售日期等信息。销售台账保存期限不得少于 2 年。

（六）产品投诉与召回的有关规定

1. 客户投诉处理制度的建立

企业应当建立客户投诉处理制度，填写并保存客户投诉处理记录：投诉处理制度应当规定投诉受理、处理方法、处理权限、投诉处理记录等内容；投诉处理记录应当包括投诉日期、投诉人姓名和地址、产品名称、生产日期、投诉内容、处理结果、处理日期、处理人等信息。

2. 产品召回制度的建立

企业应当建立产品召回制度，填写并保存召回记录：召回制度应当规定召回流程、召回产品的标识和贮存、召回记录等内容；召回记录应当包括产品名称、召回产品使用者、召回数量、召回日期等信息。企业应当每年至少进行一次产品召回模拟演练，综合评估演练结果并编制模拟演练总结报告。

3. 召回产品的无害化处理

企业应当在饲料管理部门的监督下对召回产品进行无害化处理或者销毁，填写并保存召回产品处置记录。处置记录应当包括处置产品名称、数量、处置方式、处置日期、处置人、监督人等信息。

（七）培训、卫生和记录管理的有关规定

1. 人员培训计划的制订

企业应当建立人员培训制度，制订年度培训计划，每年对员工进行至少两次饲料质量安全知识培训，填写并保存培训记录：人员培训制度应当规定培训范围、培训内容、培训方式、考核方式、效果评价、培训记录等内容；培训记录应当包括培训对象、内容、师资、日期、地点、考核方式、考核结果等信息。

2. 厂区环境卫生的要求

厂区环境卫生应当符合国家有关规定。

3. 企业记录管理制度的建立

企业应当建立记录管理制度，规定记录表单的编制、格式、编号、审批、印发、修订、填写、存档、保存期限等内容。除《饲料质量安全管理规范》中明确规定保存期限的记录外，其他记录保存期限不得少于1年。

三、《饲料和饲料添加剂生产许可管理办法》

（一）《饲料和饲料添加剂生产许可管理办法》概述

1. 立法目的及适用范围

目的在于加强饲料、饲料添加剂生产许可管理，维护饲料、饲料添加剂生产秩序，保障饲料、饲料添加剂质量安全。适用于在中华人民共和国境内生产饲料、饲料添加剂。

2. 专家委员会和专家审核委员会的职责

农业农村部设立饲料和饲料添加剂生产许可专家委员会，负责饲料和饲料添加剂生产许可的技术支持工作。省级饲料管理部门设立饲料和饲料添加剂生产许可证专家审核委员会，负责本行政区域内饲料和饲料添加剂生产许可的技术评审工作。

3. 相关专业术语的定义

（1）添加剂预混合饲料　包括复合预混合饲料、微量元素预混合饲料、维生素预混合饲料。

（2）复合预混合饲料　指以矿物质微量元素、维生素、氨基酸中任何两类或两类以上的营养性饲料添加剂为主，与其他饲料添加剂、载体和（或）稀释剂按一定比例配制的均匀混合物，其中营养性饲料添加剂的含量能够满足其适用动物特定生理阶段的基本营养需求，在配合饲料、精料补充料或动物饮用水中的添加量不低于0.1%且不高于10%。

（3）微量元素预混合饲料　指两种或两种以上矿物质微量元素与载体和（或）稀释剂按一定比例配制的均匀混合物，其中矿物质微量元素含量能够满足其适用动物特定生理阶段的微量元素需求，在配合饲料、精料补充料或动物饮用水中的添加量不低于0.1%且不高于10%。

（4）维生素预混合饲料　指两种或两种以上维生素与载体和（或）稀释剂按一定比例配制的均匀混合物，其中维生素含量应当满足其适用动物特定生理阶段的维生素需求，在配合饲料、精料补充料或动物饮用水中的添加量不低于0.01%且不高于10%。

4. 饲料和饲料添加剂生产许可证的行政管理

饲料和饲料添加剂生产许可证由省级人民政府饲料管理部门（简称省级饲料管理部门）核发。省级饲料管理部门可以委托下级饲料管理部门承担单一饲料、浓缩饲料、配合饲料和精料补充料生产许可申请的受理工作。

（二）生产许可证核发的有关规定

1. 设立条件

设立饲料、饲料添加剂生产企业，应当符合饲料工业发展规划和产业政策，并具备下列条件：有与生产饲料、饲料添加剂相适应的厂房、设备和仓储设施；有与生产饲料、饲料添加剂相适应的专职技术人员；有必要的产品质量检验机构、人员、设施和质量管理制度；有符合国家规定的安全、卫生要求的生产环境；有符合国家环境保护要求的污染防治措施；农业农村部制定的饲料、饲料添加剂质量安全管理规范规定的其他条件。

2. 申请和审核

申请设立饲料、饲料添加剂生产企业，申请人应当向生产地省级饲料管理部门提出申请。省级饲料管理部门应当自受理申请之日起 10 个工作日内进行书面审查；审查合格的，组织进行现场审核，并根据审核结果在 10 个工作日内做出是否核发生产许可证的决定。生产许可证式样由农业农村部统一规定。

3. 产品批准文号的申请

取得饲料添加剂、添加剂预混合饲料生产许可证的企业，应当向省级饲料管理部门申请核发产品批准文号。

4. 委托生产的管理

（1）具备的条件　饲料、饲料添加剂生产企业委托其他饲料、饲料添加剂企业生产的，应当具备下列条件，并向各自所在地省级饲料管理部门备案：委托产品在双方生产许可范围内；委托生产饲料添加剂、添加剂预混合饲料的，双方还应当取得委托产品的产品批准文号；签订委托合同，依法明确双方在委托产品生产技术、质量控制等方面的权利和义务。

（2）质量安全监督　受托方应当按照饲料、饲料添加剂质量安全管理规范和饲料添加剂安全使用规范及产品标准组织生产，委托方应当对生产全过程进行指导和监督。委托方和受托方对委托生产的饲料、饲料添加剂质量安全承担连带责任。

（3）产品标签的要求　委托生产的产品标签应当同时标明委托企业和受托企业的名称、注册地址、许可证编号；委托生产饲料添加剂、添加剂预混合饲料的，还应当标明受托方取得的生产该产品的批准文号。

5. 生产许可证的管理

生产许可证有效期为 5 年。生产许可证有效期满需继续生产的，应当在有效期届满 6 个月前向省级饲料管理部门提出续展申请，并提交相关材料。

（三）生产许可证变更和补发的有关规定

1. 重新办理生产许可证的情形

包括增加、更换生产线的；增加单一饲料、饲料添加剂产品品种的；生产场所迁址的；农业农村部规定的其他情形。

2. 变更生产许可证的情形

饲料、饲料添加剂生产企业有下列情形之一的，应当在 15 日内向企业所在地省级饲料管理部门提出变更申请并提交相关证明，由发证机关依法办理变更手续，变更后的生产许可证证号、有效期不变：企业名称变更；企业法定代表人变更；企业注册地址或注册地址名称变更；生产地址名称变更。

3. 补办生产许可证的情形

生产许可证遗失或损毁的，应当在 15 日内向发证机关申请补发，由发证机关补发生产许可证。

（四）监督管理的有关规定

1. 生产企业按照许可条件组织生产

饲料、饲料添加剂生产企业应当按照许可条件组织生产。生产条件发生变化，可能影响产品质量安全的，企业应当经所在地县级人民政府饲料管理部门报告发证机关。

2. 加强对生产企业的监督检查

县级以上人民政府饲料管理部门应当加强对饲料、饲料添加剂生产企业的监督检查，依法查处违法行为，并建立饲料、饲料添加剂监督管理档案，记录日常监督检查、违法行为查处等情况。

3. 注销生产许可证的情形

注销生产许可证的情形包括生产许可证依法被撤销、撤回或依法被吊销的；生产许可证有效期届满未按规定续展的；企业停产一年以上或依法终止的；企业申请注销的；依法应当注销的其他情形。

（五）法律责任的有关规定

1. 行政管理部门及其工作人员的违法行为

县级以上人民政府饲料管理部门工作人员，不履行《饲料和饲料添加剂生产许可管理办法》规定的职责或者滥用职权、玩忽职守、徇私舞弊的，依法给予处分；构成犯罪的，依法追究刑事责任。

2. 行政相对人的违法行为

（1）申请人隐瞒有关情况或者提供虚假材料申请生产许可的，饲料管理部门不予受理或者不予许可，并给予警告；申请人在 1 年内不得再次申请生产许可。

（2）以欺骗、贿赂等不正当手段取得生产许可证的，由发证机关撤销生产许可证，申请人在 3 年内不得再次申请生产许可；以欺骗方式取得生产许可证的，并处五万元以上十万元以下罚款；构成犯罪的，依法移送司法机关追究刑事责任。

（3）饲料、饲料添加剂生产企业有下列情形之一的，依照《饲料和饲料添加剂管理条例》第三十八条处罚：超出许可范围生产饲料、饲料添加剂的；生产许可证有效期届满后，未依法续展继续生产饲料、饲料添加剂的。

（4）饲料、饲料添加剂生产企业采购单一饲料、饲料添加剂、药物饲料添加剂、添加剂预混合饲料，未查验相关许可证明文件的，依照《饲料和饲料添加剂管理条例》第四十条处罚。

（5）其他违反管理办法的行为，依照《饲料和饲料添加剂管理条例》的有关规定处罚。

四、《饲料药物添加剂使用规范》

（一）《饲料药物添加剂使用规范》概述

目的在于加强兽药的使用管理，进一步规范和指导饲料药物添加剂的合理使用，防止滥用饲料药物添加剂。根据《兽药管理条例》制定。

（二）使用规范的有关规定

（1）凡农业农村部批准的具有预防动物疾病、促进动物生长作用，可在饲料中长时间添加使用的饲料药物添加剂，其产品批准文号须用“药添字”。生产含有本类品种成分的饲料，必须在产品标签中标明所含兽药成分的名称、含量、适用范围、停药期规定及注意事项等　品种包括二硝托胺预混剂，马杜霉素铵预混剂，尼卡巴嗪预混剂，尼卡巴嗪、乙氧酰胺苯甲酯预混剂，甲基盐霉素预混剂，甲基盐霉素，尼卡巴嗪预混剂，拉沙洛西钠预混剂，氢溴酸常山酮预混剂，盐酸氯苯胍预混剂，盐酸氨丙啉、乙氧酰胺苯甲酯预混剂，盐酸氨丙啉、乙氧酰胺苯甲酯、磺胺喹噁啉预混剂，氯羟吡啶预混剂，海南霉素钠预混剂，赛杜霉素钠预混剂，地克珠利预混剂，复方硝基酚钠预混剂，氨苯砷酸预混剂，洛克沙胂预混剂，莫能菌素钠预混剂，杆菌肽锌预混剂，黄霉素预混剂，维吉尼亚霉素预混剂，喹乙醇预混剂，那西肽预混剂，阿美拉霉素预混剂，盐霉素钠预混剂，硫酸粘杆菌素预混剂，牛至油预混剂，杆菌肽锌、硫酸粘杆菌素预混剂，土霉素钙，吉他霉素预混剂，金霉素（饲料级）预混剂，恩拉霉素预混剂。

（2）凡农业农村部批准的用于防治动物疾病，并规定疗程，仅是通过混饲给药的饲料药物添加剂（包括预混剂或散剂），其产品批准文号须用“兽药字”，各畜禽养殖场及养殖户须凭兽医处方购买、使用，所有商品饲料中不得添加本类中所列的兽药成分　品种包括磺胺喹噁啉、二甲氧苄啶预混剂，越霉素A预混剂，潮霉素B预混剂，地美硝唑预混剂，磷酸泰乐菌素预混剂，硫酸安普霉素预混剂，盐酸林可霉素预混剂，赛地卡霉素预混剂，伊维菌素预混剂，呋喃苯烯酸钠粉，延胡索酸泰妙菌素预混剂，环丙氨嗪预混剂，氟苯咪唑预混剂，复方磺胺嘧啶预混剂，盐酸林可霉素、硫酸大观霉素预混剂，硫酸新霉素预混剂，磷酸替米考星预混剂，磷酸泰乐菌素、磺胺二甲嘧啶预混剂，甲砜霉素散，诺氟沙星、盐酸小檗碱预混剂，维生素C磷酸酯镁、盐酸环丙沙星预混剂，盐酸环丙沙星、盐酸小檗碱预混剂。

根据需要，养殖场（户）可凭兽医处方将本类产品及今后农业农村部批准的同类产品，预混后添加到特定的饲料中使用或委托具有生产和质量控制能力并经省级饲料管理部门认定的饲料厂代加工生产为含药饲料，但须遵守以下规定：①动物养殖场（户）须与饲料厂签订代加工生产合同一式四份，合同须注明兽药名称、含量、加工数量、双方通讯地址和电话等，合同双方及省兽药和饲料管理部门各执一份合同文本。②饲料厂必须按照合同内容代加工生产含药饲料，并做好生产记录，接受饲料主管部门的监督管理；含药饲料外包装上必须标明兽药有效成分、含量、饲料厂名。③动物养殖场（户）应建立用药记录制度，严格按照法定兽药质量标准使用所加工的含药饲料，并接受兽药管理部门的监督管理。④代加工生产的含药饲料仅限动物养殖场（户）自用，任何单位或个人不得销售或倒买倒卖，违者按照《兽药管理条例》《饲料和饲料添加剂管理条例》的有关规定进行处罚。

（3）除《饲料药物添加剂使用规范》收载品种及农业农村部今后批准允许添加到饲料中使用的饲料药物添加剂外，任何其他兽药产品一律不得添加到饲料中使用。

（4）兽用原料药不得直接加入饲料中使用，必须制成预混剂后方可添加到饲料中。

（5）各地兽药管理部门要对照《饲料药物添加剂使用规范》于2001年10月底前完成本辖区饲料药物添加剂产品批准文号的清理整顿工作，印有原批准文号的产品标签、包装可使用至2001年12月底。

（6）凡从事饲料药物添加剂生产、经营活动的，必须履行有关的兽药报批手续，并接受各级兽药管理部门的管理和质量监督，违者按照兽药管理法规进行处理。

（7）为从养殖生产环节控制动物性产品中兽药残留，各地要认真贯彻执行《饲料药物添加剂使用规范》，切实加强饲料药物添加剂质量和使用的监督管理工作，加强对委托加工含药饲料生产、使用活动的监管工作，对监管工作中发现的违规行为要及时进行部门间的沟通，并依法严厉查处，同时请各地将工作中发现的问题和建议及时反馈农业农村部。

五、《禁止在饲料和动物饮水中使用的物质》

（一）《禁止在饲料和动物饮水中使用的物质》概述

目的在于加强饲料及养殖环节质量安全监管，保障饲料及畜产品质量安全。根据《饲料和饲料添加剂管理条例》制定。

（二）禁止使用的有关规定

在饲料生产、经营、使用和动物饮水中违禁添加以下物质：

（1）β-肾上腺素受体激动剂　包括苯乙醇胺A、班布特罗、盐酸齐帕特罗、盐酸氯丙那林、马布特罗、西布特罗、溴布特罗。

（2）长效型β-肾上腺素受体激动剂　包括酒石酸阿福特罗和富马酸福莫特罗。

（3）抗高血压药　有盐酸可乐定。

（4）抗组胺药　有盐酸赛庚啶。

六、《禁止在饲料和动物饮水中使用的药物品种目录》

（一）《禁止在饲料和动物饮用水中使用的药物品种目录》概述

目的在于加强饲料、兽药和人用药品管理，防止在饲料生产、经营、使用和动物饮用水中超范围、超剂量使用兽药和饲料添加剂，杜绝滥用违禁药品的行为。根据《饲料和饲料添加剂管理条例》《兽药管理条例》《药品管理法》的有关制定。

（二）禁止使用的有关规定

（1）凡生产、经营和使用的营养性饲料添加剂和一般饲料添加剂，均应属于《允许使用的饲料添加剂品种目录》（农业农村部第105号公告）中规定的品种及经审批公布的新饲料添加剂，生产饲料添加剂的企业需办理生产许可证和产品批准文号，新饲料添加剂需办理新饲料添加剂证书，经营企业必须按照《饲料和饲料添加剂管理条例》第十六条、第十七条、第十八条的规定从事经营活动，不得经营和使用未经批准生产的饲料添加剂。

（2）凡生产含有药物饲料添加剂的饲料产品，必须严格执行《饲料药物添加剂使用规范》（农业农村部168号公告）的规定，不得添加《饲料药物添加剂使用规范》附录二中的饲料药物添加剂。凡生产含有《饲料药物添加剂使用规范》附录一中的饲料药物添加剂的饲料产品，必须执行GB 10648—2013《饲料标签》的规定。

（3）凡在饲养过程中使用药物饲料添加剂，需按照《饲料药物添加剂使用规范》规定执行，不得超范围、超剂量使用药物饲料添加剂。使用药物饲料添加剂必须遵守休药期、配伍禁忌等有关规定。

（4）人用药品的生产、销售必须遵守《中华人民共和国药品管理法》及相关法规的规定。未办理兽药、饲料添加剂审批手续的人用药品，不得直接用于饲料生产和饲养过程。

（5）生产、销售《禁止在饲料和动物饮用水中使用的药物品种目录》所列品种的医药企业或个人，违反《中华人民共和国药品管理法》第四十八条规定，向饲料企业和养殖企业（或个人）销售的，由药品监督管理部门按照《中华人民共和国药品管理法》第七十四条的规定给予处罚；生产、销售《禁止在饲料和动物饮用水中使用的药物品种目录》所列品种的兽药企业或个人，向饲料企业销售的，由农业农村主管部门按照《兽药管理条例》第四十二条的规定给予处罚；违反《饲料和饲料添加剂管理条例》第十七条、第十八条、第十九条规定，生产、经营、使用《禁止在饲料和动物饮用水中使用的药物品种目录》所列品种的饲料和饲料添加剂生产企业或个人，由饲料管理部门按照《饲料和饲料添加剂管理条例》第二十五条、第二十八条、第二十九条的规定给予处罚。其他单位和个人生产、经营、使用《禁止在饲料和动物饮用水中使用的药物品种目录》所列品种，用于饲料生产和饲养过程中的，上述有关部门按照谁发现谁查处的原则，依据各自法律法规予以处罚；构成犯罪的，要移送司法机关，依法追究刑事责任。

（6）各级饲料、兽药、食品和药品监督管理部门要密切配合，协同行动，加大对饲料生产、经营、使用和动物饮用水中非法使用违禁药物违法行为的打击力度。要加快制定并完善饲料安全标准及检测方法、动物产品有毒有害物质残留标准及检测方法，为行政执法提供技术依据。

（7）各级饲料、兽药和药品监督管理部门要进一步加强新闻宣传和科普教育。要将查处饲料和饲养过程中非法使用违禁药物列为宣传工作重点，充分利用各种新闻媒体宣传饲料、兽药和人用药品的管理法规，追踪大案要案，普及饲料、饲养和安全使用兽药知识，努力提高社会各方面对兽药使用管理重要性的认识，为降低药物残留危害，保证动物性食品安全创造良好的外部环境。

（三）禁止在饲料和动物饮用水中使用的药物品种目录

（1）肾上腺素受体激动剂　盐酸克仑特罗、沙丁胺醇、硫酸沙丁胺醇、莱克多巴胺、盐酸多巴胺、西马特罗、硫酸特布他林。

（2）性激素　己烯雌酚、雌二醇、戊酸雌二醇、苯甲酸雌二醇、氯烯雌醚、炔诺醇、炔诺醚、醋酸氯地孕酮、左炔诺孕酮、炔诺酮、绒毛膜促性腺激素（绒促性素）、促卵泡生长激素（尿促性素主要含卵泡刺激 FSHT 和黄体生成素 LH）。

（3）蛋白同化激素　碘化酪蛋白、苯丙酸诺龙及苯丙酸诺龙注射液。

（4）精神药品　（盐酸）氯丙嗪、盐酸异丙嗪、安定（地西泮）、苯巴比妥、苯巴比妥钠、巴比妥、异戊巴比妥、异戊巴比妥钠、利血平、艾司唑仑、甲丙氨脂、咪达唑仑、硝西泮、奥沙西泮、匹莫林、三唑仑、唑吡旦、其他国家管制的精神药品。

（5）各种抗生素滤渣。

历年执业兽医资格考试真题

1. （2009年真题）禁止在动物饮水中使用的兽药不包括（　　）

A. 巴比妥　B. 盐酸异丙嗪　C. 苯巴比妥钠　*D. 盐酸沙拉沙星*

E. 绒毛膜促性腺激素

2. （2014年真题）禁止在饲料中使用的药物不包括（　　）

A. 雌二醇　B. 氯丙嗪　C. 硝西泮　D. 苯巴比妥

E. 那西肽

3. （2010年真题）禁止在饲料中使用的药物为（　　）

A. 那西肽　B. 杆菌肽锌　C. 二硝托胺　*D. 莱克多巴胺*

E. 马杜霉素胺

4. （2016年真题）禁止在畜禽饲料中使用的是（　　）

A. 盐酸克仑特罗　B. 土霉素钙

C. 牛至油预混料　D. 吉他霉素预混料

E. 盐霉素钠预混料

5. （2016年真题）可以用于预防鸡球虫病的饲料药物添加剂是（　　）

A. 喹乙醇预混料　*B. 甲基盐霉素预混料*

C. 杆菌肽锌预混料　D. 土霉素钙

E. 复方硝基酚钠预混料

6. （2017年真题）严禁在动物饮水中使用的药物不包括（　　）

A. 盐酸多巴胺　B. 氯丙嗪

C. 硫酸镁　D. 雌二醇

E. 碘化酪蛋白

7. （2018年真题）禁止在饲料和动物饮用水中使用的药物品种不包括（　　）

A. 盐酸克伦特罗　B. 苯巴比妥

C. 莱克多巴胺　*D. 盐酸氨丙啉*

E. 炔诺酮

8. （2018年真题）禁止在动物饮用水中使用的药物是（　　）

A. 维生素 B_1 片　B. 维生素C片

C. 盐酸可乐定　D. 氯化钠

E. 碳酸氢钠

9.（2020 年真题）根据《禁止在饲料和动物饮水中使用的药物品种目录》，禁止在饲料和动物饮水中使用的药物不包括（　　）

A. *盐酸大观霉素可溶性粉*　　B. 盐酸异丙嗪

C. 苯巴比妥　　D.（盐酸）氯丙嗪

E. 安定（地西泮）

任务四　违反《饲料和饲料添加剂管理条例》的法律责任

任务描述

本任务主要介绍了饲料和饲料添加剂生产企业、经营企业、使用者在饲料和饲料添加剂的生产、经营、销售、使用及其行政主管部门监督管理的过程中存在违反《饲料和饲料添加剂管理条例》行为的法律责任等内容。

一、行政管理部门的违法行为

国务院农业农村行政主管部门、县级以上地方人民政府饲料管理部门或者其他依照《饲料和饲料添加剂管理条例》规定行使监督管理权的部门及其工作人员，不履行《饲料和饲料添加剂管理条例》规定的职责或者滥用职权、玩忽职守、徇私舞弊的，对直接负责的主管人员和其他直接责任人员，依法给予处分；直接负责的主管人员和其他直接责任人员构成犯罪的，依法追究刑事责任。

二、行政相对人的违法行为

（一）提供虚假的资料、样品或者采取其他欺骗方式取得许可证明文件的违法行为

提供虚假的资料、样品或者采取其他欺骗方式取得许可证明文件的，由发证机关撤销相关许可证明文件，处五万元以上十万元以下罚款申请人 3 年内不得就同一事项申请行政许可。以欺骗方式取得许可证明文件给他人造成损失的，依法承担赔偿责任。

（二）假冒、伪造或者买卖许可证明文件的违法行为

假冒、伪造或者买卖许可证明文件的，由国务院农业农村行政主管部门或者县级以上地方人民政府饲料管理部门按照职责权限收缴或者吊销、撤销相关许可证明文件；构成犯罪的，依法追究刑事责任。

（三）未取得生产许可证以及已取得生产许可证但未取得产品批准文号的生产饲料添加剂、添加剂预混合饲料的违法行为

未取得生产许可证生产饲料、饲料添加剂的，由县级以上地方人民政府饲料管理部门责令停止生产，没收违法所得、违法生产的产品和用于违法生产饲料的饲料原料、单一饲料、饲料添加剂、药物饲料添加剂、添加剂预混合饲料以及用于违法生产饲料添加剂的原料，违法生产的产品货值金额不足一万元的，并处一万元以上五万元以下罚款，货值金额一万元以上的，并处货值金额5倍以上10倍以下罚款；情节严重的，没收其生产设备，生产企业的主要负责人和直接负责的主管人员10年内不得从事饲料、饲料添加剂生产、经营活动。已经取得生产许可证，但不再具备《饲料和饲料添加剂管理条例》第十四条规定的条件而继续生产饲料、饲料添加剂的，由县级以上地方人民政府饲料管理部门责令停止生产、限期改正，并处一万元以上五万元以下罚款；逾期不改正的，由发证机关吊销生产许可证。已经取得生产许可证，但未取得产品批准文号而生产饲料添加剂、添加剂预混合饲料的，由县级以上地方人民政府饲料管理部门责令停止生产，没收违法所得、违法生产的产品和用于违法生产饲料的饲料原料、单一饲料、饲料添加剂、药物饲料添加剂以及用于违法生产饲料添加剂的原料，限期补办产品批准文号，并处违法生产的产品货值金额一倍以上三倍以下罚款；情节严重的，由发证机关吊销生产许可证。

（四）饲料、饲料添加剂生产企业违规生产的违法行为

饲料、饲料添加剂生产企业有下列行为之一的，由县级以上地方人民政府饲料管理部门责令改正，没收违法所得、违法生产的产品和用于违法生产饲料的饲料原料、单一饲料、饲料添加剂、药物饲料添加剂、添加剂预混合饲料以及用于违法生产饲料添加剂的原料，违法生产的产品货值金额不足一万元的，并处一万元以上五万元以下罚款，货值金额一万元以上的，并处货值金额五倍以上十倍以下罚款；情节严重的，由发证机关吊销、撤销相关许可证明文件，生产企业的主要负责人和直接负责的主管人员10年内不得从事饲料、饲料添加剂生产、经营活动；构成犯罪的，依法追究刑事责任：使用限制使用的饲料原料、单一饲料、饲料添加剂、药物饲料添加剂、添加剂预混合饲料生产饲料，不遵守国务院农业农村行政主管部门的限制性规定的；使用国务院农业农村行政主管部门公布的饲料原料目录、饲料添加剂品种目录和药物饲料添加剂品种目录以外的物质生产饲料的；生产未取得新饲料、新饲料添加剂证书的新饲料、新饲料添加剂或者禁用的饲料、饲料添加剂的。

（五）饲料、饲料添加剂生产企业违规实施质量检验的违法行为

饲料、饲料添加剂生产企业有下列行为之一的，由县级以上地方人民政府饲料管理部门责令改正，处一万元以上二万元以下罚款；拒不改正的，没收违法所得、违法生产的产品和用于违法生产饲料的饲料原料、单一饲料、饲料添加剂、药物饲料添加剂、添加剂预混合饲料以及用于违法生产饲料添加剂的原料，并处五万元以上十万元以下罚款；情节严重的，责令停止生产，可以由发证机关吊销、撤销相关许可证明文件：不按照国务院农业农村行政主管部门的规定和有关标准对采购的饲料原料、单一饲料、饲料添加剂、药物饲料添加剂、添加剂预混合饲料和用于饲料添加剂生产的原料进行查验或者检验的；饲料、饲料添加剂生产过程中不遵守国务院农业农村行政主管部门制定的饲料、饲料添加剂质量安全管理规范和饲料添加剂安全使用规范的；生产的饲料、饲料添加剂未经产品质量检验的。

（六）饲料、饲料添加剂生产企业不依照管理条例规定实行采购、生产、销售的违法行为

饲料、饲料添加剂生产企业不依照《饲料和饲料添加剂管理条例》规定实行采购、生产、销售记录制度或者产品留样观察制度的，由县级以上地方人民政府饲料管理部门责令改正，处一万元以上二万元以下罚款；拒不改正的，没收违法所得、违法生产的产品和用于违法生产饲料的饲料原料、单一饲料、饲料添加剂、药物饲料添加剂、添加剂预混合饲料以及用于违法生产饲料添加剂的原料，处二万元以上五万元以下罚款，并可以由发证机关吊销、撤销相关许可证明文件。

饲料、饲料添加剂生产企业销售的饲料、饲料添加剂没有附具产品质量检验合格证或者包装、标签不符合规定的，由县级以上地方人民政府饲料管理部门责令改正；情节严重的，没收违法所得和违法销售的产品，可以处违法销售的产品货值金额30%以下罚款。

（七）不具备经营条件直接销售饲料、饲料添加剂的违法行为

不符合《饲料和饲料添加剂管理条例》第二十二条规定的条件经营饲料、饲料添加剂的，由县级人民政府饲料管理部门责令限期改正；逾期不改正的，没收违法所得和违法经营的产品，违法经营的产品货值金额不足一万元的，并处二千元以上二万元以下罚款，货值金额一万元以上的，并处货值金额2倍以上5倍以下罚款；情节严重的，责令停止经营，并通知市场监督管理部门，由市场监督管理部门吊销营业执照。

（八）经营者销售非法饲料、饲料添加剂的违法行为

饲料、饲料添加剂经营者有下列行为之一的，由县级人民政府饲料管理部门责令改正，没收违法所得和违法经营的产品，违法经营的产品货值金额不足一万元的，并处二千元以上二万元以下罚款，货值金额一万元以上的，并处货值金额 2 倍以上 5 倍以下罚款；情节严重的，责令停止经营，并通知市场监督管理部门，由市场监督管理部门吊销营业执照；构成犯罪的，依法追究刑事责任：对饲料、饲料添加剂进行再加工或者添加物质的；经营无产品标签、无生产许可证、无产品质量检验合格证的饲料、饲料添加剂的；经营无产品批准文号的饲料添加剂、添加剂预混合饲料的；经营用国务院农业农村行政主管部门公布的饲料原料目录、饲料添加剂品种目录和药物饲料添加剂品种目录以外的物质生产的饲料的；经营未取得新饲料、新饲料添加剂证书的新饲料、新饲料添加剂或者未取得饲料、饲料添加剂进口登记证的进口饲料、进口饲料添加剂以及禁用的饲料、饲料添加剂的。

（九）经营者不按相关规定销售饲料、饲料添加剂的违法行为

饲料、饲料添加剂经营者有下列行为之一的，由县级人民政府饲料管理部门责令改正，没收违法所得和违法经营的产品，并处二千元以上一万元以下罚款：对饲料、饲料添加剂进行拆包、分装的；不依照《饲料和饲料添加剂管理条例》规定实行产品购销台账制度的；经营的饲料、饲料添加剂失效、霉变或者超过保质期的。

（十）生产企业不主动召回问题饲料、饲料添加剂的违法行为

对《饲料和饲料添加剂管理条例》第二十八条规定的饲料、饲料添加剂，生产企业不主动召回的，由县级以上地方人民政府饲料管理部门责令召回，并监督生产企业对召回的产品予以无害化处理或者销毁；情节严重的，没收违法所得，并处应召回的产品货值金额 1 倍以上 3 倍以下罚款，可以由发证机关吊销、撤销相关许可证明文件；生产企业对召回的产品不予以无害化处理或者销毁的，由县级人民政府饲料管理部门代为销毁，所需费用由生产企业承担。对应由生产企业主动召回的问题饲料、饲料添加剂，经营者不停止销售的，由县级以上地方人民政府饲料管理部门责令停止销售；拒不停止销售的，没收违法所得，处一千元以上五万元以下罚款；情节严重的，责令停止经营，并通知市场监督管理部门，由市场监督管理部门吊销营业执照。

（十一）生产企业和经营者生产或销售劣质饲料、饲料添加剂的违法行为

饲料、饲料添加剂生产企业、经营者有下列行为之一的，由县级以上地方人民政府饲料管理部门责令停止生产、经营，没收违法所得和违法生产、经营的产品，违法生产、经营的产品货值金额不足一万元的，并处二千元以上二万元以下罚款，货值金额一万元以上的，并处货值金额 2 倍以上 5 倍以下罚款；构成犯罪的，依法追究刑事责任：在生产、经营过程中，以非饲料、非饲料添加剂冒充饲料、饲料添加剂或者以此种饲料、饲料添加剂冒充他种饲料、饲料添加剂的；生产、经营无产品质量标准或者不符合产品质量标准的饲料、饲料添加剂的；生产、经营的饲料、饲料添加剂与标签标示的内容不一致的。饲料、饲料添加剂生产企业有以上违法的行为，情节严重的，由发证机关吊销、撤销相关许可证明文件；饲料、饲料添加剂经营者有前款规定的行为，情节严重的，通知市场监督管理部门，由市场监督管理部门吊销营业执照。

（十二）养殖者使用非法饲料、饲料添加剂的违法行为

养殖者有下列行为之一的，由县级人民政府饲料管理部门没收违法使用的产品和非法添加物质，对单位处一万元以上五万元以下罚款，对个人处五千元以下罚款；构成犯罪的，依法追究刑事责任：使用未取得新饲料、新饲料添加剂证书的新饲料、新饲料添加剂或者未取得饲料、饲料添加剂进口登记证的进口饲料、进口饲料添加剂的；使用无产品标签、无生产许可证、无产品质量标准、无产品质量检验合格证的饲料、饲料添加剂的；使用无产品批准文号的饲料添加剂、添加剂预混合饲料的；在饲料或者动物饮用水中添加饲料添加剂，不遵守国务院农业农村行政主管部门制定的饲料添加剂安全使用规范的；使用自行配制的饲料，不遵守国务院农业农村行政主管部门制定的自行配制饲料使用规范的；使用限制使用的物质养殖动物，不遵守国务院农业农村行政主管部门的限制性规定的；在反刍动物饲料中添加乳和乳制品以外的动物源性成分的。

在饲料或者动物饮用水中添加国务院农业农村行政主管部门公布禁用的物质以及对人体具有直接或者潜在危害的其他物质，或者直接使用上述物质养殖动物的，由县级以上地方人民政府饲料管理部门责令其对饲喂了违禁物质的动物进行无害化处理，处三万元以上十万元以下罚款；构成犯罪的，依法追究刑事责任。

（十三）养殖者销售自行配制饲料的违法行为

养殖者对外提供自行配制的饲料的，由县级人民政府饲料管理部门责令改正，处二千元以上二万元以下罚款。

项目思考

一、简答题

1. 生产饲料和饲料添加剂的企业应具备哪些要求？
2. 进口饲料登记时需提交哪些资料？
3. 饲料生产经营者禁止性的行为包括哪些？
4. 饲料生产过程中防治交叉污染的措施有哪些？
5. 饲料药物添加剂该如何合理使用？

二、案例分析

1. 2017 年 5 月，河南省周口市郸城县畜牧局接到养殖户举报，反映使用的豆粕存在质量问题。郸城县畜牧局对豆粕进行抽样检测后，结果显示其粗蛋白指标不合格。郸城县畜牧局会同公安机关进行深入调查，查明该批豆粕来自郑州八堡市场宋某锋，其在未办理工商营业执照和饲料生产许可证的情况下，假冒益海（连云港）粮油工业有限公司产品生产豆粕。将学生分为每组 5 人，以小组为单位对案例进行分析讨论，并归纳总结（格式参照本书附录）。

2. 2019 年 10 月，滨海新区农业农村委员会接到线索，对滨海新区新城镇养殖户张某某的养殖场进行调查，并现场随机抽取羊尿样送检，检测发现 9 份尿样中有 7 份检出违禁药物克伦特罗（“瘦肉精”）。为防止涉案活羊被转移替换，执法人员现场看守，对所有活羊进行耳标标记，随后对存栏的 196 头活羊及部分水槽饲养水等进行采样检测，发现 44 个尿样样品、1 个水槽饲养水样品克伦特罗呈阳性。将学生分为每组 5 人，以小组为单位对案例进行分析讨论，并归纳总结（格式参照附录）。

项目五　行政处罚相关法律法规

本项目主要介绍农业行政处罚的基本概述、农业行政处罚的管辖、农业行政处罚的决定、农业行政处罚的送达、执行和立卷归档等内容，从而对指导农业农村部门正确地开展执法工作，规范农业行政处罚行为，起到重要的作用。

任务一　《农业行政处罚程序规定》概述

任务描述

本任务主要介绍农业行政处罚程序制定的目的和依据、适用范围，农业行政处罚工作管理和基本文书格式等内容。

一、制定目的

目的在于规范农业行政处罚程序，保障和监督农业农村主管部门依法实施行政管理，保护公民、法人或者其他组织的合法权益，根据《中华人民共和国行政处罚法》《中华人民共和国行政强制法》等有关法律、行政法规的规定，结合农业农村部门实际制定。

二、适用范围

（1）农业行政处罚机关实施行政处罚及其相关的行政执法活动。

（2）沿海地区人民政府单独设置的渔业行政主管部门及其依法设立的渔政执法机构实施渔业行政处罚及其相关的行政执法活动。渔政执法机构承担本部门渔业行政处罚以及与行政处罚有关的行政强制、行政检查职能，以其所在的渔业主管部门名义执法。

（3）农业行政处罚机关指依法行使行政处罚权的县级以上人民政府农业农村主管部门。

三、农业行政处罚工作的管理

1. 农业行政处罚的原则

农业行政处罚机关实施行政处罚，应当遵循公正、公开的原则，做到事实清楚，证据充分，程序合法，定性准确，适用法律正确，裁量合理，文书规范。农业行政处罚机关实施行政处罚，应当坚持处罚与教育相结合，采取指导、建议等方式，引导和教育公民、法人或者其他组织自觉守法。

2. 农业行政处罚的机构

县级以上人民政府农业农村主管部门在法定职权范围内实施行政处罚。县级以上人民政府农业农村主管部门依法设立的农业综合行政执法机构承担并集中行使行政处罚以及与行政处罚有关的行政强制、行政检查职能，以农业农村主管部门名义统一执法。县级以上人民政府农业农村主管部门依照国家有关规定在沿海、大江大湖、边境交界等水域设立的渔政执法机构，承担渔业行政处罚以及与行政处罚有关的行政强制、行政检查职能，以其所在的农业农村主管部门名义执法。县级以上人民政府农业农村主管部门依法设立的派出执法机构，应当在派出部门确定的权限范围内以派出部门的名义实施行政处罚。

3. 执法回避的原则

具有下列情形之一的，农业行政执法人员应当主动申请回避，当事人也有权申请其回避：是本案当事人或者当事人的近亲属；本人或者其近亲属与本案有直接利害关系；与本案当事人有其他利害关系，可能影响案件的公正处理。

农业行政处罚机关主要负责人的回避，由该机关负责人集体讨论决定；其他人员的回避，由该机关主要负责人决定。回避决定做出前，主动申请回避或者被申请回避的人员不停止对案件的调查处理。

4. 执法人员执法时着执法服装或佩戴执法标志

农业行政执法人员调查处理农业行政处罚案件时，应当向当事人或者有关人员出示农业行政执法证件，并按规定着装和佩戴执法标志。农业行政执法证件由农业农村部统一制定，省、自治区、直辖市人民政府农业农村主管部门负责本地区农业行政执法证件的发放和管理工作。

5. 监督管理

各级农业行政处罚机关应当全面推行行政执法公示制度、执法全过程记录制度、重大执法决定法制审核制度，加强行政执法信息化建设，推进信息共享，提高行政处罚效率。

上级农业农村主管部门依法监督下级农业农村主管部门实施的行政处罚。县级以上人民政府农业农村主管部门负责监督本部门农业综合行政执法机构、渔政执法机构或者派出执法机构实施的行政处罚。农业行政处罚机关在工作中发现违纪、违法或者犯罪问题线索的，应当按照《执法机关和司法机关向纪检监察机关移送问题线索工作办法》的规定，及时移送纪检监察机关。

四、农业行政处罚基本文书格式

农业行政处罚基本文书格式由农业农村部统一制定。各省、自治区、直辖市人民政府农业农村主管部门可以根据地方性法规、规章和工作需要，调整有关内容或者补充相应文书，报农业农村部备案。

任务二 农业行政处罚管辖相关的法律法规

任务描述

本任务主要介绍了农业行政处罚的管辖原则、各级农业行政处罚机关的职责、渔业行政处罚机关的管辖范畴、农业行政处罚机关上下级案件的管理、农业行政处罚机关管辖争议的解决、农业行政处罚机关受理案件的移送、跨行政区域案件的协查办理、吊销有关许可证等行政处罚决定的通报和构成犯罪的移送司法机关依法追究刑事责任等内容。

一、农业行政处罚的管辖原则

农业行政处罚由违法行为发生地的农业行政处罚机关管辖。对当事人的同一违法行为，两个以上农业行政处罚机关都有管辖权的，应当由先立案的农业行政处罚机关管辖。

二、各级农业行政处罚机关的职责

省、自治区、直辖市农业行政处罚机关应当按照职权法定、属地管理、重心下移的原则，结合违法行为涉及区域、案情复杂程度、社会影响范围等因素，厘清本行政区域内不同层级农业行政处罚机关行政执法权限，明确职责分工。

三、渔业行政违法行为适用的原则

渔业行政违法行为有下列情况之一的，适用“谁查获、谁处理”的原则：违法行为发生在共管区、叠区；违法行为发生在管辖权不明确或者有争议的区域；违法行为发生地与查获地不一致。

四、电子商务平台经营的农业违法行为的管辖

电子商务平台经营者和通过自建网站、其他网络服务销售商品或者提供服务的电子商务经营者的农业违法行为由其住所地县级以上农业行政处罚机关管辖。

平台内经营者的农业违法行为由其实际经营地县级以上农业行政处罚机关管辖。电子商务平台经营者住所地或者违法物品的生产、加工、存储、配送地的县级以上农业行政处罚机关先行发现违法线索或者收到投诉、举报的，也可以管辖。

五、农业行政处罚机关上下级案件的管理

上级农业行政处罚机关认为有必要时，可以直接管辖下级农业行政处罚机关管辖的案件，也可以将本机关管辖的案件交由下级农业行政处罚机关管辖；必要时可以将下级农业行政处罚机关管辖的案件指定其他下级农业行政处罚机关管辖。

下级农业行政处罚机关认为依法应由其管辖的农业行政处罚案件重大、复杂或者本地不适宜管辖的，可以报请上一级农业行政处罚机关直接管辖或者指定管辖。上一级农业行政处罚机关应当自收到报送材料之日起 7 个工作日内做出书面决定。

六、农业行政处罚机关管辖争议的解决

两个以上农业行政处罚机关因管辖权发生争议的，应当自发生争议之日起 7 个工作日内协商解决；协商解决不了的，报请共同的上一级农业行政处罚机关指定管辖。

七、农业行政处罚机关受理案件的移送

农业行政处罚机关发现立案查处的案件不属于本部门管辖的，应当将案件移送有管辖权的农业行政处罚机关。受移送的农业行政处罚机关对管辖权有异议的，应当报请共同的上一级农业行政处罚机关指定管辖，不得再自行移送。

八、跨行政区域案件的协查办理

农业行政处罚机关在办理跨行政区域案件时，需要其他地区农业行政处罚机关协查的，可以发送协助调查函。收到协助调查函的农业行政处罚机关应当予以协助并及时书面告知协查结果。

九、吊销有关许可证、批准文号、营业执照等行政处罚决定的通报

农业行政处罚机关查处案件，对依法应当由原许可、批准的部门做出吊销许可证件等行政处罚决定的，应当将查处结果告知原许可、批准的部门，并提出处理建议。

十、构成犯罪的移送司法机关依法追究刑事责任

农业行政处罚机关发现所查处的案件不属于农业农村主管部门管辖的，应当按照有关要求和时限移送有管辖权的部门处理。违法行为涉嫌犯罪的案件，农业行政处罚机关应当依法移送司法机关，不得以行政处罚代替刑事处罚。农业行政处罚机关应当将移送案件的相关材料妥善保管、存档备查。

任务三　农业行政处罚决定相关的法律法规

任务描述

本任务主要介绍农业行政处罚管辖原则，各级农业行政处罚机关职责，渔业行政违法行为适用原则，电子商务平台经营的农业违法行为管辖，农业行政处罚机关上下级案件管理，农业行政处罚机关管辖争议解决，农业行政处罚机关受理案件移送，跨行政区域案件协查办理，吊销有关许可证、批准文号、营业执照等行政处罚决定通报，构成犯罪的移送司法机关依法追究刑事责任等内容。

一、农业行政处罚的原则

公民、法人或者其他组织违反农业行政管理秩序的行为，依法应当给予行政处罚的，农业行政处罚机关必须查明事实；违法事实不清的，不得给予行政处罚。

二、农业行政处罚当事人享受知情权和申辩权

农业行政处罚机关做出农业行政处罚决定前，应当告知当事人拟做出的决定内容、事实、理由及依据，并告知当事人依法享有的权利。采取一般程序查办的案件，农业行政处罚机关应当制作行政处罚事先告知书送达当事人，并告知当事人可以在收到告知书之日起 3 日内进行陈述、申辩。符合听证条件的，应当告知当事人可以要求听证。当事人无正当理由逾期提出陈述、申辩或者要求听证的，视为放弃上述权利。

农业行政处罚机关应当及时对当事人的陈述、申辩或者听证情况进行复核。当事人提出的事实、理由成立的，应当予以采纳。农业行政处罚机关不得因当事人申辩加重处罚。

三、农业行政处罚程序

（一）简易程序

1. 适用情形

违法事实确凿并有法定依据，依照《中华人民共和国行政处罚法》的规定可以适用简易程序做出行政处罚的，农业行政处罚机关依照有关规定，可以当场做出农业行政处罚决定。

2. 处罚程序

当场做出行政处罚决定时，农业行政执法人员应当遵守下列程序：向当事人表明身份，出示农业行政执法证件；当场查清当事人的违法事实，收集和保存相关证据；在行政处罚决定做出前，应当告知当事人拟做出决定的内容、事实、理由和依据，并告知当事人有权进行陈述和申辩；听取当事人陈述、申辩，并记入笔录；填写预定格式、编有号码、盖有农业行政处罚机关印章的当场处罚决定书，由执法人员签名或者盖章，当场交付当事人，并应当告知当事人如不服行政处罚决定可以依法申请行政复议或者提起行政诉讼。

3. 简易惩罚案件相关材料的归档保存

农业行政执法人员应当在做出当场处罚决定之日起、在水上办理渔业行政违法案件的农业行政执法人员应当自抵岸之日起 2 日内，将案件的有关材料交至所属农业行政处罚机关归档保存。

（二）一般程序

1. 适用情形

实施农业行政处罚，除适用简易程序的外，应当适用一般程序。

2. 立案申请

农业行政处罚机关对涉嫌违反农业法律、法规和规章的行为，应当自发现线索或者收到相关材料之日起 15 个工作日内予以核查，由农业行政处罚机关负责人决定是否立案；因特殊情况不能在规定期限内立案的，经农业行政处罚机关负责人批准，可以延长 15 个工作日。法律、法规、规章另有规定的除外。

符合下列条件的，农业行政处罚机关应当予以立案，并填写行政处罚立案审批表：有涉嫌违反农业法律、法规和规章的行为；依法应当或者可以给予行政处罚；属于本机关管辖；违法行为发生之日起至被发现之日止未超过 2 年，或者违法行为有连续、继续状态，从违法行为终了之日起至被发现之日止未超过 2 年；法律、法规另有规定的除外。

对已经立案的案件，根据新的情况发现不符合农业行政处罚的立案条件的，农业行政处罚机关应当撤销立案。

3. 证据的收集

农业行政处罚机关对立案的农业违法行为，应当及时组织调查取证。必要时，按照法律、法规的规定，可以进行检查。农业行政执法人员调查收集证据、进行检查时不得少于 2 人，并应当出示农业行政执法证件。

农业行政执法人员有权依法采取下列措施：查阅、复制书证和其他有关材料；询问当事人或者其他与案件有关的单位和个人；要求当事人或者有关人员在一定的期限内提供有关材料；采取现场检查、勘验、抽样、检验、检测、鉴定、评估、认定、录音、拍照、录像、调取现场及周边监控设备电子数据等方式进行调查取证；对涉案的场所、设施或者财物依法实施查封、扣押等行政强制措施；责令被检查单位或者个人停止违法行为，履行法定义务；其他法律、法规、规章规定的措施。

农业行政处罚证据包括书证、物证、视听资料、电子数据、证人证言、当事人的陈述、鉴定意见、现场检查笔录和勘验笔录等。证据应当符合法律、法规、规章的规定，并经查证属实，才能作为农业行政处罚机关认定事实的依据。

收集、调取的书证、物证应当是原件、原物。收集、调取原件、原物确有困难的，可以提供与原件核对无误的复制件、影印件或者抄录件，也可以提供足以反映原物外形或者内容的照片、录像等其他证据。复制件、影印件、抄录件和照片由证据提供人或者执法人员核对无误后注明与原件、原物一致，并注明出证日期、证据出处，同时签名或者盖章。

收集、调取的视听资料应当是有关资料的原始载体。调取原始载体确有困难的，可以提供复制件，并注明制作方法、制作时间、制作人和证明对象等。声音资料应当附有该声音内容的文字记录。收集、调取的电子数据应当是有关数据的原始载体。收集电子数据原始载体确有困难的，可以采用拷贝复制、委托分析、书式固定、拍照录像等方式取证，并注明制作方法、制作时间、制作人等。

农业行政处罚机关可以利用互联网信息系统或者设备收集、固定违法行为证据。用来收集、固定违法行为证据的互联网信息系统或者设备应当符合相关规定，保证所收集、固定电子数据的真实性、完整性。农业行政处罚机关可以指派或者聘请具有专门知识的人员或者专业机构，辅助农业行政执法人员对与案件有关的电子数据进行调查取证。

（1）询问笔录的制作　农业行政执法人员询问证人或者当事人，应当个别进行，并制作询问笔录。询问笔录有差错、遗漏的，应当允许被询问人更正或者补充。更正或者补充的部分应当由被询问人签名、盖章或者按指纹等方式确认。询问笔录经被询问人核对无误后，由被询问人在笔录上逐页签名、盖章或者按指纹等方式确认。农业行政执法人员应当在笔录上签名。被询问人拒绝签名、盖章或者按指纹的，由农业行政执法人员在笔录上注明情况。

（2）现场检查（或勘验）并记录　农业行政执法人员对与案件有关的物品或者场所进行现场检查或者勘验，应当通知当事人到场，制作现场检查笔录或者勘验笔录，必要时可以采取拍照、录像或者其他方式记录现场情况。当事人拒不到场、无法找到当事人或者当事人拒绝签名或者盖章的，农业行政执法人员应当在笔录中注明，并可以请在场的其他人员见证。

（3）专业司法鉴定　农业行政处罚机关在调查案件时，对需要检测、检验、鉴定、评估、认定的专门性问题，应当委托具有法定资质的机构进行；没有具有法定资质的机构的，可以委托其他具备条件的机构进行。检验、检测、鉴定、评估、认定意见应当由检验、检测、鉴定人员签名或者盖章，并加盖所在机构公章。检验、检测、鉴定、评估、认定意见应当送达当事人。

（4）收集证据时采取抽样取证的原则　农业行政处罚机关收集证据时，可以采取抽样取证的方法。执法人员应当制作抽样取证凭证，对样品加贴封条，并由办案人员和当事人在抽样取证凭证上签名或者盖章。当事人拒绝签名或者盖章的，应当采取拍照、录像或者其他方式记录抽样取证情况。

（5）抽样送检的结果告知当事人　农业行政处罚机关抽样送检的，应当将抽样检测结果及时告知当事人，并告知当事人有依法申请复检的权利。非从生产单位直接抽样取证的，农业行政处罚机关可以向产品标注生产单位发送产品确认通知书。

（6）先行登记保存和异地保存物品的管理　在证据可能灭失或者以后难以取得的情况下，经农业行政处罚机关负责人批准，农业行政执法人员可以对与涉嫌违法行为有关的证据采取先行登记保存措施。情况紧急的，农业行政执法人员需要当场采取先行登记保存措施的，可以采用即时通信方式报请农业行政处罚机关负责人同意，并在24h内补办批准手续。先行登记保存有关证据，应当当场清点，开具清单，填写先行登记保存执法文书，由当事人和农业行政执法人员签名、盖章或者按指纹，并向当事人交付先行登记保存证据通知书和物品清单。

先行登记保存物品时，就地由当事人保存的，当事人或者有关人员不得使用、销售、转移、损毁或者隐匿。就地保存可能妨害公共秩序、公共安全，或者存在其他不适宜就地保存情况的，可以异地保存。对异地保存的物品，农业行政处罚机关应当妥善保管。

农业行政处罚机关对先行登记保存的证据，应当在 7 日内做出下列处理决定并送达当事人：根据情况及时采取记录、复制、拍照、录像等证据保全措施；需要进行技术检测、检验、鉴定、评估、认定的，送交有关部门检测、检验、鉴定、评估、认定；对依法应予没收的物品，依照法定程序处理；对依法应当由有关部门处理的，移交有关部门；为防止损害公共利益，需要销毁或者无害化处理的，依法进行处理；不需要继续登记保存的，解除先行登记保存。

（7）农业行政处罚机关依法对涉案场所、设施或者财物采取查封、扣押等行政强制措施的管理　农业行政处罚机关依法对涉案场所、设施或者财物采取查封、扣押等行政强制措施，应当在实施前向农业行政处罚机关负责人报告并经批准，由具备资格的行政执法人员实施。情况紧急，需要当场采取行政强制措施的，农业行政执法人员应当在 24h 内向农业行政处罚机关负责人报告，并补办批准手续。农业行政处罚机关负责人认为不应当采取行政强制措施的，应当立即解除。

农业行政处罚机关实施查封、扣押等行政强制措施，应当履行《中华人民共和国行政强制法》规定的程序和要求，制作并当场交付查封、扣押决定书和清单。经查明与违法行为无关或者不再需要采取查封、扣押措施的，应当解除查封、扣押措施，将查封、扣押的财物如数返还当事人，并由执法人员和当事人在解除查封或者扣押决定书和清单上签名、盖章或者按指纹。

4. 案件的中止调查

有下列情形之一的，经农业行政处罚机关负责人批准，中止案件调查，并制作案件中止调查决定书：行政处罚决定必须以相关案件的裁判结果或者其他行政决定为依据，而相关案件尚未审结或者其他行政决定尚未做出；涉及法律适用等问题，需要送请有权机关做出解释或者确认；因不可抗力致使案件暂时无法调查；因当事人下落不明致使案件暂时无法调查；其他应当中止调查的情形。中止调查的原因消除后，应当立即恢复案件调查。

5. 案件处理意见书的制定和上报

农业行政执法人员在调查结束后，应当根据不同情形提出如下处理建议，并制作案件处理意见书，报请农业行政处罚机关负责人审查：违法事实成立，应给予行政处罚的，建议予以行政处罚；违法事实不成立的，建议予以撤销案件；违法行为轻微并及时纠正，没有造成危害后果的，建议不予行政处罚；违法行为超过追诉时效的，建议不再给予行政处罚；案件应当移交其他行政机关管辖或者因涉嫌犯罪应当移送司法机关的，建议移送相关机关；依法做出处理的其他情形。

6. 行政处罚决定的法制审核

农业行政处罚机关负责人做出行政处罚决定前，应当依法严格进行法制审核。未经法制审核或者审核未通过的，农业行政处罚机关不得做出行政处罚决定。农业行政处罚法制审核工作由农业行政处罚机关法制机构负责；未设置法制机构的，由农业行政处罚机关确定的承担法制审核工作的其他机构或者专门人员负责。案件查办人员不得同时作为该案件的法制审核人员。农业行政处罚机关中初次从事法制审核的人员，应当通过国家统一法律职业资格考试取得法律职业资格。

农业行政处罚决定法制审核的主要内容包括：本机关是否具有管辖权；程序是否合法；案件事实是否清楚，证据是否确实、充分；定性是否准确；适用法律依据是否正确；当事人基本情况是否清楚；处理意见是否适当；其他应当审核的内容。

法制审核结束后，应当区别不同情况提出如下建议：对事实清楚、证据充分、定性准确、适用依据正确、程序合法、处理适当的案件，拟同意做出行政处罚决定；对定性不准、适用依据错误、程序不合法或者处理不当的案件，建议纠正；对违法事实不清、证据不充分的案件，建议补充调查或者撤销案件；违法行为轻微并及时纠正没有造成危害后果的，或者违法行为超过追诉时效的，建议不予行政处罚；认为有必要提出的其他意见和建议。

法制审核机构或者法制审核人员应当自接到审核材料之日起 5 个工作日内完成审核。特殊情况下，经农业行政处罚机关负责人批准，可以延长 10 个工作日。法律、法规、规章另有规定的除外。

7. 当事人的陈述、申辩或者听证情况的审查、处理

农业行政处罚机关负责人应当对调查结果、当事人陈述申辩或者听证情况、案件处理意见和法制审核意见等进行全面审查，并区别不同情况分别做出如下处理决定：违法事实成立，依法应当给予行政处罚的，根据其情节轻重及具体情况，做出行政处罚决定；违法行为轻微，依法可以不予行政处罚的，不予行政处罚；违法事实不能成立的，不得给予行政处罚；不属于农业行政处罚机关管辖的，移送其他行政机关处理；违法行为涉嫌犯罪的，将案件移送司法机关。

下列行政处罚案件，应当由农业行政处罚机关负责人集体讨论决定：符合听证制度所规定的听证条件，且申请人申请听证的案件；案情复杂或者有重大社会影响的案件；有重大违法行为需要给予较重行政处罚的案件；农业行政处罚机关负责人认为应当提交集体讨论的其他案件。

8. 行政处罚决定书的制作

农业行政处罚机关决定给予行政处罚的，应当制作行政处罚决定书。行政处罚决定书应当载明以下内容：当事人的基本情况；违反法律、法规或者规章

的事实和证据；行政处罚的种类、依据和理由；行政处罚的履行方式和期限；不服行政处罚决定，申请行政复议或者提起行政诉讼的途径和期限；做出行政处罚决定的农业行政处罚机关名称和做出决定的日期，并且加盖做出行政处罚决定农业行政处罚机关的印章。

9. 边远、水上和交通不便等特殊地区案件的立案申请和处理

在边远、水上和交通不便的地区按一般程序实施处罚时，农业行政执法人员可以采用即时通信方式，报请农业行政处罚机关负责人批准立案和对调查结果及处理意见进行审查。报批记录必须存档备案。当事人可当场向农业行政执法人员进行陈述和申辩。当事人当场书面放弃陈述和申辩的，视为放弃权利。但不适用于应当由农业行政处罚机关负责人集体讨论决定的案件。

10. 农业行政处罚案件的处理时限

农业行政处罚案件应当自立案之日起 6 个月内做出处理决定；因案情复杂、调查取证困难等特殊情况 6 个月内不能做出处理决定的，报经上一级农业行政处罚机关批准可以延长至 1 年。案件办理过程中，中止、听证、公告、检验、检测、鉴定等时间不计入在案件办理期限内。

（三）听证程序

1. 听证制度

农业行政处罚机关依照《中华人民共和国行政处罚法》的规定，在做出责令停产停业、吊销许可证件、较大数额罚款、没收较大数额财物等重大行政处罚决定前，应当告知当事人有要求举行听证的权利。当事人要求听证的，农业行政处罚机关应当组织听证。较大数额罚款，县级以上地方人民政府农业农村主管部门按所在省、自治区、直辖市人民代表大会及其常委会或者人民政府规定的标准执行；农业农村部对公民罚款超过三千元、对法人或者其他组织罚款超过三万元属较大数额罚款。没收较大数额财物，参照较大数额罚款的规定执行。

2. 听证的组织

当事人要求听证的，应当在收到行政处罚事先告知书之日起 3 日内向听证机关提出。听证由拟做出行政处罚的农业行政处罚机关组织。具体实施工作由其法制机构或者相应机构负责。听证机关应当在举行听证会的 7 日前送达行政处罚听证会通知书，告知当事人举行听证的时间、地点、听证人员名单及可以申请回避和可以委托代理人等事项。当事人应当按期参加听证。当事人有正当理由要求延期的，经听证机关批准可以延期一次；当事人未按期参加听证并且未事先说明理由的，视为放弃听证权利。

3. 听证的参与人员

听证参加人由听证主持人、听证员、书记员、案件调查人员、当事人及其

委托代理人等组成。听证主持人、听证员、书记员应当由听证机关负责人指定的法制工作机构工作人员或者其他相应工作人员等非本案调查人员担任。当事人委托代理人参加听证的，应当提交授权委托书。

4. 听证的保密原则

除涉及国家秘密、商业秘密或者个人隐私等情形外，听证应当公开举行。

5. 当事人在听证中的权利和义务

有权对案件的事实认定、法律适用及有关情况进行陈述和申辩；有权对案件调查人员提出的证据质证并提出新的证据；如实回答主持人的提问；遵守听证会场纪律，服从听证主持人指挥。

6. 听证的程序

（1）听证书记员宣布听证会场纪律、当事人的权利和义务。听证主持人宣布案由，核实听证参加人名单，宣布听证开始。

（2）案件调查人员提出当事人的违法事实、出示证据，说明拟做出的农业行政处罚的内容及法律依据。

（3）当事人或者其委托代理人对案件的事实、证据、适用的法律等进行陈述、申辩和质证，可以当场向听证会提交新的证据，也可以在听证会后 3 日内向听证机关补交证据。

（4）听证主持人就案件的有关问题向当事人、案件调查人员、证人询问。

（5）案件调查人员、当事人或者其委托代理人相互辩论。

（6）当事人或者其委托代理人作最后陈述。

（7）听证主持人宣布听证结束。听证笔录交当事人和案件调查人员审核无误后签字或者盖章。

7. 行政处罚听证会报告书的制作

听证结束后，听证主持人应当依据听证情况，制作行政处罚听证会报告书，连同听证笔录，报农业行政处罚机关负责人审查。农业行政处罚机关应当按照处罚的相关规定做出决定。

8. 听证费用的规定

听证机关组织听证，不得向当事人收取费用。

任务四　农业行政处罚决定送达、执行和立卷归档相关的法律法规

任务描述

本任务主要介绍行政处罚决定书送达，处罚罚款收缴，申请行政复议或者

提起行政诉讼时行政处罚决定不停止执行，对继续行驶的农业机械、渔业船舶实施暂扣或者吊销证照出具证明，当事人拒不履行生效的农业行政处罚决定措施，当事人有经济困难时可申请延期或分期缴纳罚款，罚款、没收的违法所得需上交国库，结案后填写行政处罚结案报告，立卷归档，行政处罚案件统计上报制度等内容。

一、行政处罚决定书的送达

农业行政处罚机关送达行政处罚决定书，应当在宣告后当场交付当事人；当事人不在场的，应当在 7 日内将行政处罚决定书送达当事人。

农业行政处罚机关送达行政执法文书，应当使用送达回证，由受送达人在送达回证上记明收到日期，签名或者盖章。受送达人是公民的，本人不在时交其同住成年家属签收；受送达人是法人或者其他组织的，应当由法人的法定代表人、其他组织的主要负责人或者该法人、其他组织负责收件的有关人员签收；受送达人有代理人的，可以送交其代理人签收；受送达人已向农业行政处罚机关指定代收人的，送交代收人签收。受送达人、受送达人的同住成年家属、法人或者其他组织负责收件的有关人员、代理人、代收人在送达回证上签收的日期为送达日期。受送达人或者他的同住成年家属拒绝接收行政执法文书的，送达人可以邀请有关基层组织或者其所在单位的代表到场，说明情况，在送达回证上记明拒收事由和日期，由送达人、见证人签名或者盖章，把行政执法文书留在受送达人的住所；也可以把行政执法文书留在受送达人的住所，并采用拍照、录像等方式记录送达过程，即视为送达。

直接送达行政执法文书有困难的，农业行政处罚机关可以邮寄送达或者委托其他农业行政处罚机关代为送达。受送达人下落不明，或者采用直接送达、留置送达、委托送达等方式无法送达的，农业行政处罚机关可以公告送达。委托送达的，受送达人的签收日期为送达日期；邮寄送达的，以回执上注明的收件日期为送达日期；公告送达的，自发出公告之日起经过 60 日，即视为送达。

行政处罚文书的送达期间不包括在路途上的时间，行政处罚文书在期满前交邮的，视为在有效期内。

二、农业行政处罚罚款的收缴

农业行政处罚机关及其执法人员不得自行收缴罚款。决定罚款的农业行政处罚机关应当书面告知当事人向指定的银行缴纳罚款。

依照简易程序当场做出农业行政处罚决定，有下列情形之一的，执法人员可以当场收缴罚款：依法给予二十元以下罚款的；不当场收缴事后难以执行的。在边远、水上、交通不便地区，农业行政处罚机关及其执法人员依照相关规定做出罚款决定后，当事人向指定的银行缴纳罚款确有困难，经当事人提出，农业行政处罚机关及其执法人员可以当场收缴罚款。

农业行政处罚机关及其执法人员当场收缴罚款的，应当向当事人出具省、自治区、直辖市财政部门统一制发的罚款收据，不出具财政部门统一制发的罚款收据的，当事人有权拒绝缴纳罚款。

农业行政执法人员当场收缴的罚款，应当自返回农业行政处罚机关所在地之日起 2 日内，交至农业行政处罚机关；在水上当场收缴的罚款，应当自抵岸之日起 2 日内交至农业行政处罚机关；农业行政处罚机关应当在 2 日内将罚款交至指定的银行。

三、申请行政复议或者提起行政诉讼时行政处罚决定不停止执行

当事人应当在行政处罚决定书确定的期限内，履行处罚决定。农业行政处罚决定依法做出后，当事人对行政处罚决定不服申请行政复议或者提起行政诉讼的，除法律另有规定外，行政处罚决定不停止执行。

四、对继续行驶的农业机械、渔业船舶实施暂扣或者吊销证照的出具证明

对需要继续行驶的农业机械、渔业船舶实施暂扣或者吊销证照的行政处罚，农业行政处罚机关在实施行政处罚的同时，可以发给当事人相应的证明，责令农业机械、渔业船舶驶往预定或者指定的地点。

五、当事人拒不履行生效的农业行政处罚决定的措施

对生效的农业行政处罚决定，当事人拒不履行的，做出农业行政处罚决定的农业行政处罚机关依法可以采取下列措施：到期不缴纳罚款的，每日按罚款数额的百分之三加处罚款；根据法律规定，将查封、扣押的财物拍卖抵缴罚款；申请人民法院强制执行。

六、当事人有经济困难时可申请延期或分期缴纳罚款

当事人确有经济困难，需要延期或者分期缴纳罚款的，应当在行政处罚决定书确定的缴纳期限届满前，向做出行政处罚决定的农业行政处罚机关提出延期或者分期缴纳罚款的书面申请。农业行政处罚机关负责人批准当事人延期或者分期缴纳罚款后，应当制作同意延期（分期）缴纳罚款通知书，并送达当事人和收缴罚款的机构。延期或者分期缴纳的最后一期缴纳时间不得晚于申请人民法院强制执行的最后期限。

七、罚款、没收的违法所得需上交国库

除依法应当予以销毁的物品外，依法没收的非法财物，应当按照国家有关规定处理。处理没收物品，应当制作罚没物品处理记录和清单。罚款、没收的违法所得或者拍卖非法财物的款项，应当全部上缴国库，任何单位或者个人不得以任何形式截留、私分或者变相私分。

八、结案后填写行政处罚结案报告

农业行政执法人员应当填写行政处罚结案报告，经农业行政处罚机关负责人批准后结案。有下列情形之一的，农业行政处罚机关可以结案：行政处罚决定由当事人履行完毕的；农业行政处罚机关依法申请人民法院强制执行行政处罚决定，人民法院依法受理的；不予行政处罚等无须执行的；行政处罚决定被依法撤销的；农业行政处罚机关认为可以结案的其他情形。

九、立卷归档

农业行政处罚机关应当按照下列要求及时将案件材料立卷归档：一案一卷；文书齐全，手续完备；案卷应当按顺序装订。案件立卷归档后，任何单位和个人不得修改、增加或者抽取案卷材料，不得修改案卷内容。案卷保管及查阅，按档案管理有关规定执行。

十、行政处罚案件统计上报制度

农业行政处罚机关应当建立行政处罚案件统计制度，并于每年 1 月 31 日前向上级农业行政处罚机关报送本行政区域上一年度农业行政处罚情况。

项目思考

一、简答题

1. 罚款是动物卫生行政主体对违反动物卫生行政法的管理相对人所做的一种经济上的处罚，但是罚款只是手段，不是目的，决不能以罚代教、以罚代管，试述动物卫生行政处罚中罚款数额的大小应参照的原则。

2. 试述行政处罚一般程序的适用范围及主要内容。

二、案例分析

2020 年 2 月，长垣市农业农村局接长垣市市场监督管理局情况通报，称有人涉嫌无证生产假劣兽药。长垣市农业农村局执法人员立即开展执法检查，现场查获兽药 67 种、农药 2 种、饲料添加剂 16 种、包装箱 434 个、兽药标签

2971个、包材工具3个。经核查，当事人金某辉涉嫌无证生产经营农药、兽药、饲料添加剂，涉案金额达700余万元。因涉案金额较大，涉嫌构成刑事犯罪，长垣市农业农村局已依法将该案移送公安机关。将学生分为每组5人，以小组为单位对案例进行分析讨论，并填写相应的农业行政处罚文书。

项目六　兽医职业道德

本项目主要介绍执业兽医在执业过程中的道德行为规范和职业责任。因我国推行执业兽医制度稍晚，故没有一个完整的执业兽医职业道德规范。执业兽医职业道德规范主要包含在《国务院关于推进兽医管理体制改革的若干意见》《中华人民共和国动物防疫法》《执业兽医管理办法》等相关法律法规中。

任务一　兽医职业道德概述

执业兽医是高度专业化的职业，为了提升执业兽医职业道德，规范执业兽医从业活动，提高执业兽医整体素质和服务质量，维护兽医行业的良好形象，中国兽医协会倡导执业兽医遵守职业道德为荣，违反职业道德为耻的职业荣辱观。

任务二　兽医职业道德行为规范和职业责任

(1) 执业兽医职业道德规范是执业兽医的从业行为职业道德标准和执业操守　所谓“没有规矩不成方圆”，各行各业都有自己的行为标准和操作规程。目前我国兽医行业正在逐步推行执业兽医制度，从而更加规范了本行业的标准。职业道德是随着社会分工的发展，并在出现相对固定的职业团队时产生的，是社会道德在职业领域的具体体现，也是当前科技发展的重要标志。

(2) 执业兽医应当模范遵守有关动物诊疗、动物防疫、兽药管理等法律规范和技术规程的规定，依法从事兽医执业活动　我国已颁布了《中华人民共和国动物防疫法》《动物诊疗机构管理办法》《执业兽医管理办法》《兽药管理条例》等相关法律法规，这些法律法规指引着执业兽医在本行业的正确发展方向，从而保障人类和动物健康及养殖业的可持续发展。

(3) 执业兽医不对患有国家规定应当扑杀的患病动物擅自进行治疗；当发

现患有国家规定应当扑杀的动物时，应当及时向农业农村行政主管部门报告　执业兽医在执业过程中遇到国家规定禁止进行诊疗的疾病时需向当地主管部门报告，不能越俎代庖，行使官方兽医的职责；也不能为了自己和畜主的利益私下处理患病动物。在必要的情况下协助农业农村主管部门做好善后工作。

（4）执业兽医未经亲自诊断或治疗，不开具处方药、填写诊断书或出具有关证明文件　执业兽医必须亲自诊断时才能对患病动物提出治疗方法开具处方，不得通过电话等方式对动物进行诊疗活动。未亲自参与的诊疗活动不得随意开具各种诊断证明文书，自己参与的诊疗活动在开具诊断证明文书时要实事求是，不能为了自己或畜主的利益夸大或隐瞒动物的实际病情。

（5）发现违法从事兽医执业行为或其他违法行为的，执业兽医应当向有关主管部门进行举报　在执业过程中如果发现执业兽医或动物诊疗机构违反《中华人民共和国动物防疫法》《动物诊疗机构管理办法》《执业兽医管理办法》《兽药管理条例》等相关法律法规的行为，可以向当地农业农村行政主管部门进行举报，举报要以事实为依据，不能捏造证据、歪曲事实。

（6）执业兽医应当使用规范的处方笺、病历，并照章签名保存。发现兽药有不良反应的，应当向农业农村行政主管部门报告　在执业过程中，药如实记录动物的患病情况并合理对患病动物选择药品，所有诊疗记录需按相关规定予以保管。用药时应遵照《兽药管理条例》《兽用处方药和非处方药管理办法》等相关法律法规，发生药物不良反应要及时报告。使用特殊药品时要按照“专人、专柜、专账”的保管原则。

（7）执业兽医应当热情接待动物主人和患病动物，耐心解答动物主人提出的问题，尽量满足动物主人的正当要求　在执业过程中和动物主人要虚心沟通，这也是体现执业道德的最基本的表现，在沟通过程要不耐其烦，不能带着怨气工作。要使用通俗易懂的语言和主人交谈，不能为了体现自己的专业能力强，而使用相关专业术语和主人交谈。

（8）执业兽医应当如实告知动物主人患病动物的病情，制定合理的诊疗方案。若遇到难以诊治的患病动物时，应当及时告知动物主人，并及时提出转诊意见　在执业治疗过程中要遵照“尽早诊断、及早治疗”的原则，不能为了利益而使动物病情严重时再进行正确治疗，整个诊疗过程中需要如实告诉动物主人动物的实际病情和治疗方法，不能刻意隐瞒、夸大病情。如遇到难以诊断的病例需及时和主人沟通可以通过专家会诊、转院等方式使得患病动物得到更好的治疗。

（9）执业兽医应当如实表述自己的执业情况和技术水平，不做虚假广告，不在诊治活动中弄虚作假　目前我国的执业兽医的水平参差不齐，发达省市执业兽医水平相对较高，而偏远地区的执业兽医水平相对欠缺。所以在诊疗过程中要实事求是、量力而行，不能为了自己的利益夸大自己的专业水平能力。

（10）执业兽医应当对动物诊疗的相关信息或资料保守秘密，未经动物主人同意不得用于商业用途　在执业过程中未经动物主人同意不得将动物主人及其动物的信息透露给他人，也不得将动物治疗情况用于自己的盈利宣传中。如需使用动物主人及其动物的信息需征求动物主人同意后方才使用。

（11）执业兽医在从业过程中应当注重仪表，着装整洁，举止端庄，语言文明　执业过程中需着工作服，这也是体现对本职业最基本的尊重。同样注意自己的形象和言行举止，自己的形象除了代表自己外还代表整个动物诊疗机构的形象。

（12）执业兽医应当为患病动物提供医疗服务，解除其病痛，同时尽量减少动物的痛苦和恐惧　在执业治疗过程中要给予动物无微不至的关怀，尽量减轻其痛苦，不能因为动物不配合诊疗而对动物进行打骂，同样加强对患病动物的护理。

（13）执业兽医应当劝阻虐待动物的行为，宣传动物保健和动物福利知识　目前，全球都在提出关爱动物，执业过程中要随时随地宣传有关关爱动物的知识，动物是人类的朋友，爱护动物人人有责。对一些虐待动物的行为应予以劝阻，并耐心与其沟通，宣传动物保健和动物福利知识。

（14）执业兽医应当积极参加兽医专业知识和相关政策法规的培训教育，提高业务素质。执业兽医应当积极参加有关兽医新技术和新知识的培训、研讨和交流，更新知识结构　随着科技的日益发展，技术的不断更新，我们需要每年不定期参与相关专业的继续教育从而来提高自己的专业业务水平，更好为动物诊疗提供服务。

（15）执业兽医在从业活动中，应当明码标价，合理收费　执业活动过程中应该合理收费并在明显位置公布收费价目表，不得见人收费或随意收费，一定要杜绝此类事件的发生。对待任何人、任何动物需要有统一的收费标准。

（16）执业兽医不得接受医疗设备、器械、药品等生产、经营者的回扣、提成或其他不当得利　执业兽医在诊疗过程一定要恪守自己的行为，不能为了自己的利益给动物使用昂贵的药品或医疗器械从而从中间提取好处。不能将一些保健类的药品替代处方药进行使用，要尽量使动物主人花较少的费用将动物疾病治愈。

（17）执业兽医应当模范遵守兽医职业道德行为规范　下列行为是不道德的：随意贬低兽医职业和兽医行业的；故意贬低同行或通过诋毁他人等方式招揽业务的；未取得专家称号，对外称“专家”谋取利益的；通过给其他兽医介绍患病动物，收取回扣或提成的；冒充其他执业兽医从业获利的；擅自篡改或删除处方、病历及相关诊疗数据，伪造诊断结果、违规出具证明文件或在诊疗活动中弄虚作假的；未经动物主人同意，将动物诊疗的相关信息或资料用于商业用途的；教唆、帮助或参与他人实施违法的兽医执业活动的；随意夸大动物病情或夸大治疗效果的；执业兽医在人才流动过程中损害原工作单位权益的。

项目思考

一、简答题

1. 我国推行兽医职业道德有何意义？

2. 结合自己的工作谈谈如何提高兽医职业道德。

二、案例分析

王某，现年65岁，通过函授取得畜牧兽医大专文凭。其一直从事犬的繁殖销售，见宠物诊疗行业比较有前景，就开设了一宠物门诊，在办理动物诊疗许可证时租用了执业兽医资格证书并顺利办证。因自己有多年的养殖经验并能够进行常见病的治疗，于是王某亲自坐诊，并在店内及名片上印制自己为“兽医教授”。将学生分为每组5人，以小组为单位对案例进行分析讨论，并归纳总结（格式参照附录）。

附　　录

案例分析表

序号	违法行为	参照法律条款	相应法律责任
1			
2			
3			
教师点评			

参考文献

［1］安建，张穹，尹成杰．中华人民共和国动物防疫法释义［M］．北京：中国农业出版社，2007.

［2］舒惠国，安建，张宝文．中华人民共和国畜牧法释义［M］．北京：法律出版社，2006.

［3］张穹，贾幼陵．兽药管理条例释义［M］．北京：中国农业出版社，2005.

［4］李宝明，车清明．畜牧兽医法规与行政执法［M］．北京：中国农业大学出版社，2016.

［5］徐长顺，吴宝军．畜牧兽医法规与监督执法［M］．北京：中国农业科技技术出版社，2010.

［6］朱兆荣．畜牧兽医法律法规实用案例解读［M］．北京：中国农业出版社，2011.

［7］王喆．畜牧兽医法规与行政执法［M］.3版．北京：中国农业出版社，2014.

［8］徐长顺，吴宝军．畜牧兽医法规与监督执法．北京：中国农业科学技术出版社，2010.

［9］农业农村部产业政策与法规司．农业行政处罚程序及文书制作实务［M］.2版．北京：法律出版社，2013.

［10］黄炎坤，唐光武．畜牧兽医法规［M］．郑州：河南科学技术出版社，2012.

［11］沈文正．畜牧兽医法规［M］．杨凌：西北农林科技大学出版社，2016.

［12］刘玉林，张洪文，曲平安．畜牧兽医行政执法实务［M］．北京：中国农业科学技术出版社，2018.